人民·联盟文库

人民·联盟文库

百年宋美龄

杨树标　杨　菁　著

江西人民出版社
人民出版社

图书在版编目（CIP）数据

百年宋美龄/杨树标，杨菁著. —北京：人民出版社，2010
（人民·联盟文库）
ISBN 978-7-01-009337-6

Ⅰ.①百… Ⅱ.①杨…②杨… Ⅲ.①宋美龄（1897～2003）—传记
Ⅳ.①K827=7

中国版本图书馆 CIP 数据核字（2010）第 192202 号

百年宋美龄
BAINIAN SONG MEILING
杨树标　杨　菁　著

责任编辑：张晓蓉　李　娜
封扉设计：曹　春
出版发行：人民出版社
北京朝阳门内大街 166 号　邮编：100706
网　　址：http://www.peoplepress.net
邮购电话：（010）65250042/65289539
经　　销：新华书店
印　　刷：三河市顺兴印刷厂
版　　次：2010 年 10 月第 1 版　　2010 年 10 月北京第 1 次印刷
开　　本：710 毫米×1000 毫米　1/16
印　　张：22
字　　数：260 千字
书　　号：ISBN　978-7-01-009337-6
定　　价：43.00 元

宋美龄全家合影。前排：宋子安，二排左起：宋霭龄、宋子文、宋庆龄，后排左起：宋子良、宋耀如、倪桂珍、宋美龄。

1913年，宋美龄与（美国）魏斯里学院同学合影。

1927 年 12 月 1 日，宋美龄与蒋介石结婚合影。

1940年4月7日，宋美龄三姐妹与蒋介石合影。

宋美龄与蒋介石及宋霭龄与孔祥熙同倪桂珍合影。

1947 年 7 月，宋美龄与蒋介石游江西庐山黄龙潭留影。

1947 年 4 月，宋美龄与蒋介石及蒋经国夫妇返乡祭扫蒋介石父亲墓。

1947 年 9 月 3 日，宋美龄在江西庐山含鄱口留影。

宋美龄与蒋介石在花园留影。

宋美龄与蒋介石闲话家常。

1961 年 7 月 30 日，宋美龄手抱曾孙女蒋友梅与蒋介石合影。

1963 年 10 月 31 日，宋美龄与全家人庆蒋介石 70 岁合影。

宋美龄随蒋介石巡视西北。

1936年12月，西安事变发生后宋美龄赴西安救蒋介石与端纳下飞机时合影。

1946年1月，宋美龄赴长春慰问抢占东北的国民党官兵。

1958年4月10日，宋美龄在士林官邸招待各国“使节”。

1959年6月18日，宋美龄从美国返台，由蒋经国扶持步下飞机。

1946年2月21日，宋美龄在杭州岳庙前与国民党二〇八师合影。

1971年10月10日，宋美龄与蒋介石在“国庆”大会上。

宋美龄与罗斯福夫人在白宫前草坪合影。

1943年2月18日，宋美龄赴美抵华盛顿受到美国国会议员欢迎。

1943年6月16日，宋美龄访问加拿大时与荷兰女王威廉明娜及其女儿朱丽娜公主晤谈。

1948年，宋美龄访美与艾森豪威尔总统夫妇合影。

1954年11月27日，宋美龄参加台湾妇联会举办的游园会。

1987年12月24日，宋美龄与张学良夫妇过圣诞节。

宋美龄晚年照

出版说明

人民出版社及全国各省市自治区人民出版社是我们党和国家创建的最重要的出版机构。几十年来，伴随着共和国的发展与脚步，他们在宣传马克思列宁主义、毛泽东思想、邓小平理论、“三个代表”重要思想，深入贯彻落实科学发展观，坚持走有中国特色社会主义道路方面，出版了大量的各种类型的优秀出版物，为丰富人民群众的学习、文化需求作出了不可磨灭的贡献，发挥了不可替代的作用。但由于环境、地域及发行渠道等诸多原因，许多精品图书并不为广大读者所知晓。为了有效地利用和二次开发全国人民出版社及其他成员社的优秀出版资源，向广大读者提供更多更好的精品佳作，也为了提升人民出版社市场联盟的整体形象，人民出版社市场联盟决定，在全国各成员社已出版的数十万个品种中，精心筛选出具有理论性、学术性、创新性、前沿性及可读性的优秀图书，辑编成《人民·联盟文库》，分批分次陆续出版，以飨读者。

《人民·联盟文库》的编选原则：1. 充分体现人民出版社的政治、学术水平和出版风格；2. 展示出各地人民出版社及其他成员社的特色；3. 图书主题应是民族的，而不是地区性的；4. 注重市场价值，要为读者所喜爱；5. 译著要具有经典性或重要影响；6. 内容不受时间变化之影响，可供读者长期阅读和收藏。基于上述原则，《人民·联盟文库》未收入以下图书：1. 套书、丛书类图书；2. 偏重于地方的政治类、经济类图书；3. 旅游、休闲、生活类图书；4. 个人的文集、年谱；5. 工具书、辞书。

《人民·联盟文库》分政治、哲学、历史、文化、人物、译著六大类。由于所选原书出版于不同的年代、不同的出版单位，在封面、开本、版式、材料、装帧设计等方面都不尽一致，我们此次编选，为便宜读者阅读，全部予以统一，并在封面上以颜色作不同类别的区分，以利读者的选购。

人民出版社市场联盟委托人民出版社具体操作《人民·联盟文库》的出版和发行工作，所选图书出版采用联合署名的方式，即人民出版社与原书所属出版社共同署名，版权仍归原出版单位。《人民·联盟文库》在编选过程中，得到了人民出版社市场联盟成员社的大力支持与帮助，部分专家学者及发行界行家们也提出了很多建设性的意见，在此一并表示诚挚的感谢！

《人民·联盟文库》编辑委员会

目录

引 言

宋美龄的一生伴随着西化、近代化、战争与革命等巨大的社会变迁。她的所言所行已在她走过的时代留下了深深的印记。她的所作所为，她的成就，自然与她的身份与地位分不开，同时也与她的思想、才能，甚至她的女性角色有着密切的关系。

在宋美龄的百年历程中，她所做的事有成百上千件，有顺乎世界和中国之潮流，符合民族和人民需要的，也有阻碍历史前进，违背人民意愿的。促成“西安事变”的和平解决，1943 年在美国的成功讲演，是她一生的闪光点，也是许多书中所大书特书的，类似有声有色的事情还有许许多多。总起来说，贯穿其一生的活动可以归纳为四个方面：

一、外交活动

主要是对美外交，大致可分为三个阶段：第一，抗战时期，这是宋美龄施展其外交才干的开始，也是让她发挥得淋漓尽致的一个阶段。第二，从 1945 年 8 月抗战结束到 1949 年 12 月蒋介石败退大陆。期间，宋美龄曾于1948年赴美求援，试图挽救垂死的蒋家王朝。第三，1950年1月宋美龄离美返台至今。蒋介石在世时，她曾多次访美，并随蒋介石参加外事活动，为沟通蒋记政权与美国的关系，维持蒋记政权在国际上的地位，阻挠美国及国际社会承认中华人民共和国作出了“贡献”。蒋介石去世后，宋美龄虽不再直接参与外事活动，但始终关注并间接指导台湾的对外政策。直至蒋经国去世，她才完全退出。

在宋美龄的外交生涯中，最令人称道，也是她最辉煌的时期是在抗战时期。宋美龄的女性角色、她的经历，为调和中美关系起到了中介的作用。“美国透过了对蒋夫人的期待与想象，把主权中国定位成了一个次等的、女性的主权；中国则透过了蒋夫人的西方背景，在国权飘摇的关键时刻，掌握了来自美国的一些援助。蒋夫人提供了中、美两国精英的想象空间，使得双方根本性的立场冲突，相当程度地获得隐藏。”“蒋夫人宋美龄女士处在中、西文明之间，对于主权中国的发展，起着特殊的定位作用。因为她是受美国的教育，又笃信基督教，所以她与美国各界沟通时，比较容易被当成自己人，而当她代表中国前往美国时，自然产生一种视觉效果，好像中国社会已经向美国的文化模式演进。再加上蒋夫人作为一名女性，调和了主权中国在追求独立富强的地位时，看起来对美国所可能具有的威胁性，这在抗战期间发生了很重要的功能，延缓了代表联军的美国将领史迪威与蒋介石委员长的恩仇，使不致扩大成两国之间的宿怨。”宋美龄的讲演更博得了美国朝野广泛的同情。美国的需要加以宋美龄的才智，使她一度风靡美国，争取了美援，为中国的抗战做出极大的贡献。

总之，美国的需要、中国在战时所处的地位，加以宋美龄的才智，这是宋美龄1943年成功访美的要素。

二、妇女工作

宋美龄开始领导全国性的妇女运动，是在新生活运动推行之后。1934年2月，蒋介石发起了新生活运动，宋美龄卖力地帮助推行这一运动。动员妇女参加新生活运动，就是宋美龄一项主要的活动。1935年，宋美龄联合当时的几个妇女组织，成立了“新生活运动妇女指导委员会”，她本人担任指导长。“新生活运动妇女指导委员会”这个组织，为抗战时期动员妇女支援抗战，打下了基础。

抗战爆发后，宋美龄于1937年8月1日在南京成立了“中国妇女慰劳自卫抗战将士总会”，积极展开各种战时服务工作。在成立大会上，宋美龄致词表示：

“我们要保全国家的完整，保护民族的生命，应该尽人的力量，来抵抗敌人的侵略。我们妇女也是国民一分子，虽然我们的地位能力和个人所能贡献的事项各有不同，但是个人要尽量的贡献她的力量来救国。什么地方有适合我们的工作，我们就得争先恐后的来担任。……我们中国的女同胞，比起他国的姊妹们来，不论智力方面，体力方面，以及爱国的勇气和情绪方面，并不稍逊；这次战争，正是我们向世界表现的机会。

我们的工作并非为了虚荣，乃是为了救援国家的生命。我希望大家都能实地的担任工作，出尽全力去做。打仗的时候男子都会上前线去杀敌，后方工作是我们的责任。我们须要鼓励男子，使他们知道我们有我们的方法来辅助他们，使他们无后顾之忧，并且我们也准备牺牲一切，就是我们的生命也能牺牲，来拥护我们前线的忠勇将士。”

一时海内外妇女纷纷响应，并先后在全国各地成立42个分会及54个支会，使服务的范围遍及全国各战场。这些妇女组织的主要工作包括为抗战将士缝制征衣、救济流亡难胞、募款支援抗战、慰劳前方将士和服务伤患官兵等。

1938年5月，宋美龄邀集各界妇女领袖在庐山召开全国妇女代表谈话会，讨论如何报效国家，并交换在全国各地推广妇女工作的经验。会中议定了“动员妇女参加抗战建国工作大纲”，规定以“新生活运动促进总会妇女指导委员会”作为推动一切妇女工作的总机构。工作的重点有二，一为“动员妇女”，二为“服务社会”。会后，分别在汉口和重庆开办了多种训练班，让各界妇女能够更好地发挥专长和能力，积极参与抗战。

抗战胜利后，宋美龄为兑现她在抗战期间立下的在战后提高妇女地位的诺言，率先提出议案，建议明定各项选举均应给予妇女20%的保障名额，以保证妇女的参政议政。

到台湾后，宋美龄同时兼任三个妇女组织的负责人，一为妇联会的主任，二是妇工会的指导长，三是台湾省妇女会的名誉会长。其中，妇联会的工作是由宋美龄亲自领导，致力于服务三军，可以说是延承了抗战时期妇女工作的内容和特点。

有学者称宋美龄“是近代变动社会中自觉的女性主义者”，不仅她本人有着非凡的经历，成为近代中国史上深具影响力的女性，而且始终关心妇女工作和妇女地位的提升。这与她的家庭、以及留美10载的经历有着莫大的关系。在20世纪初，中国女子留学风气尚未开启之际，宋耀如的3个女儿相继漂洋过海赴美留学，这本身就是对重男轻女传统思想的突破，给“宋氏三才女”的成长打下了坚实的基础。10年的留学生涯更加深了宋美龄对西方民主思想的了解，对她来说，民主社会的指标之一是妇女地位的提升，就中国来讲，就是要让妇女扮演与男人同样平等的建国工作。为此，宋美龄不仅把国家建设、新生活运动和参加抗战列为妇女工作的重心，并致力于改造妇女的观念。

三、关怀军人及儿童

在跟随蒋介石的近半个世纪中，宋美龄常常追随蒋介石赴各地征战，虽然她没有直接参与军事活动，作为第一夫人，她利用其特殊的地位与作用，服务军人、关心军人。婚后不久，作为总司令夫人的宋美龄即在南京举办了国民革命军遗族学校，照顾无家可归的孩子；抗战时期她不仅动员妇女同胞慰劳、服务抗战将士，更亲自投入救助伤亡的活动，并为战争难童设立战时儿童保育院。宋美龄认为救助难童实在有很重大的意义，她于1938年撰写了“谨为难童请命”的文章，发表在《妇女生活杂志》上。文中说：

“政府与军队的责任是争取胜利，可是民众不起来组织自身，积极参加工作，这胜利是不可幸得的。怎样支持民族的生命，怎样使几千几万无可凭藉的难民维持他们的生命，这都是当前的大问题，要我们民众解决的。

我们应该做的事情很多，我们应该怎样做的方法更多，可是目前最引起我个人注意的是难童的问题。

现在成千成万的儿童，有的父母死亡，成了流浪的孤儿，有的虽有父母，但他的家庭已经穷无立锥之地，衣食都成问题，这些儿童全要我们去照顾的，怎样解决他们的衣食住问题和教育问题，全是我们的责任。他们都是中国的壮丁，也就是支持国家实力的一部分，我们怎能任他们去流浪，变成乞丐，变成匪徒，变成嗷嗷待哺的饿殍。为了民族的荣誉打算，我们断不能让这种惨相扩大，就我们爱护儿童的天性上来说，我们也不忍见这成千成万天真的小孩流浪无依；可是最重要的，为了完成我们保全国家实力的任务起见，我们更不能坐视这些儿童被难而不救。”

1938年3月，宋美龄在武汉成立了“战时儿童保育会”，设立汉口临时保育院，专门收容各战区无家可归的难童。武汉吃紧后，宋美龄曾不辞辛劳地将各处保育院的孩子接到重庆，由于战火遍及全国，后来在各省市成立了“战时儿童保育会”分会，并就近设立保育院。抗战时期从事难童保育的机关团体很多，例如有中央赈济委员会的儿童教学院、中华慈幼院、中国战时儿童救济协会、武汉难童教育委员会、南京信德孤贫儿童教养院、西安孤儿院等，以宋美龄主持的妇女会保育组下的战时儿童保育会所办的各儿童保育院规模最大。据台湾国史馆梁锦惠的统计，当时全国设有战时儿童保育分会者，计有川、黔、桂、粤、湘、赣、浙、闽、陕、陕甘宁、晋 11 省及地区。另香港及荷属南洋亦设有分会。各省保育院总计 45 所，收养难童约 25000 人。

到台湾后，她创办了妇联会，主要工作就是慰劳三军；她还专门为照顾一江山和大陈的遗孤创办了华兴育幼院等。

关怀军人与儿童，既出于政治目的，也出于宋美龄的爱心，尤其是保育孤儿工作，一向是宋美龄从事社会慈善事业的重心。

四、反共

自与蒋介石结合后，宋美龄始终不渝地跟随蒋介石坚决反共。她的反共并不是参与军事斗争，而主要是从精神上协助蒋介石、支持蒋介石。到台湾后，她的反共言论较在大陆时期更激烈，甚至比蒋介石有过之而无不及，可谓立场坚定、态度顽固。

坚定的反共信念的形成与坚持，与宋美龄的思想与信仰、她的经历尤其是与蒋介石的结合密切相关。

如今，年逾百岁、在美国深居简出的宋美龄仍能引起人们的关怀与重视，绝不仅仅因为她是蒋介石夫人。当然，作为蒋夫人，她拥有了施展才华的权力与空间，而她本身的才智与作为，她在近代中国史上的地位与影响，均已深深地印在历史的足迹上，有待人们进一步的研究与评判。

这本书写了宋美龄在大陆上的活动和在台湾的活动。这样，就宋美龄传记来说，算是比较完整。当然还是不全面的，有些事，知道宋美龄涉及过，但构不成故事；况且宋美龄仍高龄健在，尚未盖棺。她已经104岁了，跨越三个世纪；像这样长寿的人，中国乃至世界有不少个，而像这样地位的人，尤其是经历过第二次世界大战，那恐怕是唯一的，那张开罗会议的生动合照就是历史的见证。

我们还是坚持把这样的人物传记作为历史书来书写。现在似史非史，真真假假、真假夹杂的书不少，讲一个人物的出生地，一下笔就是许多页，按理出生地同这个人物的发迹无多大关系，像蒋介石出生在浙江奉化溪口的小地方，陈诚出生在浙江青田的一个小地方，诸如此类，真是不少，而他们的发迹同这些小地方可以说毫无必然的联系。还有的虚构连篇，描写连篇，名为增加可读性，长此以往，过许多年以后，我们的后代还以为这就是历史的真实，那就麻烦了，要寻找真实的历史，又要进行若干考证。恢复历史本来的面目是不可能的，只是一个美好的愿望，我们能做的是尽可能地接近它，不夸饰、不虚美；当然，一些海外的朋友说我们写的有关蒋介石的书、有关宋美龄的书，为政治服务色彩很浓。是的，写一本书总有一个立场、观点、方法，涉及政治的书，全世界都如此。

我们还是把这本《百年宋美龄》作为靶子，敬请射击。

杨树标　杨菁

2001年8月

第一章
宋美龄与蒋介石的结合

公元 1927 年 12 月 1 日下午，上海的大华饭店热闹非凡，国民革命 军总司令兼国民党中央政治会议主席和军事委员会主席的蒋介石，与宋家的小女、国民党先圣孙中山的小姨、大银行家宋子文的小妹宋美龄正在此举办一场显赫的结婚庆典。主婚人为北京大学前任校长、南京政府教育部长蔡元培。约有 1300 名中外知名人士济济一堂。“他们是否为爱情而结合，唯有他们本人才知道。然而，这的确是一门经久不变的婚姻。”

宋美龄同蒋介石结合后，在中国的政治舞台上共同生活了近半个世纪。这半个世纪，中国的历史有过重大的变迁，从中华民国（中华民国又经历了从孙中山到北洋军阀到蒋介石）到中华人民共和国（蒋介石败退大陆后又偏安台湾）。宋美龄和蒋介石都出生在半殖民地半封建的旧中国。当时，西方资本主义国家，利用中国人发明的火药，用重炮轰开了古老中国的大门，中国被一步一步地拖进了半殖民地半封建的深渊。甲午战争的炮声，使中国人心震动，中国割地面积之大，赔款数量之多，主权丧失之严重，远远超过鸦片战争以来历次签订的不平等条约。帝国主义强盗在中国掀起了瓜分的狂潮，中国的土地横遭帝国主义宰割，山河破碎，遍体疮痍，已经不成其为国家。漫长的中国海岸线找不到一处是自己的港口和军事基地，到处插满了星条旗、太阳旗等外国的国旗。在山河破碎、民不聊生的境况下，许多先进的中国人，发出了极度悲叹和奋起救国的呼声，中国的资产阶级在中国历史舞台上出场后，先有改良活动（戊戌变法），后有革命举动（辛亥革命）。宋美龄和蒋介石出生在这个年代，又成长在这个年代，当资产阶级用暴力摧毁了统治中国两千多年的皇朝的封建制度后，中国又陷入了北洋军阀的封建统治。于是，在中国又掀起了一场反对北洋军阀统治的革命事业，宋美龄同蒋介石就是在这个年代结合的。历史塑造了人物，人物留下了足迹。的确，灾难深重的年代，给宋美龄和蒋介石以独特的影响；宋美龄和蒋介石在这样的年代结合，不仅有它独特的原因，而且给中国的历史带来了独特的影响。

一、城里人与乡下人

宋美龄和蒋介石，一个出生在城里，一个出生在乡下；在年轻的时候，他们各自都有不同的生活经历与追求。

1897 年是康有为、梁启超为代表的资产阶级改良派在中国掀起了一个变法运动的前一年。这一年 3 月 5 日（农历 2 月 12 日），宋美龄出生在旧中国十里洋场的上海。她是宋家的老四（霭龄、庆龄、子文三位兄姐之后），她后面还有两个弟弟（子良、子安）。

宋美龄的父亲宋耀如①出生在当时广东的南海，早年（大约是 1875 年②）就离家赴美国谋生、求学。1886 年回国在上海居住并服务于南方

① 宋耀如的英文名字叫查理·琼斯·宋，中文名字叫韩嘉树。

② 宋耀如在 1881 年写给上海卫理公会南方布道团团长艾伦的信中说："我离家约有 6 年。"

卫理公会布道团。1887 年仲夏，宋耀如与倪桂珍结为夫妻。宋当时不是很富裕，每月只有 15 美元的薪水，但同倪桂珍结合后，“通往新世界的大门从此打开了”，因倪桂珍是上海富商的女儿，她的母亲姓徐，是明末大学士徐光启的后代，上海徐家汇就是因徐家住在此处而得名。1888 年开始，宋耀如担任了正式牧师，在上海传道。不久，宋耀如离开了传教的生涯，投身于实业界，先代办进口、安装国外的机械，后来创办了上海美华印书馆，两三年后就成了上海小有名气的出版商和实业家。1894 年，宋耀如结识了孙中山，此后成为密友，对孙中山的革命事业，给予了真诚的支持。斯特林·西格雷夫在《宋家王朝》一书中写道：“查理发迹的客观环境并非是骤然出现的，这是由他的传教生涯和新的秘密生活交织而成的。具有讽刺意味的是：查理当传教士已经开始获得成功，1888 年就已提升为正式牧师。第二年又调往上海专区，更接近中国金融和革命的心脏地区。1890 年，他不再是巡回牧师，而当上了上海市郊嵩泽的牧师。以后听说，查理又荣任了与他有关的那家印刷厂的主人，即将辞去牧师职务；他不再需要卫理公会的徒众了。”①宋家子女在一篇悼父文中说：“在那时，我们的父亲是上海的居民，南方卫理教派的牧师，同时插足工商业。他不断帮助孙先生推展他的革命事业，对此，简直是不分昼夜的。我们母亲照料家中的事务，让一切的收支平衡，对每一份从食物或衣料中节省得来的钱，她也捐献给革命运动，她帮助穷人，同时也是学校和教堂的赞助者。虽然我们的父母尚不是最好最完美的，但帮助我们即使在非常艰困的时期仍给我们一个快乐而舒适的生活。”

宋美龄出生时，宋家已经是上海有名的富裕人家。宋美龄在优越的家庭环境中度过了儿童时代。她又是姐妹中最小的一个，自幼娇生惯养，十分任性。她很崇拜大姐宋霭龄，大姐要她干什么，她就干什么。

① 〔美〕斯特林·西格雷夫：《宋家王朝》，丁中青等译，中国文联出版公司出版，第 85 页。

宋美龄5岁的时候，就跟随姐姐进入马克谛耶学校①的幼儿班学习，后来由于出荨麻疹而在家里单独请人教她念书。在暑假，宋美龄同兄长姐姐们一起按照父亲的旨意，学习英语、拉丁语和古典文学。在《宋家王朝》一书中有这样一段文字："美龄则是一家之霸。她长得圆胖，人们都叫她'小灯笼'。她周身浸透着虚荣，她自恃自己有能力而忘乎所以。她孤芳自傲，无人敢理。她那种我行我素的品格与外表的美丽并不相干。她生性超然脱俗，精力旺盛，即使是小姑娘时，她就高傲，威风凛凛。她崇拜勤奋的大姐霭龄，霭龄让她干什么她就干什么。霭龄发号施令，处理家务事的时候，美龄总是一旁细心体察，仿佛在作霭龄的艺徒，准备将来取代姐姐的角色。满五岁时，美龄坚持要求随霭龄去中西女塾读书。于是家里给她准备了小旅行箱，让她穿上花袄，在一片叮咛声中，打发她上学去。然而这个实验没有持续多久，……宋查理夫妇终于不得不把她接回家，请私塾先生教育。"宋美龄自己说："在我还是个小女生的时候，我就这么的胖，以至我的一个怪脾气的叔叔给我取个绰号叫'小灯笼'。在冬天，母亲替我穿上厚棉袄，我整个人就填塞在衣服里。我记得当我三四岁大的时候，每走两三步就会跌倒，因为衣服太厚太笨重，但也因为胖身材和衣服对我来说，负担太重了，不过我记得没有这样严重的跌伤吧！我在头上扎了两个小辫子，然后用红线绑起来，卷成一个小圆圈。那个发式在当时非常流行，叫做蟹洞，许多小女生的头发都扎成这个样子。起初，我母亲把我打扮成小女生的样子。但是后来，我稍长大一些，一切行为举止愈来愈像顽皮的小男生，所以母亲就把我哥哥的衣服拿来给我穿，但因为哥哥长得太快了，每三四个月就得换新的衣服，所以我从哥哥那儿拿来的衣服穿也穿不完。"儿童时代的客观环境，对人的塑造起着重要的影响。宋美龄幼儿时，即有优裕

① 马克谛耶学校是一所教会办的女子学校，以主教的名字马克谛耶作为校名，学校坐落在上海徐家汇。

的生活而又接受了严格的教育；既受西方教会教育，又受中国传统文化教育。这一切，在她幼小的心灵中打上了不可磨灭的烙印。

1904年5月，年仅14岁的宋霭龄，在卫理公会牧师步惠廉的推荐与带领下，去美国学习。1906年，宋耀如赴美国为孙中山筹集革命经费，在纽约同宋霭龄会面，并到新泽西州的小镇萨米特为宋庆龄、宋美龄赴美国学习作了安排①。1907年夏，宋美龄跟随二姐宋庆龄在二姨夫温秉忠夫妇②的带领下赴美国学习，时年10岁。在美国，宋美龄先在萨米特念书，后到佐治亚州德莫雷斯特念书，后来又到魏斯里学院与二姐宋庆龄作伴。宋美龄在魏斯里学院当了三年"自由旁听生"。1912年成了该院大学一年级的学生。她"显得不格外用功。她不靠勤奋，而靠小聪明"。1913年秋，她转到马萨诸塞州的威尔斯利学院学习，以便与她的哥哥宋子文（当时在哈佛大学学习）离得近一些。宋美龄在威尔斯利学院学习了四年，主修英国文学，兼修哲学，选修法语、音乐、天文学、历史学、植物学、英文写作、圣经史和讲演术，还在佛蒙特大学选修过教育学。而且她积极参加了体育活动。在威尔斯利学院，宋美龄获得了优异的成绩，虽然生活上也浪漫过，曾同来自江苏省的哈佛大学学生李彼得订过婚（婚约只持续了几个星期就解除了）。威尔斯利学院在1938年2月的校刊上有一个关于宋美龄早年在该院学习时的一个报导。报导说："美龄是个出色的学生，主修英国文学，副修哲学。据说她最喜爱的是亚瑟王罗曼史中的那些强烈的冲突与矛盾。法文与音乐（包括乐理、小提琴、钢琴）则四年毫无间断，其他修习的科目还包括天文、历史、植物、英文作文、圣经历史及辩论术等。1916年的夏天，她还在佛蒙特大学拿了一个教育的学分。在威尔斯利学院的最后一年，她还得到该校最高荣誉的'杜

① 这个小镇上有一座学校录取中国学生，辅导他们报考美国的大专院校。

② 有的书上说是1908年才赴美，温秉忠此时正奉命率清廷教育事务团访美。

兰学者’头衔。她的运动量不多，不过蛮喜欢游泳和网球。她的英文说写流利，是道地的美国南方风格。……她的同学们多认为她是个时而快活爽朗时而严肃忧郁的人，情绪的变化很大。不过，倒是个彻底的个人主义者。”与宋美龄相处甚久的安妮·杜尔教授回忆宋美龄时写道，“她是个追求真理锲而不舍的人”，“她的热力、纯真令人留下深刻的印象”，“她的社交能力很好，也很受大家的欢迎，但是她总是和我们保持一点距离，在这个距离之外，她来观察、质问、批评和喜爱，似乎她总自觉是个外国人”。四年的威尔斯利学院的学习生活，使宋美龄“从一个圆脸蛋的小姑娘出脱为一个优雅的少女”。这个时候，她的两位姐姐都已先后回国去了（宋霭龄是 1910 年回国，宋庆龄是 1913 年回国），虽然有哥哥宋子文作为她的监护人，但她必须独立自主地在威尔斯利学院学习与生活。这对她高层次的知识的获得、独立人格的形成和世界观的确立，起了决定性的作用。1917 年夏，宋美龄结束了在美国的 10 年生活而返回中国。

这 10 年的美国学习与生活，对宋美龄是一个人生最初的也是有决定性的塑造。她那流利的扎实的英语基础是这个时候打下的，她那对东西方文化的深刻认识也是这个时候开始形成的。尤其是她对东方文化及其遗产的思想感情的强烈，随时随地反映出来。她口若悬河地谈到中国对世界文明的贡献，为中国的文化和艺术感到自豪，并为西方世界对此竟然漠视而表示遗憾。但是，那种崇美、亲美、恐美的思想，也是在这个时候，在她的心灵深处播下了种子。

宋美龄一回到故土，中国的大地已经起了重大的变更。她走时还是清王朝，回来已是中华民国了，不过这个中华民国已经落入了北洋军阀的手中。中国还是一个半殖民地半封建的社会，人民仍然生活在水深火热之中。

宋美龄一回到上海，确实对一切都感到不习惯，不过她还是努力去适应这个环境。后来（在抗战期间访美时），她说过这样一段话：“余系幼年来美十载后，毕业大学，始返祖国。时余正年富力强，切盼对国家有所贡献。不意余父母坚持余既离国甚久，应先研究中国历史与文学，谓若不更进一步，通晓中国之历史文化，将不能明了中国各问题之错综复杂，且不论余愿致力于任何事业，或盼作任何贡献，势将因不能认识中国社会之基本组织与需要，此致徒劳无功。”于是，她一件事一件事地去做。

第一件事，学习汉语。由于宋美龄自幼长期旅居美国，而且是可塑性最大的时期，回国时对汉语相当生疏。于是，她就找了一位中文教师，教她学习汉语。“尽管她凭借儿提时代的记忆，稍加练习就恢复了上海方言，但是她对自己说和理解汉语的能力仍然不大满意。同时，她还要提高自己的汉语读写能力。美龄的老师是位老学究，在他的影响下，美龄学习中国古典文学时总是一边反复吟诵，一边有节奏地摇晃着身体，就像孩子在学校里念书一样（绝大多数的归国留学生都对中国文学持不屑一顾的态度）。美龄每天都跟她的老师学习，坚持了许多年”。[①] 宋美龄很快能以一口流利的汉语公开发表演讲。

第二件事，参加社会活动。由于宋美龄的身材和活力，一投入社会活动，很快赢得人们的青睐。她“加入了基督教女青年会，协助该会从事社会工作，同时她还是全国电影审查委员会的一名成员。上海市参议会也一反先例，聘请她参加童工委员会。在此之前还未有一个中国人得到过这样的职位”。[②]

第三件事，去学校任教。上海有几所学校请宋美龄去任教，人们很想从这位美国回来的大学生身上学到点什么。“她对那种简单易行而又行之有效的集中训练法很感兴趣，这种方法正在那些来自城乡，学好之后再回去教书的女学生身上得以应用。”她“总是亲自安排课程，并且

① 〔美〕埃米莉·哈恩：《宋氏家族》，李豫生等译，新华出版社1985年版，第116页。

② 同上书，第117页。

尽量自己授课和演讲。显然她很有教学方面的天资；她口齿清晰，总是根据学生的接受能力因材施教，而且很有耐心”。

第四件事，参加社交活动。“上海对于宋家及其朋友这样富有的中国家庭来说，是一个令人愉快的地方。他们为上海西方式的奢华侈靡增添了中国式的舒适自得。欧洲战争结束后，上海的商业出现了一派繁荣景象。宋家的亲朋好友都像宋家一样拥有私人汽车。在挥霍无度的社交聚会上他们纵情欢乐。当他们为某位家庭成员庆祝生日时，总是要举行为期几天的盛大宴会，同时还聘请剧团的名角到家里来为他们的亲戚朋友唱堂会”。① 凡有这种场合，宋美龄必亲自出席，并担任重要角色。“宋家与外国人的友好关系也是引人注目的。从海外回来的中国人往往不再与外国人接触，但是美龄回国后仍然与美国人保持往来。”② 宋美龄回国的第二年春天，宋耀如的美国朋友卡尔访问上海，宋美龄帮助父亲热情地接待了这位美国朋友，还陪其赴宴，与孙中山晤谈。

1918 年 5 月 3 日，宋耀如病逝，宋美龄与两个姐姐一起“在病榻旁与父亲诀别”和料理丧事，接着姐妹三人就各奔东西。这时，全国性的“护法运动”已掀起，孙中山在广州主事，宋庆龄就南下跟随其丈夫孙中山从事革命活动，宋霭龄也随孔祥熙而去，只留下宋美龄随母亲在上海居住。

蒋介石比宋美龄出生早十年，1887 年 10 月 31 日，出生在浙江东部奉化。他是蒋家的老三（同父异母生的瑞春、锡侯两位姐兄之后），她后面还有两个妹妹（瑞莲、瑞菊）和一个弟弟（瑞青）。

蒋介石的父亲蒋肃庵在奉化县溪口镇上开设玉泰盐铺，经营盐、酒、石灰为主，有薄田 30 余亩，是一户中产人家。前后娶过妻室三位，蒋介石的生母王采玉是第三位了。1895 年，蒋肃庵死于时疫，王采玉

① 《宋氏家族》，第 117 至 118 页。
② 《宋氏家族》，第 117 页。

"茹痛抚孤，勤劳特甚"。1921 年 6 月因患心脏病而死。因蒋介石是母亲一手抚养成人，故对其母的感情是深厚倍加。这时蒋介石已跟随孙中山从事革命活动多年，并取得了孙中山的信赖。所以蒋母病逝后，孙中山在其墓碑上手书"蒋母之墓"。张人杰为其写了一副对联，上联是"祸及贤慈当日顽梗悔已晚"，下联是"愧为逆子终身沉痛恨靡涯"。蒋介石在 6 月 15 日写了《哭母文》，25 日又写了《先妣王太夫人事略》，抒表自己的哀思。

蒋介石小时候是比较顽皮的。蒋自己说："中正幼多疾病，且常危笃。及愈，则又放嬉跳跃。凡水火刀莸之伤遭害非一，以此倍增慈母之劳。及六岁，就学，顽劣益甚，而此妣训迪不倦，或夏楚频施不稍姑息。"① 蒋介石从小随兄就读私塾，读过一些古籍史书，在陈布雷编的《蒋介石先生年表》中说："公六岁，始入家塾从任介眉读。""公七岁，仍就读家塾。""公八岁，改从蒋谨藩读《大学》《中庸》。""公九岁，春夏从任介眉读《论语》《孟子》，六月又从蒋谨藩读《礼记》。""公十岁，读《孝经》。""公十一岁，读《春秋》《左传》。"公十三岁，始出就外傅往嵊县葛溪从姚宗元读《尚书》。" "公十四岁，赴榆林村从毛凤美读《易》。""公十五岁，赴畸山下读于皇甫氏始作策语。""十六岁，赴岩溪村从毛思诚温习《左传》，圈点《纲鉴》，应童子试。"之后，接受新式教育，17 岁进凤麓学堂（设在奉化城里），后又到箭金学堂，19 岁转入龙津中学。1906 年 4 月，他东渡日本求学未如愿，这一年冬回国。回国后考入了全国陆军速成学堂（保定军官学校的前身）学习。1907 年，他被军校保送去日本留学，进振武学校就读三年，于 1910 年毕业。在振武学校学习期间，他曾给其表兄单维则寄过一张照片，上面写了一首七言绝句："腾腾杀气满全球，力不如人万事休！光我神州完我责，东来志岂在封侯！"反映了当时蒋介石一定的民族意识。他离振武学校后，

① 蒋介石：《自反录》第 1 集卷 6。

分配到日本驻扎在新泻县高田市野炮兵第十三师团第十九联队充当二等兵（不久升为上等兵，称士官候补生）。1911 年四川保路风潮兴起后，这一年夏，蒋介石从日本“托故假归”，在上海参与陈其美“密商举义计划”。

宋美龄与蒋介石的青少年时代有不同的经历，一个是大城市出来的娇小姐，一个则是从山村小镇出来的有志青年；一个从小在美国受教育，差一点连汉语都忘了，完全接受西方资本主义思想；一个从小受中国旧式教育，受到儒家传统思想的熏陶。但他们所处的时代是相同的，都是在一个半殖民地半封建的古老的国土上出生。另外，他们都留过洋，一个是留西洋，一个是留东洋，见过外部世界，见过资本主义国家，受到资产阶级教育。更重要的一个相同之处是他们自觉或不自觉地投入到当时资产阶级民主革命的行列。宋家支持了孙中山的革命事业，宋美龄的兄姐在父亲的安排下一个个留学美国，但学业成功后又一个一个地返回中国，报效祖国。蒋家出了一个蒋介石，自觉到要救国图存，“东来志岂在封侯”，回国后更是直接地投身于孙中山领导的辛亥革命。这一条，是宋美龄与蒋介石在未来能结合的一个基础点。

二、结婚

宋美龄同蒋介石是怎么认识的呢？

这中间的重要媒介人是孙中山。宋家同孙中山的结交，同宋耀如支持并参与了孙中山的革命活动有关。1894 年孙中山在上海结识了宋耀如。孙中山经常和陆皓东住在宋耀如家中，交谈革命事业。1912 年 4 月，孙中山在上海致函友人介绍说，宋耀如是“二十年前曾与陆烈士皓东及弟初谈革命者，二十年来始终不变……而上海之革命得如此好结果，此公不无力。然彼从事于教会及实业，而隐则传革命之道，是亦世之隐君子也。弟今解职来上海，得再见故人，不禁感慨当年与陆皓东三人屡作终夕谈之事”。① 1895 年 1 月下旬，孙中山在上海约见宋耀如，请宋筹划经费，宋又一次“倾囊捐助”。1900 年 6 月，孙中山准备在广州发动起义，两广总督李鸿章在香港英国当局策动下也打算据华南“自主”并约孙中山“来粤协同进行”。对此，孙中山请宋耀如去活动在上海的洋务大臣盛宣怀脱离清廷参与两广独立后建立的政府事务。宋耀如劝说孙中山要记取历史的教训：“当初太平军苏州守将纳王部永宽等八名高级将领，献城投降，李鸿章原是保证他们的生命安全……结果第二天就全部被杀害！此人全无信义，切记，切记。”事情的结局，李鸿章被清廷调任直隶总督兼北洋大臣，准备与孙中山合谋一事告吹。可见，宋耀如同孙中山在早年就有联络。密切宋、孙关系的是宋庆龄同孙中山的结婚，正如一些书上评论的：“由于联姻，孙、宋两姓结下了不解之缘。”早在蒋介石留学日本时，通过陈其美的介绍，结识了孙中山。回国后他追随陈其美投身辛亥革命。1918 年春，南下广东，直接参与孙中山的革命活动，逐渐取得了孙中山的信任与重用。那么，宋、蒋又是怎么结识的呢？美国女记者埃米莉·哈恩在《宋氏家族》一书中写道：“蒋介石第一次见到宋美龄是在上海孙博士的家里。见到美龄的时候，蒋介石已经休掉了奉化的毛小姐。一天，他向孙博士提起了这门婚事。‘老师，我现在还没娶上老婆’，他说，‘您能劝宋小姐嫁给我吗?’孙博士没有去劝美龄，而是把蒋介石的意思转告了妻子。庆龄悻悻地回答说，她宁可看到妹妹死，也不愿意让她嫁给一个在广州城内至少有一两个情妇的男人，虽然他名义上还没有结婚。的确，当时有关蒋介石的传闻很多。但是孙中山并没有把妻子拒绝的话转达给蒋介石，因为他喜欢

① 《孙中山全集》第 2 卷，中华书局 1981 年版，第 342 页。

这个年轻人。他劝蒋介石说：‘等一等吧。’蒋介石明白孙中山的意思，只好等着。在孙中山逝世以前，蒋介石又曾两次提起过这门亲事，但每次得到的答复都是‘再等一等吧’。”蒋介石于1927年9月26日在上海对《字林西报》记者发表谈话谈及：“五年前，余在广州，寓于孙总理处，以是获见宋女士。以为欲求伴侣，当在是人矣。其时宋女士尚漠然。”可见，宋美龄同蒋介石的认识，时间是1922年，那时正是陈炯明在广州搞叛乱。

陈炯明的叛乱被平定之后，蒋介石就跟随孙中山，为建立与巩固广东革命根据地而奔波。在这期间，随着蒋介石政治地位的提高，而密切了同宋家的关系。1925年3月孙中山病逝后，蒋介石逐渐掌握了国民党党政军大权，虽然他同陈洁如结合共同生活了几年，但对宋美龄始终怀念。宋美龄心目中蒋介石的形象也日渐高大起来。1926年12月，一个妇女给胡适的一封信中说：“胡先生，我近来心目中只有两个英雄（你晓得妇女心目中不能不有英雄的），一文，一武，文英雄不待言是胡适，武的也不待言是蒋介石。这两个好汉是维持我们民族命运的栋梁！我的静坐的时候颇不多，然而一得之则默祝这两个人的福寿与成功！”① 的确，在宋美龄、在宋家的眼里，蒋介石已成为他们心目中的“英雄”。

蒋介石叛变革命在南京建立政权后，由宋霭龄牵线，宋美龄应邀赴镇江同蒋介石一起游金山、焦山。当事人记载：“蒋介石亲笔写了一封信，派我到上海去面交孔夫人。我交上蒋介石的亲笔信，她含笑看信，看了之后，高兴地对我说：‘知道了！总司令约三妹在十五日到焦山去玩，好吧！你就住在我这里，等到十五号走罢！’这一天正是五月十三日。”“五月十四日下午，我到北火车站，打算预购明天的车票，见着站长，说明来意。他问我：‘你是来接总司令的朋友去镇江的吗？’我说：

① 《胡适往来书信选》上册，中华书局1980年版，第412页。

‘是的。’他说：‘不用买票了，我已经预备好一辆蒋总司令上次坐过的花车，挂到明天上午八点钟开往南京的特别快车的车头后面。’并笑容可掬地问：‘你看好不好？’‘当然好啦！’我高兴地答道。随后就回来告知孔夫人，她也很高兴。坐在她一旁同时听到我说话的三小姐——宋美龄，也嫣然一笑。”“吃过早点，等候夫人下楼。七点半，孔夫人、三小姐和另外一位中年妈妈，一同下楼，上了汽车。七点五十分到达车站，一进站就望见那辆花车，站长来打招呼，我们一行登上花车。孔夫人宋霭龄一个人回去了。一声汽笛，离开上海北火车站。”“下午三时许，火车进入镇江车站，车站上有警察警戒。蒋介石已等候在站上，他不穿军装，换一套华贵笔挺的西装，戴一顶高级草帽，足蹬白皮鞋，精神奕奕，背后在一排卫士和公安局长俞子厚。车站站长站在月台上，指挥火车停下。正好花车停在蒋介石的面前，他即走上花车，同宋美龄见面。握手毕，他急忙把宋的手提包抢在自己手里。缓步下车，改乘一辆新式轿车开到江边，换乘小汽艇，直驶焦山。焦山位于长江之中，来往必须乘船。山上有个大庙，和尚并不多。游人也不很多，环境非常幽静。”“蒋、宋在焦山，每日早出晚归，游览这一带的名胜古迹。有一天到了一个清朝做过大官的家里，壁上挂着一幅唐伯虎的画，两人赞赏了一回。中午在一家有名馆子吃饭。”“这样一晃就是十天①，蒋介石带着卫士排回南京，叫我送宋美龄回上海。”当时，对蒋介石来说，大革命的胜利果实已窃取，国民政府已在南京宣布建立，有了一个短暂的喘息机会，于是他不得不考虑这样几个问题：一是，设法进一步争取英美对他的支持；二是，设法多涂上一层孙中山革命事业继承人的油彩；三是设法有一位贤内助来帮其处理内政外交。基于这些考虑，他认为能同宋美龄结合是最理想的，况且原来有一定的基础。所以，他利用这短暂的休假机会，也可能是特地的安排，约宋美龄共游，以进一步交流与融合感

① 当时国民党中央批准蒋介石休假10天。

情。《大公报》创始人之一胡霖有这样一个分析："蒋介石再婚是一个深谋远虑的政治行动。他希望做他们的妹夫，以便争取孙中山夫人……和宋子文。当时蒋介石也开始感到有必要得到西方的支持。以美龄做他的夫人，他便有了同西方人打交道的'嘴巴和耳朵'。另外，他很看重子文这个金融专家。不过，说蒋介石不爱美龄那是不公正的。蒋介石显然认为自己是英雄。在中国历史上，英雄难过美人关。出于政治考虑，蒋介石无所不为。对蒋介石来说，在这种情况下娶一位新夫人似乎是理所当然之举。"①

1927年8月13日，蒋介石第一次下台。下台之后，他给宋美龄写了一封感情十分真切的信。信中说："余今无意政治活动，惟念生平倾慕之人，厥惟女士。前在粤时，曾使人向令兄姐处示意，均未得要领，当时或因政治关系，顾余今退而为山野之人矣，举世所弃，万念灰绝，曩日之百对战疆，叱咤自喜，迄今思之，所谓功业宛如幻梦。独对女士才华荣德，恋恋终不能忘，但不如此举世所弃之下野武人，女士视之，谓如何耳?"不久，宋美龄表示愿意同蒋介石结合，但需要征得母亲的同意。9月16日，宋蔼龄在塞耶路的家中，召开记者招待会，将蒋介石和宋美龄介绍给新闻记者，随时宣布："蒋总司令即将与我的三妹结婚。"蒋介石在对《字林西报》记者发表谈话中也谈及关于这门婚事"近来女士已允，惟尚须得其家属许可"。当时，宋美龄的母亲在日本养病，蒋介石"拟即前往问候，并向乞婚"。这时蒋介石已下台，情况是这样的：蒋介石建立南京政权后，处在内外夹攻之中。内是，李宗仁、白崇禧拥有桂系军事力量，并在北伐中屡建战功，而这时同蒋介石貌合神离，甚至连何应钦也站在李、白一边。外是，不仅所有职务乃至党籍都被武汉国民党中央摘除，成为罪魁祸首；而且汪精卫正在厉兵秣马，

① 〔美〕斯特林·西格雷夫：《宋家王朝》，丁中青等译，中国文联出版公司1986年版，第365页。

准备东征。在这种内外夹击的形势下，蒋介石企图借陈兵津浦路上，抗拒再度南犯的北洋军阀的军队，以此来缓和各方面对他的攻击，达到恋栈的目的。结果，蒋介石败北南京，原来的企图化为泡影。在四面楚歌之下，蒋介石不得不于8月13日宣布下野，发表《辞职宣言》。之后，在上海、溪口各住了一段时间，进行了频繁的活动。9月28日，蒋介石特地在上海《民国日报》上发表了《家事启事》，而且连载三天。启事说："各同志对于中正家事，多有来书质疑者。因未及遍复，特奉告如下：民国十年，原配毛氏与中正正式离婚。其他二氏，本无婚约，现已与中正脱离关系。现在除家有二子外，并无妻女。惟恐传闻失实，易资淆惑，耑此奉覆。"29日，蒋介石携带宋美龄及张群、宋子文和孟超然（副官）、孙鹤皋（留日同乡）、陈舜耕（机要秘书）等离开上海去日本。这一天，蒋介石对东方通讯社记者发表谈话："余此次来日，乃欲观察及研究十三年以来进步足以惊人之日本，以定将来之计划。且余之友人居日者甚多，欲乘此闲暇之机会，重温旧好。并愿藉与日本诸名流相晋接，此外则并无何等之目的。关于此后之事，尚无何等决定。"这次赴日，蒋介石要研究日本国情及对华政策；要取得日本政府的支持，以助他重新上台。此外，一项重要的活动是征得宋美龄母亲的同意，要和宋美龄结婚。《宋氏家族》一书中有这样一段叙述："宋夫人过去一直对蒋介石抱有极大的成见。自打他得知蒋介石有意娶她的小女儿为妻以后，她就极力回避与蒋介石谈论这个问题，并且在很长一段时间里拒绝与他见面。……可见蒋介石是个有决心的人。他仍然一刻不停地缠磨宋夫人，以至宋夫人最后不得不跑到日本躲起来。""当宋夫人得知蒋介石抵日的消息时，她正住在日本的西部地区。她立即乘飞机前往镰仓，以避开女儿求婚者的纠缠，然而蒋介石穷追不舍。他信心十足，因为美龄已经向他表露了首肯的意图。如果说美龄嫁给总司令是出于一种义务感，那是不公平的，因为她绝不是一个书生气十足的人。不过她确实期待着能够协助蒋介石统一中国，这无疑也是她与蒋介石结合的原因之一。美龄绝不愿意因为结婚，而失去从事建设性工作的机会。”“这一次，在美龄的支持者孔夫人的极力劝说下，宋夫人终于同意给她女儿的顽固追求者一次见面机会。”蒋介石到了神户后，即与宋子文前往有马温泉，“是为了要和宋美龄女士结婚，特地晋见在那里疗养的宋太夫人，请其允诺亲事”。这次蒋介石去拜见宋美龄的母亲，拿出一份表明他已和少年时代的配偶离婚的证件，并且澄清了社会上的流言蜚语。当宋美龄的母亲问他是否愿意成为基督教徒的时候，蒋介石表示很愿意试一试，将尽力研究《圣经》，不过未经体察不能随便允诺接受基督教。这次拜见宋美龄的母亲收到了圆满的结果。据1964年所发行的《有马案内（导游）》记载有有马观光协会嘱托中川龙夫所著《蒋介石总统逸事之地》一文中说：“有马大旅社的经营者增田卯三之助的太太千代子捧着下午茶走进去，刚由隔壁宋太夫人房间回来的蒋总统，显露出平常所没有的兴奋神情说：‘老板娘，成功了！成功了！婚约成功了！哦！对了，给你写字吧！来！来！马上替我磨墨。’好像等不及把墨磨好，就乘兴挥毫了。”又据曾任有马温泉观光协会会长的乡土历史家风早恂提到：“蒋总统于获得同意结婚之后，便于第三天——五日在该旅社十八号房间将致送宋美龄女士的订婚戒指面交宋太夫人。”

1927年11月10日，蒋介石自日本回到上海。宋美龄已经先于一个月之前回到上海，筹划婚礼事宜。蒋介石一到上海，一面进行重新上台的工作，电请汪精卫东上，会商党事，在上海召开国民党二届四中全会预备会议，决议请蒋介石复职，1928年1月发表了《总司令复职时致国民政府电》；另一面和宋美龄商谈举行婚礼的事，于11月26日在报纸上刊载结婚启事：“中正奔走革命，频年戎马驱驰，未遑家室之私。……兹定十二月一日，在上海与宋女士结婚，爰拟撙节婚礼费用、宴请朋友筵资，发动废兵院。……欲为中正与宋女士结婚留一纪念。”

1927年12月1日，蒋介石与宋美龄举行婚礼。婚礼分两次进行，一次是基督教式，一次是中国传统式。

这一天下午3时，在上海西姆路宋家的宅邸里举行了基督教式的婚礼。婚礼由余日章（中国基督教青年会全国协会总干事）主持，只有少数近亲参加。

接着，在市内大华饭店举行中国传统式的婚礼。证婚人为蔡元培，介绍人为谭延闿、王正廷。参加的客人有1300多人，许多中外知名人士济济一堂。高级领事埃德温·S. 查尼汉姆（Edwin S. Chunningham）、英国总领事西德尼·巴顿（Sidney Barton）、挪威总理事N. 阿尔（N. Aall）、日本总领事矢田七太郎（S. Yada）、法国总领事M. 纳吉亚尔（M. Naggiar）以及其他一些国家的总领事出席了这次结婚典礼。还有美国太平洋舰队司令马克·L. 布里斯托尔（Mark. L. Bristol）海军上将、华北方面军司令官约翰·邓肯（John Duncan）少将以及其他外国高级将领也身穿便服出席了这次结婚典礼。在结婚典礼举行的大华饭店舞厅里，布满了花卉，在讲台上正中挂着孙中山的肖像，两旁是青天白日满地红与青天白日的旗帜，乐池里是一支俄国管弦乐队。在大华饭店内外布置了一大批中外侦探，严密地监视着周围的动静，惟恐出现乱子。出席必须出示请柬并签到后方可进入舞厅。在管弦乐队奏起的外国乐曲声中，蒋介石在男傧相的陪伴下步入舞厅；接着，在古老名曲声中，宋美龄一手挽着宋子文臂膀，一手捧着一大束白色和粉红色的玫瑰花，也步入舞厅。摄影机不断地快速地转动着，把蒋介石与宋美龄的镜头摄了下来。结婚典礼开始后，宋美龄与蒋介石向孙中山肖像三鞠躬，然后向右、向左、向再中间的来宾鞠躬。接着，由一个中国人宣读结婚证书，然后在证书上盖了公章，夫妻对拜，向证婚人鞠躬，再向全体来宾鞠躬，最后来到一个由玫瑰花装饰成的巨大的花团下面摆好姿势合影，舞厅里爆发出一片掌声。最后分别在舞厅和威尼斯厅举行了茶会。

这场宋美龄与蒋介石举行的中国式的婚礼，在1927年12月2日的《上海时报》（当时上海的一家英文报纸）报导说："这是近年来的一次辉煌盛举，也是中国人的一个显赫的结婚典礼。”“昨天下午举行婚礼时，大华饭店的舞厅里足足有一千三百人。当蒋中正总司令同男傧相一起出场时，桌边的椅子上坐满了人，还有许多人站着，鼓掌欢迎这位军事领袖。”“步入装饰华丽的舞厅时，人们立刻就被那很有气派的满堂花卉迷住了，这些花卉是由刘易斯育婴堂布置的。讲台上——如果可以这样称呼的话——挂着国民党创始人孙中山先生栩栩如生的大幅肖像；肖像的一边是国民党党旗，另一边是孙中山先生的旗子。”“在大华举行的中国式结婚仪式，是由北京大学前任校长、南京政府教育部长蔡元培先生主持的。”“又一次鸦雀无声，后面的人再次登上椅子，伸长了脖子。伴随着《新娘来了》的古老名舞曲，宋小姐挽着她哥哥、前财政部长宋子文先生的臂膀进来了，此时，摄影机快速地转动着。”“宋小姐捧着一大束白色和粉红色的玫瑰花。在结婚仪式举行之前，她和新郎择好姿势拍了照……然后向孙中山的肖像三鞠躬。……”“与基督教的习惯相反，新郎、牧师、或其他人都没有拥抱或亲吻新娘。……”《字林西报》还特地对宋美龄作了报导：“新娘穿着一件漂亮的银色旗袍，白色的乔其纱用一小枝橙黄色的花别着，轻轻地斜披在身上，看上去非常迷人。她那美丽的桃花透孔面纱上，还戴着一个由橙黄色花蕾编成的小花冠。饰以银线的白色软缎拖裙从她的肩上垂下来，再配上那件长而飘垂的轻纱，她穿着银白色的鞋和长袜，捧着一束用白色和银色缎带系着的淡红色麝香石竹花和棕榈叶子。”这种中西结合的婚礼，既有旧中国统治阶级的排场，又有西方资产阶级的色彩，奢侈极度，挥霍无度。

婚礼之后，蒋介石与宋美龄离开上海去浙江杭州和莫干山度蜜月。

就在婚礼的这一天，蒋介石写了一篇感想文章，题为《我们的今日》。文章说：“余奔走革命以来，常于积极进行之中，忽萌消极退隐之念。昔日前辈领袖问余，汝何日终能专心致志于革命？其他厚爱余之同志，就常讨论——如何而能使介石安心尽革命之责任？凡此疑问，本易解答，惟当时不能明言，至今日乃有圆满之答案。”“余确信余自今日与宋女士结婚以后，余之革命工作必有进步。余能安心尽革命之责任，即自今日始也。”“余平时研究人生哲学及社会问题，深信人生无美满之婚姻，则做人一切皆无意义。社会无安乐之家庭，则民族根本无从进步。……家庭为社会之基础，欲改造中国之社会，应先改造中国之家庭。”“余与宋女士讨论中国革命问题，对于此点，实有同一之信心。”“余二人今日，不仅自庆个人婚姻之美满，且愿促进中国社会之改造。”“余必本此志愿，努力不懈，务完成中国之革命而后已；故余二人今日之结婚，实为建筑余二人革命事业之基础。”蒋介石在这里所说的“革命之责任”、“中国社会之改造”，固然还有要清除旧军阀（奉系军阀张作霖和直系军阀吴佩孚的残余）的任务，但已经把反共反人民作为第一位的任务。蒋介石所说的“革命”实为“反革命”。蒋介石同宋美龄也就在反共反人民的这一点上“建筑”了“事业之基础”。

海伦·福斯特·斯诺在她的《近代中国妇女》一书中说：“1927 年 12 月，蒋中正同宋美龄结婚，此中意义比卫理公会派的教义还要多。这次结婚，是他人生的一段理想，这使他充分如愿以偿。漂亮的、穿着讲究的、受过美国教育的宋美龄，与蒋中正那个中层社会的现实性格，开创人生另一段旅程，殊具启示……”“显然，这门婚姻是在蒋中正、洋化华人和洋人之间沟通联络的一条渠道。在某种意义上说，宋美龄是中国旧传统的一个人质，是家族利益与政治利益之间维持信义的一项保证。但蒋中正是一个神气十足、仪表堂堂的军官，他个性强悍，雄心勃勃，他们两人没有理由不能成为一对恩爱的夫妻。”历史过去了半个多世纪，今天台湾还有书评论宋美龄同蒋介石婚姻说：“他们是否为爱情而结合，唯有他们本人才知道。然而，这的确是一门经久不变的婚姻，也证明他们之间不渝的爱情。这种婚姻将成为人们彼此结合的榜样，它需要拿出巨大的勇气，尤其对宋美龄来说，更是如此。”

蒋介石的这次重新上台是以“双丰收”上台的，不仅恢复了国民革命军总司令的职务，还兼任国民党中央政治会议主席和军事委员会主席，而且成为“国民党先圣孙中山先生（庆龄丈夫）死后的连襟，大银行家宋子文的妹夫，以及中国最伟大的圣人孔子的后裔孔祥熙先生（霭龄丈夫）的连襟”。[①] 宋美龄同蒋介石结合后，蒋、宋、孔结为一体了。这就对旧中国历史的发展以许多积极的与消极的影响，从总体上讲，给中国人民酿成了许多灾难。

① 〔美〕罗比·尤恩林：《宋氏三姐妹》，世界知识出版社 1984 年版，第 76 页。

第二章
参加“统一”与反共

婚后的宋美龄全身心投入了政治生涯，跟随蒋介石转战南北，卷入所谓“统一”以及反共的活动中去。在“围剿”红军的前线，宋美龄写下了她的经历：“我们要随军向腹地挺进，生活是艰苦的，但我很高兴，我的健康良好，能够坚持，这样我就能同他在一起，就能协助他。假如我静坐家中，等到中国真正实现和平，那么我们将长期无法团聚，所以我宁愿同他在一起……我们虽然不得不放弃一些物质享受，但那不算什么，因为我俩互不分离，各有工作。”

宋美龄同蒋介石结合后，面临着一个亟须解决的问题，就是巩固刚刚建立起来的南京国民政府。而这个尚未被人们所承认的中央政府所面临的，一是旧军阀（北洋军阀）尚未彻底摧毁，到了旧军阀被解决后，以蒋介石为代表的新军阀之间又发生一系列争权夺利的混战（先是蒋桂战争，接着是蒋冯战争，最后一场是中国近代历史上最大的一场军阀混战即蒋、冯、阎中原大战）；另一是中国共产党领导的农村革命根据地已经在南方形成星火燎原之势。于是宋美龄就跟随蒋介石卷入所谓“统一”以及反共的活动中去。所谓“统一”就是 1928 年 3 月举行的“第二次北伐”，以打垮奉系军阀张作霖和直系军阀孙传芳的残余；反共就是连续不断地对中国共产党领导的工农红军与农村革命根据地进行疯狂的反革命军事“围剿”。

一、“第二次北伐”前后的活动

蒋介石重新上台后，长江流域算是由南京国民政府统一掌管了，加上冯玉祥、阎锡山也倒向南京政府，西北和华北的河南、山西，也算是由南京政府统一掌管了。这时，剩下来的是奉系军阀张作霖的地盘没有归到青天白日旗帜下和直系军阀孙传芳的残余未被消灭。

1928 年 2 月，国民党召开了二届四中全会，不仅恢复了蒋介石的国民革命军总司令的职务，且以蒋介石兼任国民党中央政治会议主席和军事委员会主席，同时决定了所谓集中革命力量，限期完成北伐大业。

宋美龄跟随蒋介石到了南京，充任了蒋介石的秘书与翻译。这时，蒋介石忙于筹划“第二次北伐”，为了避免说他是军事独裁，他特地提议在广州、武汉、开封、太原四个地方分头设立四个中央政治会议下属的政治分会，由李济深、李宗仁、冯玉祥、阎锡山四人分任政治分会主席。同时，他又施展了他的老一套以笼络其他统兵将领，拉冯玉祥换帖拜把子，宋美龄参与了“第二次北伐”的筹划活动。宋美龄一方面做了许多应酬的事。“那时的南京，生活条件既然如此差，自然没什么社交娱乐可言，不过总司令的生活毕竟例外。蒋与他的同僚间倒是经常有饭局举行，每一次，这位蒋司令都坚持他那新娘子与他一起出席，如果遇到司令自己做东时，宋美龄更是非扮演女主人的角色不可。”[①] 尤其是

① 李桓：《宋美龄传》，第 91 页。

宴会中，宋美龄往往是座中的唯一女性。她曾说过：“我想这些官员起先颇为意识到我是个女性，但是后来我全心地投入帮夫的事业，他们也就不再视我为一个女性，而是他们之中的一员。”宋美龄在家中要帮助蒋介石接待许多客人，这种接待不单纯是妻子接待到家里来的宾客，乃是政治活动的家庭化，这是旧中国官场活动的一个延伸，也是宋美龄初入官僚行列的一个起步营生，这种接待，显示了宋美龄的交际才能，弥补了蒋介石的一个缺陷，取得了日常政治活动中所起不到的作用。宋美龄另一方面在南京办了一所在北伐战争中（包括两次东征陈炯明的战争）阵亡的烈士遗族学校，照顾那些“已经为国捐躯或准备为国捐躯的烈士的子女”。宋美龄说：“这些儿童如果接受适当的教育的话，将是最有价值的财产，因为，他们的血液中天生就含有革命的因子。”在教育这些儿童的过程中，宋美龄比较强调“如何将书本所学的应用到实际生活中去”。她说过：“在这些烈士遗族学校里，我要教他们如何用手和身体去思考、去推理为什么一件事必须那样子做。”

当时南京虽然已成为国民党的首都，但都市的各方面的条件是比较差的。宋美龄在同蒋介石结合前，到过中国许多地方，熟悉的还是只限于天津、北平、上海、广州等城市。在这些地方生活，对宋美龄是“轻松而舒适”。现在一到南京，这是一座残破老旧、黄沙蔽天的城市，居住与交通的条件极不理想，许多国民党官员的妻子宁可在上海生活，与当官的丈夫定期见面，也不愿随着到南京去，可是宋美龄，却似乎毫无怨言地在南京呆了下去，而且宋美龄十分繁忙，过去那种比较清闲的生活没有了。“美龄婚前的一个女友说，那时她总有这样一种感觉：上海的生活以及她那个阶层的姑娘所能有的社会工作，都满足不了美龄的需要。美龄兴趣广泛，俱乐部和儿童福利会是她业余常去的地方，但是这些仍然无法使她得到满足，她那充沛的精力和智力有时使她显得情绪偏急、举止奇异。比如，打麻将的时候（打麻将是上海许多妇女借以消磨大段时间的一种娱乐活动），美龄常常在玩了几小时之后，突然站起来告辞……美龄的离去给人这样一种印象，似乎她突然意识到她正在干的是一件毫无意义的事情……结婚后，这种厌烦与空虚的感觉消失了。”①宋美龄在“第二次北伐”筹划过程中的活动比较明显地起着两大作用：一是融合了蒋介石与同僚间的关系；二是给蒋介石军队的将士以安抚。不能不看到，政治上的需要超越了生活上的需要，宋美龄这一娇小姐卷入了政治生涯，一步一步成为蒋介石集团的要员。

1928 年 3 月 31 日，蒋介石率部举行“第二次北伐”。当时有四个集团军参与，这一集团军由蒋介石兼总司令。第二集团军由冯玉祥任总司令，第三集团军由阎锡山任总司令，第四集团军由李宗仁任总司令。4 月 1 日，蒋介石进驻徐州。中旬，四个集团军发起总攻，蒋介石分头给他们发了许多作战电令。仅据《自反录》上所载，《渡江北伐令第一集团军诸将领电》（1928 年 2 月至 12 月）有 73 件，《渡江北伐与第二集团军总司令冯玉祥电》（1928 年 4 月至 11 月）有 31 件，《渡江北伐与第三集团军总司令阎锡山电》（1928 年 4 月至 11 月）有 14 件，《渡江北伐与第四集团军前敌总指挥白崇禧电》（1928 年 5 月至 1929 年 3 月）有 8 件。这些指令，主要是紧密根据当时军事态势，具体部署部队北进，同时调节各个集团军之间的协同作战，也有牵涉反共和地方治安、善后安排等。6 月 3 日，孙传芳知大势已去，宣布下野，所部向国民革命军投诚。4 日，张作霖不敢恋栈，带领一批文武官员出关。8 日，国民革命军进占北平。至此，“第二次北伐”在军事上告一段落。12 月 29 日张学良宣布东北易帜，五色旗换为青天白日旗，通电服从南京政府，北洋军阀在中国的统治历史宣告结束，蒋介石算是形式上在全国范围内完成了统一大业。在北进的过程中，宋美龄跟随蒋介石转战各地。“车站、农宅、临时屋都曾是他们的落脚处，不过，有件特别的事，那就是不论到了多么恶劣、简陋的地方，委员长夫人对她所素持的干净标准丝毫也不

① 《宋氏家族》，第 168 页。

肯打一点折扣，每到一个地方，她的第一件事一定是抹地擦窗，务必直到看起来纤尘不染后才肯罢手。当然，漂亮的窗帘与芬芳的鲜花是绝对不可免的。”①

“第二次北伐”完成之后，蒋介石同冯玉祥、阎锡山、李宗仁之间的矛盾产生，从编遣军队开始，接着爆发了一系列新的军阀的混战。先是蒋桂战争，继之蒋冯战争，最后是1930年4月发生的蒋、冯、阎中原大战，最后是蒋介石取胜。宋美龄在写给一位美国同学的信中说：“你无疑已从报上得知，中国军阀尚未被打倒。他们为了保持各自利益范围满足私欲，公然反抗中央政府，而置唯有统一才能救国于不顾。我丈夫身为国民政府主席和国民革命军总司令，已尽最大努力阻止反叛将军阎锡山和冯玉祥作乱。可是这些将军封建意识浓厚，只顾私利而不知其他，因而中央政府只得颁布戡平叛乱的命令，我丈夫作为总司令统辖全军……一想到我国面临的种种灾难我就感到痛心疾首。连年旱涝饥荒，共匪乘机作乱；而现在，为了满足无聊军阀的贪婪欲望，又要进行一场血腥战争。”宋美龄的这封信，显然是站在蒋介石的立场上的一番表白。这一场接一场的为争权夺利的军阀混战，置人民死活于不顾，在中原大战中，双方（蒋为一方，冯阎为一方）竟调动了一百万军队，在陇海路正面展开厮杀。因为蒋介石打着“中央政府”、“统一”等等的美丽旗号，加上政治手腕，最后打败了冯玉祥、阎锡山。

中原大战结束后，1930年10月23日，宋美龄随蒋介石悄悄地到了上海。当时，蒋介石要急忙迅速回师江南对付中国共产党领导的工农红军与农村革命根据地，他给国民党中央的战报中说：“洪水猛兽之共产党，复乘我国家多事之际，肆行勾结，日事蔓延，寖成燎原之势，以为全国大患。”② 于是，蒋介石把处理冯玉祥、阎锡山的善后事宜交给了

---

① 《宋美龄传》，第92页。

② 《自反录》，第2集卷3。

率兵入关支持他的张学良。在上海，蒋介石在宋家接受了由江长川牧师主持的洗礼，正式成为一名基督徒。“接受洗礼以后，总司令就可能定期去教堂作礼拜。每当他要做出一项重大决定的时候，他就跪着祈祷一段时间，以便得到安慰和启迪。每天清晨五点半起床以后，他就做祷告，这已成他日常一项必不可少的工作，就像他每天写日记一样，从未忘记过。”① 尽管蒋介石是在宋美龄的催促之下履行了结婚时的诺言，“动机不明”，但宋家对蒋介石的这一姿态是深为满意的。美国的《基督教世纪》杂志评论蒋介石接受洗礼这件事说：“蒋是政府首脑。从其颁布的教育及其他法令来看，人们普遍认为这个政府对基督教会在中国的传教规划是持反对态度的……基督教领袖们……正在严肃辩论此种规划有无实行可能……人们对蒋介石加入基督教社团将持有克制的热情态度。确切地说，中国以外的教会希望在作出这项洗礼是一个重大胜利的结论之前，应有一段相当长的时期，静观事态的发展……大多数有见识的基督教徒都认为，康斯坦丁改变宗教信仰曾使西方教会蒙受一次最大的不幸；同样，弗拉基米尔宗教信仰的改变也未被看作一次胜利；而对东欧真正的基督教来说毋宁是一次失败……当前中国局势还有其他因素应予考虑……例如，它明显而且急迫地需要外援，特别是外国贷款……南京政府领导人……明白如有一个受过洗礼的基督徒当该政府首脑，西方对他们是会兴趣倍增的……在鼓励主席采取这一步骤时，他们心目中肯定已在盘算有哪些直接和实际利益……奉劝各地的基督徒，不要把这件事……看成是上帝的王国在中国取得巨大进展的具体标志。”《基督教世纪》杂志的评论，把蒋介石似乎是忙里偷闲，在新军阀混战与反共战争之间到上海“接受洗礼”一事的真正企图点破了。从现象看，蒋介石是履行了宋美龄同他结合的诺言，实质是进一步争取英美的支持。因为新军阀混战刚刚结束，冯玉祥、阎锡山、李宗仁表面是服从蒋介石了，

① 《宋氏家族》，第180页。

而内心是不服的；历年混战，生灵涂炭，工农业生产受到严重破坏，作为新建立的南京国民政府，财力上相当薄弱，中国共产党领导的农村革命根据地正在以燎原之势，威胁着蒋介石的政权，所以蒋介石迫切需要英美的进一步支持，以稳固他的政权。上海是英美在华势力的集中地，蒋介石在上海搞“接受洗礼”，就做了一个样子给西方国家看，他在信仰上也加入了西方的行列。不过，蒋介石在信仰上，的确是随了宋美龄。在弗希写的《蒋委员长夫妇的战地生活》中说：“蒋委员长于每晨六时，即已起床。作二十至三十分钟之早操后，乃开始洗面漱口。七时许，偕夫人宋美龄女士作静默祈祷，其时期约半小时。此为彼等每日所必须实行之日常工作，纵使繁忙，亦必为之。在此静默时内，两人共读中文圣经及上海广学会出版之晨间礼拜经文，两人并在跪祷时，互相讨论研究所读经文之意义暨祷词。”正如评论上说的，“受过洗礼的基督徒当该政府首脑，西方对他们是会兴趣倍增的”。这样，蒋介石就争取了西方国家支持他即将发动的“围剿”农村革命根据地的战争。

二、参加反革命军事“围剿”

蒋介石在上海接受基督洗礼的当天（10月23日），就赶往汉口召开湘、鄂、赣三省“会剿”会议，商定对中国共产党领导的农村革命根据地进行军事“围剿”。从1930年12月至1933年3月，蒋介石先后对中国共产党领导的江西中央革命根据地和湘鄂西革命根据地、鄂豫皖革命根据地发动了四次反革命军事“围剿”。一次又一次加码，一次又一次被中国工农红军击破。

反革命军事“围剿”愈演愈烈，蒋介石经过了再三的充分的准备，在“七分政治、三分军事”的总体思想指使下，于1933年10月，又对中央革命根据地发动了第五次反革命军事“围剿”。这一年年底，宋美龄到了江西“围剿”前线。1934年1月，由于天气阴冷，道路崎岖，条件简陋，宋美龄还患了感冒，卧床休养。她趁养病的机会，向秘书口授她在“围剿”前线的经历，把它写在一封信里，寄给她在美国读书的一位老师。从这封信中，可以看到宋美龄是怎样在蒋介石的身旁，投入了这场反革命军事“围剿”，卖力地为其丈夫的反共事业服务。

这封信是这样写的：

我担任士兵慰问团的领导，尽心指导江西妇女慰问伤兵。我们要随军向腹地挺进，生活是艰苦的，但我很高兴，我的健康良好，能够坚持，这样我就能同他在一起，就能协助他。假如我静坐家中，等到中国真正实现和平，那么我们将长期无法团聚，所以我宁愿同他在一起，我军进展迅速，我们每到一处停留一般不超过两周。我们虽不得不放弃一些物质享受，但那不算什么，因为我俩互不分离，各有工作。

……我想到上月围剿中发生在江西抚州的一件事，我们的战地司令部就设在那儿。一天，夜半更深，忽然听到城墙那边劈劈啪啪传来一阵枪声。出什么事了？我丈夫叫我赶紧穿好衣服，接着命令便衣队前去查看。这时枪声更急更猛了，寒气袭人，我直发抖，借着昏暗的灯光，我匆匆穿好衣服，挑出一些绝不可落入敌手的文件放在身边，准备万一我们不得不撤离时就扔到火炉里销毁。然后我拿出左轮枪，坐待将要发生的事，我听到我丈夫在命令所有在场卫兵组成警戒圈。这样，一旦我们真被共产党包围，也可以杀出一条路来。我们不知道此刻外面发生什么事……

一小时后卫兵送来报告，原来是城门哨兵在黑暗中把几辆载有我们自己人的卡车误认为是敌人的，在争吵中，车上一名士兵开了枪，这就激怒了守城哨兵，他们一起向假想敌人还击。挑起事端的人第二天一早就被军事法庭处决，我深为惋惜，但我想维持军纪还是必要的。

1935年2月，宋美龄在美国《论坛》杂志上发表了题为《闽边巡礼》的文章。这篇文章是这样写的：

我陪同丈夫到福建去。圣诞节那天，我们走了一千多里路(约三百三十三英里)，一半乘飞机，一半沿着闽变发生以后临时兴筑的军用公路坐汽车而行。我们从杭州动身，坐了两小时的飞机与八小时的汽车，就到闽边的浦城。我们经过浙赣闽三省边境，那里是我们东部最崎岖的地区，路又粗率不平，所以我给颠簸震荡得头都抬不起来，异常疲乏。

虽则疲乏，一路的风景却使我赞叹惊奇。那里的山景的确雄浑奇伟，为我所从未见过。我见过贵国那峥嵘巍峨的落矶山，福建却是山复一山，接连不断的崇峰峻岭，上面都长着繁茂的树木，万万千千的杉树，在这圣诞时节青翠欲滴，并且在苍翠山色中，还偶尔衬着一两棵朱红的蜡树，鲜艳夺目。在这崎岖的地域，以一月的工夫筑成公路，不得不令人诧异，就地势之险，与完工之速而论，技师们谁都认为是一件惊人的建设。四面山坡都以人工开凿。不消说，筑路时有数千人参与工作，每天分成三班轮替。路虽高低不平，但到底完成一条路了。

有时公路穿过山谷，既窄且陡，两旁高山崔巍欲堕，颇有直迫行人头上之势。我因而想到希腊东部德摩辟里的关隘，不知是否与此仿佛。有时我们沿高原边上的悬崖奔驰，开车一不小心，就会堕下深渊，有几段公路在筑造中，峭拔陡峭，几如悬壁。一直到经过以后，我方才觉察那次旅行多么危险，多么费力。事后我丈夫深悔不该教我冒这许多危险。所幸人们在身处危境的时候，每每不如追想时那样觉得可怕的。

要证明这句话，我又想起最近的江西行营某一个深夜所发生的事情。我们突然听见噼啪噼啪有几百响枪声，从城墙那里传来。发生了什么事？委员长立刻起身，唤我赶快穿上衣服，他派特务员去侦察。枪声却越来越多，越来越近。一面冷得寒战，一面在微弱的烛光下披上衣服，我检出了不可落入敌人手中的文件。我把那些文件放在手边，到我们非走不可的时候，好付之一炬。然后我掏出手枪坐下，等着事态的开展。我听见丈夫命令全部卫队环列一个圈子，准备万一真的给包围起来时，冲杀出去。

我们还不明白外面真相，但知对方最近确已被困重围，或欲出一奇计以脱险。一小时后探听的人回来，报告有对方一部分，因知城上只有几百名哨兵把守，所以乘墨夜突来袭击，在那危急万分的时候，我倒泰然自在。心中只记挂两事：一是我们军队调动以及布防的那些文件，二则万一不测，惟有举枪自毙，出之一死。我宁死不愿遭到落在匪徒手中的那些妇女的命运。后来幸而对方被击退了，我们重新安息。

一月以后我们到了闽省边境的浦城。这是孤零零的一个小城市，我刚才所说的那条公路没有造成以前，那个小城和外界绝少来往。在高峰峻岭间虽然有羊肠小径，行人都望之生畏。那边的人仿佛处在另一时代，女人的服装和我高祖母差不多，精巧的发髻，也依然百年前的式样。

除夕那天，我和丈夫在周围的山中散步，我们发现了一株花蕊怒放的白梅，那真是吉兆！……

一星期后，丈夫动身向南边的建瓯去。他坐军用飞机，一小时便到了，可是此去的航空途中，寒冷而危险，所以打电报来，叫我乘船前去……我带着美籍看护妇、女秘书、女仆和男仆卫兵等，同行共有六七十人，分乘五个民船，五个竹筏……

我丈夫坐飞机一小时便可到达的那段路程，我们坐小船费了四天四夜的功夫。到最后一段，我们经过的地带，仍有土匪出没。所以委员长加派卫队来接我们。幸而路上没有遇到意外。可是夜里我怎样也睡不着，因为白天所看见的那些村庄，都是十室九空，疮痍遍地，太使我触目惊心了……

步行时我走过许多村庄，都是杳无人影，很难得看到一些有生命的东西，大半都像死寂了的世界，一眼望去，人和动物，什么都看不见，沉默像一张厚幕似的罩在断井颓垣之上。整个村镇里只听见我手杖的答答声，和我们在街石上的一阵步履啄啄声。空屋的大门敞开着，残破的家具散乱在里面，给匪徒匆匆纵火而没有烧起来的墙壁上留着焦黑的烟痕。匪徒的凶恶，于此可见一斑。

凡是民兵们没法带走的东西都给毁了。毁灭和死亡，弥漫了整个村庄……举目所见，一片空虚，一片荒凉。为什么呢？匪徒的成绩啊！……

在福建不上两月，我们就打胜了，一部分由于近代航空的力量。我草此文时，江西方面，胜利也就在目前了。但是我们把叛军镇服，匪徒的深山坚垒也给扫荡以后，问题尚不能就算解决……

这封信和这篇文章，淋漓尽致地把宋美龄作为蒋介石的妻子、作为蒋介石的帮凶的立场、观点与感情和盘托出了。她的确不怕艰险、辛劳，死心塌地为蒋介石发动的这场反革命军事“围剿”尽了作为妻子的责任；她极力地赞颂了这场空前残酷与空前规模的反革命军事战争；她也无法掩饰地流露了她同蒋介石的“不寒而栗”与“恐惧”；她挑出一些美好的词句来吹捧与拔高蒋介石，什么“真正的领袖”，什么“战士的勇气和诗人的情感”；她无中生有地攻击中国共产党领导的工农红军会给她“难以言状的野蛮蹂躏和侮辱”；当革命根据地遭到他们洗劫后，她不得不承认“毁灭和死亡，弥漫了整个村庄”，但把这一切罪过转嫁到中国共产党及其领导的红色政权头上，宋美龄具体干了一些什么呢？信中说她“指导江西妇女慰问伤兵”，也就是说她在安抚这些遭到工农红军痛击的国民党“进剿”部队。

正当蒋介石的第五次反革命军事“围剿”比较“顺利”展开的时候，宋美龄又随蒋介石上庐山“度假”。度假是一个名目，实际是做英美的工作。自 1931 年日本帝国主义入侵东北后，民族矛盾日渐上升，全国要求抗日的呼声日益高涨，尤其是英美在华的利益受到愈来愈严重的威胁而对蒋介石的不满步步加深，正如埃米莉·哈恩这位 1935 年到了上海的美国女记者说：“对于蒋介石及其政权来说，这是一个多事与混乱的年头，共产党又开始在汉口附近活动，蒋介石不顾年轻和有血气的中国人主张抗日的强烈呼吁，一心对付共产党，蒋介石声称中国还不能抗日，特别是在国力被内战削弱耗竭的情况下更是如此。因此他一直反共，直至共产党退到了西北。”为了拉拢英美，争取英美对反共战争的支持，宋美龄又大派用场了。宋美龄上庐山后，召见了一些正在庐山休假的英美传教士。这些传教士冠冕堂皇地认为：蒋介石的政权丝毫未将其获得的巨利用之于民，蒋介石虽“控制”了中国一块相当大的地盘，但老百姓只把那些关于统一和进步的空谈当作耳边风。这些传教士又冠冕堂皇地指出：如果南京想取得外国政府的支持和贷款，蒋介石必须首先有一明确的社会福利纲领，以便在中国的外国人能有良好的印象。宋美龄很快领悟了这些传教士所说的意思，也就是如何保障英美在华的利益。于是，她向蒋介石提出建议，蒋介石立即同意了她的主张。这样，宋美龄就邀请这批传教士共同拟定了一个所谓中国“新政”的实施细则。后来就同“新生活运动”结合在一起加以推行。这个“新政”实施细则到底是什么货色呢，这在不久后召开的国民党四届五中全会的宣言（1934 年 12 月 14 日）中有这样一段文字：“攘外必先安内，雪耻端在自强，救亡图存之工作，当以充实国力、修明政治为先务，一切设施，胥以此为准则，举如增筑公路铁道，以便交通；兴复水利农业，以裕生产；改革行政制度，以增效率；废除苛捐杂税，以苏民困。赖政府人民一致之努力，较之一载以前，尚有可睹之成绩。其尤使吾人足以告慰国民者，赤匪盘踞赣闽，数载于兹，凭借险要，设置伪府，啸聚亡命，恣行破坏，非仅当地人民有水深火热之痛，实为国家民族腹心大患。最近以全体剿匪将士之忠勇奋发，为国忘身，卒将积年沦匪之地方次第收复，号称天险之匪巢根本摧毁。”又说：“惟是来日大难，赣闽匪区虽告收复，而疮痍满目，劳来绥集之善后工作，实更为艰巨。匪巢虽然摧毁，而残余股匪突围西窜，图扰川黔，尤有待于剿匪将士之再接再厉，根本殄灭，以永绝祸萌。”很显然，这个“新政”实施细则的核心就是以“反共”为“先务”的“安内”。

1934 年 9 月底，蒋介石认为江西“围剿”的大势业已完成。于是，宋美龄就随蒋介石下庐山去华北、西北视察。到了 10 月中旬，蒋介石突然接到南昌行营转来的情报，知道工农红军已经西移，便匆匆赶回南昌部署“追剿”。当时蒋介石十分得意地说：“不问红军是南下或是西行、北进，只要他们离开江西，就除去我心腹之患。”当知道工农红军要向西南转移时，蒋介石对幕僚陈布雷说：“川、黔、滇三省各自为政，共军入黔，我们就可以跟进去，比我们专为图黔而用兵还好，川、滇为自救，也不能不欢迎我们去，更无从借口阻止我们去，此乃政治上最好的机会。今后只要我们军事、政治、人事、经济调配适宜，必可造成统一局面。”陈布雷在 1935 年 3 月的日记上说：“赣匪自去年为国军倾荡巢穴后西窜川黔，蒋公先派贺国光主任率参谋团入川，至是以川中军队系统不一，未能发挥清剿力量，乃将武昌三省剿匪总部事委张汉卿副总司令与钱参谋长大钧，而躬入川，督率川黔剿事，杨秘书长畅卿皆行，命余暂留汉口，待命入川。”① 1934年底，宋美龄随蒋介石先去福建，决策如何追击工农红军以及对被占领的原中国共产党领导的革命根据地实行“绥靖”。1935年3月，宋美龄又随蒋介石赴西南部署追击工农红军。遵义战役失败后，宋美龄随蒋介石由重庆赴贵阳，搞什么“督剿共匪，实施禁烟”。工农红军虚攻贵阳，实渡乌江，蒋介石在贵阳吓坏了，要滇军孙渡纵队赶到贵阳，据说他自己泻肚，遗屎床上，宋美龄也正伤风发烧，宋美龄在随蒋介石赴西南的几个月里，先后于4月、5月、7月分别由贵阳、成都和峨眉山致书“国民革命军遗族学校”，讲了她的“西南漫游”。

在4月由贵阳发的信中是这样写的：

> 我离开了你们虽然很久而且很远，但时时总是在想念着你们。当我深入内地目睹一般人民困苦状况的时候，就联想着现在的你们真幸运，能够很安乐的生活着而且受着良好的教育，能够寻得增进德业的门径，将来又能够有帮助同胞服务国家的机会，你们真是十分幸运！……
>
> 现在我要将你们的这个堂堂大国——中华民国最近的时事告诉你们一点。你们知道：贵阳是贵州省的省城……我们这里四周都是匪徒，他们正用恐怖手段来残害百姓。所以委员长要到此地来把他们剿灭。现在他们离开我们只有二十英里，但是不久的将来他们一定是要被国军消灭干净的。那时候我们便可以真正做一番事业来救百姓，使我们的国家强盛起来……
>
> 现在我想将我们的旅行经过对你们说一说：我们来到这里是要坐轮船坐汽车坐飞机的，从九江到四川的重庆要坐船……

① 陈布雷：《陈布雷回忆录》（二），廿世纪出版社，中华民国三十八年一月版，第43页。

我们到重庆的那一天，适值大雨，自离开南昌以后，这算是第一次……四川是我们中国最富省份之一，但被历来贪婪无厌的军阀剥削，自饱私囊，反把四川搅得民穷财尽……四川、贵州及其余西区省份的民众，都被鸦片烟弄穷了，不良的官吏使他们种烟吸烟以便大饱私囊。烟祸若不扫除，中华民族就要灭亡！所以我同委员长无论到何处，都要大声疾呼扫除烟祸！设法训练民众，禁止吸烟，免得我们的民众沦为奴隶……

在5月由成都发的信中是这样写的：

我上次在贵阳写信给你们；后来，你们校长由贵阳追剿到云南，现在仍旧飞回四川来到成都了……

我们住贵阳约六星期，就与这座山城离别了。我们到清镇飞机场坐飞机，飞过许多高山，往云南的省城，即现在的昆明……到了昆明的上空，望见省公署在城内一座小山上，云南大学在近旁另一座小山上，这是一座淡红色的房子。我们在云南的时候，就住在这所大学里。最后我们降落在巫家坝飞机场，那里搭着一座彩棚，龙主席及龙夫人率领云南的男女学生和各界同胞来欢迎我们。我们坐汽车进城，街道两旁，排列着一群一群穿白制服的学生，其中也有穿蓝色的，进了城门，即见人山人海，塞满了街道，家家户户的门首，飘扬着国旗，街坊上高悬着灯彩。这种热烈的表示，使我们异常感动……

5月22日那一天，委员长动身飞往贵阳，然后从贵阳到重庆。我是24日直接坐飞机到重庆的……我们在重庆住了一天，第二天下午就往成都……

在7月由峨眉山发的信中是这样写的：

成都在历史上虽很出名，但比起我国其他的古城来，可供游览的地方并不多。它的城墙很高很广，周围约九英里。我时常上去散步，差不多把它走遍了。城墙是唯一可以供我们散步的地方……城的每面都有激流环绕……站在成都城墙上，可以望见处处有辛勤的人们在工作……

四川二十年来虽不断地遭到内战的惨祸，可是在成都仍到处可以看到富庶的景象，从前升平时候它的繁荣状况，当更盛于今……

后来天气太热，我们就到峨眉山来，峨眉山在成都西南，是著名的佛地……我们住在屋子都有林木隐掩，远远近近还有若干同样的房屋散布着。我们的下面，展开一片平原，加定城也远远在望……①

在这三封信中，宋美龄大讲了西南地区景色的美丽、物产的丰富、城市的破旧、风俗的落后以及峨眉山这座佛教名山的峰峦、寺院，提及她同蒋介石为“追剿”工农红军而来回奔波，也痛骂了一顿西南地方军阀“贪婪无厌”、“自饱私囊”，吹捧了蒋介石同她“正努力提倡一种新运动，要来开发富源，倡办工厂，制造我们所需要的东西。改良农业增加生产，使我们的民食从此充裕，这个运动就叫作‘国民经济建设运动’”。

在蒋介石发动的反革命军事“围剿”中，宋美龄是尽一切可能跟随蒋介石为反共反人民的战争出力，正如美国的罗比·尤恩森在《宋氏三姐妹》一书中所说：宋美龄“在她丈夫与红军作战期间同他一起飞行，为的是同生死、共患难”。很显然，宋美龄已经完全堕落为蒋介石反共反人民行列中的一员干将。

---

① 夫人思想言论集编辑委员会：《蒋夫人思想言论集》卷6。

第三章
推动“新生活运动”

1934年10月，宋美龄随蒋介石“视察边陲”。“在旅行期间，她开始以自己的头衔出现于公众面前。她必须每天去演说，这使她不再胆怯，使她能够克服好像搞竞选活动那样的疲劳而且变得坚强起来。每到一个城市。她就召集妇女，敦促她们协助全国性的改革工作。他大讲反对中国的旧习惯，反对大家闺秀足不出户，反对鸦片、肮脏和贫困的威胁。她恳求她们发挥社会责任感。”

蒋介石在总结他1930年12月至1933年3月先后发动四次反革命军事“围剿”，遭到失败的教训时，认为：“我们现在和赤匪打仗，并不是打军队数目的多寡，也不是打枪炮弹药的精粗和饷械粮服的接济，如果是打这几项，那么，我们都胜过赤匪，我们早就应当剿灭赤匪了。须知我们和他打的，第一是组织，尤其是军队的编制和民众的组织；第二是训练，就是训练士兵和民众的方法；第三是宣传，就是宣传主义来鼓励军民的精神；第四是纪律，就是使官兵用命，不怕死，不扰民；第五是战术，就是如何运用原则因地制宜，相机应变，知彼知己，取长补短，夺得最后胜利。”① 所以在第四次反革命军事

① 蒋介石：《剿匪技能之研究》，1933年4月25日。

“围剿”中，蒋介石就提出了“七分政治、三分军事”。在发动第五次反革命军事“围剿”的同时，为贯彻“七分政治”，他搞了一个“新生活运动”。

一、推行“新生活运动”

1934年2月19日，蒋介石在南昌行营举行的扩大总理纪念周上，作了题为《新生活运动之要义》的讲演，宣布“新生活运动”就从这一天开始。

按当时蒋介石打出来的表面旗号，这场运动的目的：“当以劲疾之风，扫除社会上污秽之恶习，更以薰和之风，培养社会上生机与生气，负此重大使命者，惟新生活之运动。”这场运动的内容：“新生活运动，就是提倡‘礼义廉耻’的规律生活。”“‘礼’是规规矩矩的态度。‘义’是正正当当的行为。‘廉’是清清白白的辨别。‘耻’是切切实实的觉悟。”又说：“礼者，理也。理之在自然界者，谓之定律。理之在社会中者，谓之规律。理之在国家者，谓之纪律。人之行为，能以此三律为准绳，谓之守规矩。凡守规矩之行为的表现，谓之规规矩矩的态度。义者，宜也。宜即人之正当行为。依乎礼——即合于自然定律，社会规律，与国家纪律者，谓之正当行为。行而不正当，或知其正当而不行，皆不得谓之义。廉者，明也。能辨别是非之谓也。合乎礼义为是，反乎礼义为非。知其是而取之，知其非而舍之，此之谓清清白白的辨别。耻者，知也。即知有羞恶之心也。己之行为，若不合礼义与廉，而觉其可耻者，谓之羞。人之行为，若不合礼义与廉，而觉其可耻者，谓之恶。惟羞恶之念，恒有过与不及之弊，故觉悟要切实。有切实之羞，必力图上进，有切实之恶，必力行湔雪，此之谓切切实实的觉悟。”

揭开这层伪装的面纱，蒋介石是怎么解释这个“新生活运动”，宋美龄又是怎样一唱一和，便一清二楚了。

蒋介石说：“我们现在在江西一方面要‘剿匪’，一方面更要使江西成为一个复兴民族的基础，要达此目的，必须自江西，尤其是从江西省会所在的南昌这个地方开始，使一般人民都能除旧布新，过一种合乎礼义廉耻的新生活。”

宋美龄说：“委员长心底之唯一信心，则永远为求人民之幸福，以完成真正足以代表民意之三民主义，为其努力之标的，不惜竭全力以赴之。当其惟进剿共军事之时，仍注意招抚投诚，开其自新之路。其党或被感动而来归。或被俘而劝服，即分送各处反省院，衣之、食之、教育之，使之解行政上种种革新，实皆为大众求生活之改善。此即新生活运动之所以能奠定广大之基础。而赣省农村运动之所以有今日显著之成效者也。委员长深知欲根绝共产主义之传播，当就其症结而取消其愚惑民众之口实；故努力整饬吏治，使其在共党区域中之人民，在各方面皆能改善其生活之状态，以反证共党宣传之虚伪与残暴。赣省为共党盘踞中心之省份，经共党统治之后，凋敝荒凉，数百万人民庐舍为墟，家室荡尽。委员长驱逐共党出境之后，即开始恢复地方之繁荣，重奠人民生活之基础；先于各处成立组织，指导民众自力更生之方法；复经赣省教会之合作，成立‘江西省基督教农村服务联合会’；继复发起新生活运动，使人民得精神生活之信条，教以家庭卫生、自力工作、与合作服务，以及其他新国民应有之常识。”

蒋介石讲了一段话，宋美龄讲得更长。宋美龄把“新生活运动”的罪恶目的点破了，是为了“根绝共产主义之传布，当就其症结而取消其愚惑民众之口实”。其内容就是要人民老老实实地在蒋介石的法西斯专制独裁统治下，“食无求饱，居无求安，敏于事，而慎于言”。《蒋总统秘录》一书中有这样一句概括性的文字：“‘新生活运动’，是在精神方面一个重大的战争。”就是说，“新生活运动”是从另外一个方面来反共，是“七分政治”的重要组成部分。

按当时蒋介石的规定，这场运动是由南昌新生活运动促进会主持之。这个促进会成立于1934年2月19日，由蒋介石自己兼任会长。而且具体规定：“各省市县如有发起同样运动者，乃可设会，但县会应受其省市会之指导，而免分歧。”“省市县会应由省市县中最高行政长官主持之。以省党部民政厅（或社会局）、教育厅（或教育局）、公安局及军事机关各派各级人员一名，社会各公法团亦各派负责人员若干人共同组织之，以资划一。”“乡村农人由区保甲长，工人由厂长或工会负责人，商人由各企业公会负责人，学生由校长教职员，军队由政训处长与主管长官或军队党部负责人员，公务员由各该机关主管者，家庭妇女由妇女协会，负责提倡。仍须由当地促进会派人指导之。”

这场“新生活运动”是怎么开张的呢？

运动从江西开始推行，在蒋介石的眼里，这里是中国共产党领导的农村革命根据地的核心地，是人民的思想中毒“最深”、社会秩序“最乱”的地方。蒋介石在1934年说：“我去年初来的时候所看到，几乎无一个不是蓬头散发，有扣不扣，穿衣服要穿红穿绿，和野蛮人一个样子，在街上步行或是坐车都没有一个走路坐车的规矩，更不晓得爱清洁，甚至随处吐痰，还有，看到师长不晓得敬礼，看到父母也不晓得孝敬，对于朋友，更不知道是讲信义。这种学生，可以说完全不明礼义，不知廉耻！这样的学生，这样的国民，如何不要忘国？”又说：“转移风气，改造社会，并不是什么难的事情，实在还很容易，只要我们各界领袖，能够以身作则，实实在在来做。”所以，蒋介石把这个运动以江西省为重点地区，“目的在对受共产党蹂躏最深的江西人心加以改革，再以之为示范，推广及于全国。”在南昌，有两百组以上的学生团体展开大众宣传工作。南昌一地设有13个讲演站，由这些新生活运动的指导员逐日不断地从事大众“启蒙”的工作。晚间则举行所谓“提灯游行”。游行队伍打着“新生活运动提灯大会”

的大幅横额，由军警保护徐徐前进。在街头巷尾到处张贴着“不要吐痰”、“清洁可以防病”、“消灭蝇鼠”、“戒酒戒色戒赌”等标语。3月11日，南昌举行了一个10万人的民众大会，宣传了《新生活运动纲要》，决议把新生活运动普及为全国性的规模。蒋介石在大会上作了题为《救国先救自己》的讲话。其中心思想就是：“有了强健的身体，就有强健的精神；有了强健的精神，就可学会一切强国的本领；有了各种强国的本领，自然可以保卫国家，发扬民族，使我们国家和民族能够永远适存于世界——请大家以我作榜样，以最大的决心和毅力来实行新生活运动，完成中国的革命。”接着，全国各地有所谓响应活动，相继设立“新生活运动促进会”分会、支会。17日，南京也举行了规模盛大的“新生活运动促进会”成立大会，当时的行政院院长汪精卫也出席了大会。紧跟着，北平、广州等地也纷纷举行集会。“很快地，这个运动便扩展到国内二十省、一千一百多县；国外，则在日本、朝鲜、爪哇、马来等地的华侨社会也设有支部。”

在运动刚起来的时候，蒋介石不厌其烦地作了五次讲话：1934年2月19日，在南昌行营扩大总理纪念周上作了题为《新生活运动之要义》的讲话；2月5日，在同一个名称的会上作了题为《新生活运动的中心准则》的讲话；2月11日，在南昌市民大会上作了题为《救国先救自己》的讲话；2月19日，在行营扩大总理纪念周上再作了题为《新生活的意义和目的》的讲话；2月26日，在同一个名称的会上作了题为《新生活运动之解释》的讲话。在这些连篇累牍的讲话中，除了反复宣扬新生活运动“为今日立国救民唯一之要道”外，还着重点出了这个运动的内容就是提倡“礼义廉耻”的规律生活。怎么来实践这四个字呢？蒋介石又提出了“三化”的原则，即所谓“军事化”：重组织、尚团结、严纪律、守秩序，一洗从前散乱、浪漫、因循、苟安的习性；所谓“生产化”：养成节约、刻苦、勤劳、自立的精神，一洗从前豪奢、浪费、怠惰、游荡的习性；所谓“艺术化”：期于持躬接物、容人处事能肃仪循礼、整齐清洁、活泼谦和、迅速确实，一洗从前粗暴、鄙污、狭隘、昏愚、浮伪之习性。蒋介石又不厌其烦地提出了为达这些目标，首先从眼前的、浅近的问题着手，这就是要从实际生活出发，做到“整齐、清洁、简单、朴素”几件很平常、很粗浅的事情，后来又加上“迅速、确实”，成为所谓每天生活行动准绳的六个目标。蒋介石这些说教，全是骗人的空话、鬼话。他种下的祸根，他酿成的苦难，能用“礼义廉耻”、“军事化、生产化、艺术化”的叫喊来解决吗？实为梦呓。蒋介石开的这一帖药方，连治他的“心腹之患”都不行，更谈不上救国。

宋美龄却卖力地来推行蒋记的“新生活运动”：

第一件，她极力主张妇女是改造家庭生活的原动力，她向全国女性呼吁：“知识较高的妇女，应当去指导她们的邻舍，如何管教儿女，如何处理家务，并教导四周的妇女读书识字。”她还著文认为：要实现“新生活运动”的目标，“妇女对于这个运动正可作切实的辅助”，“我们如要衡量一国的进步程度，必得注意那一个国家妇女的情况和妇女在社会生活、国家生活中的地位。倘若大多数妇女有受教育的机会，而且生活很合理，那个国家才是进步的国家。”宋美龄是抓住了一个净化中国社会的点子；但在旧中国，妇女在封建礼教等一根又一根锁链的束缚下，根本谈不上什么“原动力”，连宋美龄都承认：“不幸中国的妇女，非但多数没有受教育的机会，而且大半还仍过着数百年前的陈旧生活。”如果说宋美龄要发动妇女，也仅仅是上层统治阶级中的妇女。

第二件，她要帮助蒋介石处理有关“新生活运动”的信件、报告和建议书。宋美龄在处理这些文件时，拉了端纳来帮忙。在《宋氏家族》一书中有这样一段文字：“一天，蒋夫人拿了一大摞信件、报告，需要采纳或退回的建议书以及许多其他文件来到端纳身前。‘瞧瞧这摞儿东西！’她绝望地说。‘我永远也处理不完。端，您能帮个忙吗？’端纳是有这个能力的。他对事情的主次能立即做出决定；判断力亦很强。更重要的一点是他会速写，他自己说，正是这个本事改变了他的整个一生。一连数日，他在蒋介石的司令部里紧张地工作着。”

第三件，她向国外宣传这个运动。她应美国《论坛》杂志的约请，于 1935 年 6 月在该杂志上发表了题为《中国的新生活》一文。文章一开头就说：“中国近年来也像其他国家一样，深深地受到了世界经济衰落的影响。各国凭了他们自己的智虑，都想从经济停滞中，找寻一条复兴的出路来。意大利有法西斯主义，德国有纳粹主义，苏联有两次五年计划，美国有新的经济政策。他们的目的，都想解决经济问题，导国民进于物质的繁荣。中国也是如此，必需应付这个严重问题，而且我们还得把人民从愚陋、贫困、迷信，以及匪乱后，种种的天灾人祸中救援出来，即使暂时把国外侵略一个问题搁开，亟待解决的事情还是很多。新生活运动，就是为了根除这种病态而创导的。”进而又说：“中国情状和别国大殊，人民受了满清政府三百年的压迫，革命后又继之以无可避免的混乱，所以，中国的心理背景和社会情态，苟不加以简略的说明，一般外人，决难了解新生活运动创导的理由、它的程序、它的目下进展的状况，以及将来的成效。”她认为“中国的心理背景和社会情态”是这样的：“社会政治和经济方面，西洋各国都是有组织的，而且享受这种有组织的便宜，已久历年数了。在一种确定的制度之下，人民都习于辅助政府，推进着福国利民的事业。中国，尤其在满清经济之下，从来没有这种机会存在……人民习于沉默……改革家所冒的危险极大……民国元年，革命成功，铲除了官僚政治的一切传统，人民都觉得茫无头绪，要他们起来建立新国家，既没有知识，又没有经验……经过了相当时间之后，共和政体的作用，才慢慢发挥开来，在沿海的通都大邑，或内地的重要城市，若干比较重大、比较广泛的改革也渐次进行了。但多数地方，仍旧无所更改，或者可以说艰于更改，……”于是，宋美龄把话题又转到“新生活运动”上来，她说：“新生活运动的概念，是蒋委员长在‘剿匪’其中所悉心考虑而成的。他以为用武力收复‘剿匪’，尚不能视为完成使命，必须在那些饱经蹂躏的残破之区，继之以社会和经济的复兴工作才行。欲谋物质的繁荣，尤须先行发扬民族道德，建立一种互助合作的精神，而纠正人民萎靡苟且的习尚，更是当务之急。”她又吹嘘蒋介石说：“委员长深究中国过去的历史，觉得先人遗传的良好品性，足以补救目前种种的颓风恶习，相信我国固有礼义廉耻四种美德，是复兴民族的良药——因为从前中国实行这美德的时候，确确实实是个伟大的国家呢。得到了这个结论之后，就以礼义廉耻四维为基础，创导新生活运动，重复发扬那湮没已久的强国因素。精神往往重于物质，所以仅仅经济繁荣，尚不足完成中国大国的地位，同时一定要提高人民道德的水准。”接着，宋美龄在文章中又讲了几层意思：

第一，她解释了礼义廉耻这四种美德“何以能裨益中国，它们的意义究竟在什么地方呢?”宋美龄在文中说：“一礼，最浅显地解释，礼就是仪节。然仪节定要自衷心流露——而不是虚伪的形式。二义，义可以略释为对人对己的尽责和职务。三廉，廉就是能辨别权利界限，不侵犯别人。换言之，就是一种公私及人己权利的辨别。四耻，耻就是觉悟与自尊。”又说：“有人批评新生活运动，以为全国人民衣食尚且不给，而高谈精神复兴，是无济于事的。我们可以根据事实来驳辩这种批评的不当。全国上下，自高官以迄苦工，倘使人人的日常生活，能遵循此四种原则，绝没有衣食不足的道理。我们于礼字如有正确观念，那么待人接物都出以忠诚不会虚伪了。假使实行义字，看见了同胞的饥饿疾苦，一定会觉悟到援救的责任，而不会聚财利己，浪费自私了。又如廉，凡是官吏都能辨别人民权利，虽知道人民无力无智足以自卫，也不致朘民肥己了。如能实行耻字，那就没有卑鄙谄癖的人了。”很显然，宋美龄的这番解释完全是唯心主义的，在灾难深重的旧中国，靠所谓“四种原则”，就能达到“没有衣食不足”，这纯属空想与欺骗；而且在人民大众衣不蔽体食不果腹的悲惨境地，奢谈“四种原则”纯属空中楼阁。

第二，她把“新生活运动”的反共目的点明了。宋美龄在文中攻击说：“匪乱实是破坏法律、秩序、公正、忠信，以及一切人类美德与国家道义的无上利器。它降低了人民的人格，剥夺了他们的生活的乐趣。”进而这一语道破了新生活运动的企图：“委员长鉴于这种可悲的现象，决计发起新生活运动，认为这种运动是觉醒民众，鼓舞民众向上的最好办法。”接着，又美化又具体地说：“我们在江西，每收复匪区，每一步先遣派名为别动队的青年军官团，到那饱经蹂躏的地域，帮助复兴工作，这些青年军官曾在总司令部受过严格的训练，训练要目是教导他们应有的责任和新生活运动的目的，并且使他们知道，与民众发生接触的时候，必须和蔼有礼。这批青年军官到了前方，就立刻进行调查工作，找出人民受匪徒蹂躏后的最深疾苦，然后把调查的结果，详具报告，呈报总司令部。同时组织合作社，发放低利而长期的贷款，使人民得到工具、种子、修葺房屋的材料，以及其他生活上必需的东西。……数年来只有死亡和岑寂笼罩着的区域，今天竟再能看到欢乐的生机。”

第三，她把“新生活运动”中的参加者：全国经济委员会、江西省教育委员会、五省特别教育委员会、江西省基督教农村服务联合会等组织的活动加以介绍。说什么“由于上述的种种，农工们渐渐得到了满意的生活，新公民的基础也造成了，创导的人也更兴奋、更努力，人民很显著地响应新生活运动。”

文章的最后，宋美龄大肆吹嘘“新生活运动”的功绩：“新生活运动的恩惠，已经达到低层的民众，同时对于已觉醒的开明分子，也有相当的功绩。江西一经实施以后，全国就闻风响应，委员长最近巡视十二行省，所到的城市，多数是清洁整饬，大改旧观，同时人民有道德观念，官吏有责任心……委员长和我，到了各大都市，总要召集教会团体，开会谈话。他们莫不立刻表示，愿意在他们区域之内，与新运工作者共同合作……我刚刚接到江西外国教会团体的来函，述及他们对于新生活运动的感想，让我引这封信里面的话，作为本文的结束：‘剿匪’和新运工作，两者都是扫除愚昧、卑污、散漫，和一切人类败德的开创工作。新生活运动和耶稣基督的计划差不多，也是救援贫苦者、被压迫者、疾病者以及无享受生活机会的儿童而设施的。中国将由此而统一富强，得到世界的尊重；而这个新中国，一定像她光荣的昔日那样，以四大美为立国的基础，同时还吸收了构成现代国家的必要成分。”

宋美龄还曾与蒋介石一道接见了外国记者埃德娜·李·布克，一起讨论了“新生活运动”。宋美龄还将“礼、义、廉、耻”译成英文，将“礼”译成 Propriety，将“义”译作 Righteousness，将“廉”译作 Integrity，将“耻”译作 Asense of shame，供外国人（尤其是西欧人）理解。宋美龄这样做的目的，一是向西方世界推销蒋记的“新生活运动”；另是解释这一运动，以消除误解。总的是要争取外国人来支持这场所谓“新生活运动”。

第四件，她向国内宣传这个运动。在“新生活运动”开展二周年之际，宋美龄专门著文题为《新生活运动》。文章一开头，她就说：“当我们想写一篇关于新生活运动文字的时候，往往感到可谈的方面很多。解释新生活运动的文字，发表得已经不少，然而这运动根本的意义以及提倡的动机，似乎还有许多人不曾了解，所以我们仍宜致力于解释的工作。”接着，文章讲了以下几层意思：

第一，批评了那些对“新生活运动”的误解。她说：“一些轻薄的批评家，把警察的热心纠察，作为嘲笑资料，有的觉得新生活运动强迫他们负起启导群众的责任来，简直是干涉了他们的自由。有的根本没有把握住提倡四种旧道德的理由，武断地斥新生活运动为复古。许多人对中国的历史，非常隔膜，全不认识，当然不会了解新生活运动的用意了。”

第二，叙述了为什么要推行“新生活运动”。她说：“提倡新生活运动的原因非常简单。中国人民，多少年来历受官僚阶级的统治，官僚们唯一目的，是想控制人民行使公民权利的欲望，消灭人民参与政治的本能和意愿。他们的目的是达到了，所以到民国成立的时候，除了极少数外，人民大都没有群众生活的责任观念，在民主政体中他们究竟处什么地位，也完全茫然。更可悲的是，甚至家庭生活中简单的卫生需要，他们也完全不知道，不必说构成家庭所必需的其他一切条件了。文盲到处皆是，种种方面都受到它的流毒，尤其是形成了人民精神的衰颓与堕落。”讲到这里，宋美龄又马上为蒋介石脸上贴金，说：“大约三年之前，蒋委员长注意到了这种情态，认为影响所及，足以阻遏国家一切的进步，他以为无论大小城市，乡里村镇，凡是举办公共事业的人们，倘无自我牺牲，公而忘私的观念，国家总有一天要灭亡的。于是回想到中国从前的光荣时代，探究那时国家所以臻于强盛的因素。由于这种回想，就促成了他决计提倡固有的高尚道德，作为复兴民族精神的基础。”吹完了蒋介石又吹她自己：“过去数年来，我在国内巡游了许多地方，亲眼看见，人们的生活状况，不但困苦艰难，不但简单原始，并且充满着绝大的危险；社会麻木如死，人民苟安成习，毫无希望可言。中国人心的麻痹，经过了十数世代，已经根深蒂固，倘欲重振精神，不仅有赖于爱国人士的齐心合作，共图改良，还需要一种新的刺激，来推动我们的工作，于是就发起了新生活运动。”

第三，推崇与解释了礼、义、廉、耻。首先，她认为：“新生活运动提倡四种旧道德，并不像一般谬误的传闻，以为竭力在恢复一切旧式生活。这四项原则实是我国最可宝贵的美德，也就是中国的精神基础。”接着，她分头介绍了这“四项原则”：“礼，使我们待人接物的时候，习于诚一恭敬；义，发展服务的精神；廉，教人以公私之分；耻，则是增进自尊心。如果人人习礼，一定会知道尊重秩序的重要，愈能尊重秩序，社会国家的团结也就愈增其强固；如果人人能明义，有了服务精神，大家就一定鄙弃争权夺利的恶习；如果人人能尚廉，尊重公私取予的分际，就一定会斥绝贪污，知道纯洁的人物方能组织纯洁的政府，纯洁政府方易于解决国计民生；如果人人能知耻，就是大家都有堂堂正正的自觉，而自觉心是从自尊心推演而出的，全国上下，都有觉悟之心，就不怕不能成为强固的国家了。”

第四，把妇女同“新生活运动”挂钩。她认为妇女对于“新生活运动”正可作为切实的辅助。她说：“我们如要衡量一国的进步程度，必得注意那一个国家妇女的情况和妇女在社会生活、国家生活中的地位。”她提出：“我国的妇女同胞，应当觉悟到，她们的思想和行动，大半还不曾合乎规矩，应当立刻革除愚昧怠惰的恶习……在这国难严重的时期，妇女尤应为国家加倍出力，她们若能循着正确的路线，勇往迈进，那么，我们所渴望的国家进步，就会迅速实现，而一切阻碍我们的反动力量，也不能继续存在的了。”

第五，鼓吹了“新生活运动”的功绩。她完全从表面的或不实的报告，认为“新生活运动”在中国已经奏效。她说：“新生活运动现已风行全国，很僻远的内地城市或村镇，都整理得非常清洁；学生们竭力鼓吹卫生与清洁的益处，结果很好，凡是深明中国内地情形的游历者，假使把过去和现在的状况作一比较，谁都能说出新生活运动推行以后，各方面有了多大的变化。他一定会承认新生活运动的确是进步的，的确在精神物质两方面有利国家，有利人民的。”她还借用基督教内地会的“周年报告”，吹嘘“凡蒋委员长德威所及的地方都有新运分会，或由官吏创导，或由民众自己的要求而组织，都获得了良好效果。”

后来（1940 年 6 月），宋美龄在《我将再起》一书中专门写了一章的《新生活运动》。文章一开头就说：“在日本侵略中国和我们抗战以前，‘新生活运动’由于成为改造中国国民生活的一种潜力，已经形成一非常重要的地位。到抗日战争发动以后，新生活运动自动而又自然地变成整个国防体系中的一部分。由于这个组织的性质，所以新生活运动实际上颇能有助于全国人民的觉醒和动员，以应付当前新的考验。”接着，文章讲了以下几层意思：

第一，回顾了“新生活运动”在 1934 年发动后所起的作用。宋美龄在文章中说：“新生活运动在江西省所发挥的宏效，完全证明改进一般人民的福利才是国家改造的动力，因此全国人民也就认识了新生活运动的真正意义。不但江西省的人民很欢迎新生活运动所计划并能确实完成的进步和繁荣，而且其他各省的人民体认到这种宏效以后也立即风起云涌，于是全国都开始采取新生活运动的纲领和措施。”

第二，“新生活运动”在抗战中发挥作用。宋美龄在文章中说：“1937年日本开始侵华的时候，新生活运动就已经在各地有了很坚固的基础，所以到我们抗战一发生的时候就立即响应了号召。当蒋委员长向全国人民重申新生活运动的四大信条都可应用于保卫国土的时候，各地组织也都参加了这种爱国的工作。”宋美龄还引用了蒋介石对“四维”的新解释：“礼就是遇危险而不怯懦，义就是敢为主义而成仁取义，廉就是明辨是非，耻就是要我们雪去今天全国所遭受的耻辱。”她又说：“从抗战发生以后，很多机构当然都参加了抗战建国的工作。但新生活运动还得协助他们，结果也能够经由各种途径给他们有利的帮助……这种新的精神能够带到其他各种活动中，也许就是新生活运动对于抗战的一个最重要的贡献。”

第三，具体讲了新生活运动促进会在抗战中所推行的工作：一是“战地服务团”，二是“奖励荣誉官兵委员会”，三是“伤兵之友”，四是筹建航空同运输的宿舍。新生活运动促进会本身主办的活动有：创办“新生活运动”宣传车；发起一种对国家的献金运动（仅半个月就筹到260多万美元）；为成千上万无衣无食的灾民办理稀饭和茶水的义务供应；兴办一个紧急医药治疗组等。

文章最后说：“为了促进国家的政治统一和激发全国人民向所茫然的爱国心，新生活运动是值得称誉的。”

蒋介石也好，宋美龄也好，他们推行这个连他们内心都怀疑其成效的所谓“新生活运动”，在当时的反响如何呢？在国内，“运动的前一二年，群众对这一运动并不太理解。此外，在批评界比内地更有胆魄的通商港如上海，报界还曾嘲笑这一运动”，“中国人对于在美德的名义下遭受辱骂和训诫早就司空见惯，提高语言道德在中国只有一个习性问题，如果光提倡诚实、清洁和直率等等，不会得到什么反响”。① 在国外，“西方人认为这套道德说教由于过分抽象和缺乏实际而效用不大”，他们甚至认为：“共产党毕竟说话尖锐，直接触及税收、土地分配和废黜封建领主等问题，而蒋介石的纲领虽然目标宏大，却失之内容空泛，说教味儿浓，未能将实际问题考虑进去。”②他们还讽刺地说：“总司令和蒋夫人认定，中国人所需要的是服用大剂量的蓖麻油使人人清心寡欲。他们用大汤勺舀油分发给人们，称之为‘新生活运动’。”③

二、随蒋介石视察边陲

由于多种因素所致，宋美龄随蒋介石视察了中国的大西北。一是蒋介石认定江西的“围剿”业已完成、胜利在望，显得飘飘然，决定下庐山去华北、西北转一转，争取同情他发动的反共战争，以缓和对他“攘外必先安内”政策的不满；二是推行他的“新生活运动”，企图从长远角度来奴化人民；三是他听取了私人顾问端纳的建议，“尽可能到全国各地旅行，以便了解人们在想些什么”。还有一种说法，宋美龄随蒋介石的这次视察是“偶然引起来的”：“起先，旅行是未曾准备和没有计划过的，而是偶然引起来的。蒋委员长夫妇，由张学良（他刚才从欧洲回来，那时正在蒋委员长的指示下，在华中从事剿共）伴送着，到洛阳去参与一所新的军官学校的开学典礼。乘着一时的高兴，他们决定了朝西南走一程，到了陕西的西安去。就是在那个时候，是现在他们计划中的，除了西安以外，也没有别的了；可是到了

①② 《宋氏家族》，第197、199页。
③ 1938年1月3日美国《时代》杂志评述，转引自《宋氏三姐妹》，第85页。

那里，他却决定继续到甘肃去，于是这一行人等从一个地方飞到另一个地方，直到最后，他们视察过了华北、西北的十个左右的省份，经历了五千余里的路程才止。”

1934年10月4日，宋美龄随蒋介石下庐山赴洛阳，途经汉口，在汉口，蒋介石召集了几次会议，“主要议题讨论‘剿匪’。换句话说，他在准备大规模反共活动。他在汉口的几天会，与他的将军们讨论制定了新的计划”。这个所谓“新的计划”就是尽快结束第五次反革命军事“围剿”，解决中国共产党领导的中央革命根据地。就在这一天，蒋介石致电贺国光转陈诚，指示占领石城的行动方案，9日，又电示陈诚如何早日结束战局。

10月10日，宋美龄随蒋介石离开汉口赴洛阳。蒋介石参加了中央军事学院洛阳分院的开学典礼，对士官生发表了演说；同时，宋美龄与蒋介石又视察了洛阳市的政务。

10月11日下午，宋美龄随蒋介石结束了在洛阳的活动，登上火车准备返回汉口。这时，端纳建议只要稍微改动一下日程，即把车厢挂在列车的另一头，就可以到西安一游了。这一建议，马上得到宋美龄与蒋介石的同意，于是，一些人随蒋介石乘专机前往，其他人则坐火车。“此时西安忙得不亦乐乎；谁都摸不透是什么风又把蒋介石吹到了西安”。西安的欢迎场面是空前的。西安城像节日似的打扮，“这个古老的都会以许多的旗帜装饰着，大群的人们聚集每一个优越的地点，乐队奏着乐而大炮也鸣了二十一响的礼炮”。① 蒋介石检阅了军队，多次接待了地方长官，听取了有关行政与建设等方面情况的汇报（例如建造公路、经济问题、教育问题和禁烟工作等）。宋美龄几乎是同样的忙碌。“关于国府的政策和新生活运动的目标，做着启迪各个团体的工作。附带地，在蒋委员长与外人间的一向不甚密切的友谊

① 蒋鼎黼、姜君衡校译：《中国最高领袖蒋介石》，第387页。

上，展开了新的一页的后一个运动之推进，大体是蒋夫人努力的结果”。[①] 宋美龄与蒋介石决定将处理新生活运动的代表与外国教会团体间的合作之可能性传播开去。于是，宋美龄与蒋介石就邀请外国教会的每一个成员赴宴。在宴会上，“当蒋委员长对教会人士说：在大众间的工作上，政府欢迎他们的合作的时候，他们都感到了惊奇。他们回答他的请求说：他们理应协助新生活运动”。[②] 这些外国教会，响应了宋美龄与蒋介石的号召，立即组成了一个中外委员会。蒋介石还特地召见陕西省主席，要他帮助这个委员会，要他与教会合作。在一次当众的演说里，蒋介石“适宜地指出说：中国目前的患难是由于从前是陕西伟大的理想与主义被忘却了的一事所引起的，并且宣称一个恢复那些主义的努力，是包含在新生活运动里的”。[③] 蒋介石还亲自视察了西安城里的情形，声言要实施经济开发，对历史上的碑石与死去多时的皇帝的陵墓，感到很大的兴趣。宋美龄与蒋介石在西安活动的情形在当时的《华北日报》上有一个报道：“舆论认为蒋介石西安之行与共产党对四川的威胁不无关系，因为国共的任何行动都会变该省为一主要的战线，但蒋委员长暨夫人却大肆鼓吹新生活运动。今日于市区最大的明楼苑（音译）集会，以支持此业。昨日下午，该市所有外国传教士被邀参加茶话会，实为开明之举。蒋将军、蒋夫人先后做即席演说，前者用中文，后者用准确、美妙的英文，赞扬传教士对中国所作出的贡献，并呼吁他们对新生活运动应尽力协助之。如同在江西所取得的优异成效一样。诚然，在座的对历次倡导举止、洁静和提高群众风尚的运动都示以赞赏态度，茶话会期间，还选出一个代表该市各传教机构的委员会来敦促这一运动，在座的无不赞叹蒋委员长暨夫人的尊严和风度，深为中国的首脑层中能有这般才智、活力和献身精

①② 《中国最高领袖蒋介石》，第 387 页。

③ 《中国最高领袖蒋介石》，第 388 页。

神的人物而释慰不已。”这个报道，将宋美龄与蒋介石西安之行的背景与企图点明了，是“与共产党对四川的威胁不无关系”，当时正是工农红军撤出江西，直指川、滇、黔。这个报道，将“新生活运动”美化了一番，尤其将宋美龄与蒋介石美化了一番，什么“无不赞叹蒋委员长暨夫人的尊严和风度”。美国女记者埃米莉·哈恩评论了宋美龄与蒋介石的这次西安之行：“传教士们远不止只是赞叹；他们实在感到有些惊讶。他们最乐观时，也从未指望过中国的领导人会像蒋氏夫妇在茶话会上那样找他们来了解情况。蒋夫人用英文解释说，蒋委员长和她本人都渴望进行真正的改革。他们认识到，传教士是与中国人民生活在一起并了解他们疾苦的，因而他们能够说出这样才能改造和提高社会风尚。传教士还有一种特殊的独立地位，他们可以讲实话，不必像官员那样由于害怕和野心而有所顾虑。蒋夫人央求他们诚恳陈言，并代表政府保证合作。”又说：“这类事从未发生过，无怪乎传教士们起初感到不相信。甚至怀疑。多少年来，他们当中较关注社会问题的曾以笔头、祈求和要花样等方式，来寻找与哪怕是最低级官员谈话的机会，但几乎无人成功，可现在委员长本人和夫人却主动让他们指出他们各自地区的弊端，以及纠正这些弊端的对策。”这个评论完全是站在西方国家的立场上，竭力地吹捧与美化了帝国主义侵华的工具之一——传教士，说什么“传教士是与中国人民生活在一起并了解他们疾苦的，因而他们能够说出这样才能改造和提高社会风尚”。不过，这些传教士的确能比较无顾忌地指出蒋介石政权的弊端，能替蒋介石如何巩固其统治而出谋划策，就是在邀请外国传教士参加的宴会上，一个传教士深深地吸了一口气，陈述了他的看法。之后又有六七个人发言，当天下午很晚才结束。宋美龄还单独召开一个西安国民党高级官员夫人的会议，敦促她们热衷于公共事业，这些夫人们答允开设一个治疗鸦片瘾的诊所。宋美龄还与这些夫人们一道参观了省立孤儿院和“为穷家少女开设的生意学校”。

接着，宋美龄又跟随蒋介石再西行到了甘肃的兰州。“在那里，蒋委员长听聆政府官员纲举着他们的改进计划和其他的提议，这个城市受到了昔年旧军阀手下的士兵的蹂躏；而这样造成的荒凉，仍是到处昭然在目”。[①] 宋美龄与蒋介石又走访羊毛厂和棉纺厂，这些厂在新军阀混乱中，特别是冯玉祥的部队进驻后曾一度停办，还视察了建于1907年的横跨黄河的钢桥。在宋美龄与蒋介石离开兰州前，蒋介石“接见了辽远的、极西的青海省的军事领袖马良将军和马步青将军。他们是连日连夜赶来会见他的。他劝诫甘肃的军政当局，以及这两个主持青海的将军，不要为他们自己而工作，要为整个国家而工作。在这里，教会团体重复召集拢来，而它的推进新生活运动之原则上的合作，也取得了保证”。[②]

离开兰州，宋美龄又跟随蒋介石到了宁夏的银川。欢迎的场面又是很大，地方军阀都要向这位“委员长”表忠心。在《宋氏家族》一书中有这样一段文字叙述：“号角吹响了，民众开始欢呼，一二个乐队开始奏乐欢迎蒋介石夫妇和张元帅，客人走下飞机时，马鸿逵将军和其曾任山东省主席的兄弟马洪宾将军走上前与他们一一握手，表明宁夏仍在党国手中。检阅完仪仗队后，客人们驱车行驶了许久才来到市区。在机场旁，有很长的军人队伍和欢呼的人群夹道欢迎他们，及至到了市区附近，又遇到了很长的欢迎队列。”[③] 老百姓的确是像观看耍猴的一样，要看一看这位“委员长”和他的夫人。“把脖子伸得很长的，眼光集中在蒋夫人身上。显然想看一看这位星外来人，以饱眼福”。在银川，宋美龄与蒋介石参观了一座制币厂和一座由冯玉祥的军火库改装的大工厂，还参观了煤矿和一条正在修建的铁路（陇海线的分支）。蒋介石对羊皮筏子很感兴趣，询问了他们有关制造和使用情况。

离开银川，返回西安。然后由西安乘火车到洛阳，再从洛阳到了开

①② 《中国最高领袖蒋介石》，第388页。

③ 《宋氏家族》，第207页。

封。在开封，宋美龄召集教会人士聚会并宴请，蒋介石和宋美龄在席间发表了演讲（宋美龄还特地用英语作了演讲），再一次鼓吹“新生活运动”。在当时的报纸上对宋美龄和蒋介石在开封的活动有这样的报道：“蒋夫人表示愿意同在该市工作的全体传教士会面。当她获悉可以安排时，便派出私人代表邀请各个传教机构参加在省府举行的茶会……茶会上，蒋委员长高度赞扬了传教士在中国所做出的努力。他向所有在座的保证，非但反对和压制传教士的日子已经过去，仅仅容忍的日子也已结束。他说，现任政府的政策是，对传教士的工作给予最大的自由，并与他们合作。他详尽解释了在全国展开的新生活运动的宗旨。这并非是一个控制民众的惩戒性运动，而且旨在提高民众的道德、文化和社会水准。”“宋美龄接下来用英文讲话。她读了一份无偏见的旁观者的报告，证实江西省改造的真正成绩。”蒋介石和宋美龄还特别呼吁女传教士与当地政府合作，来推进“新生活运动”的开展。在开封的这次传教士茶话会上，宋美龄讲话后，坎农·西蒙斯（加拿大教堂传教团在开封的高级传教士）代表在座的二十几位传教士表示：将不惜一切努力真心合作，提高民众的道德、精神以及经济、文化水准。

在开封的时候，端纳建议蒋介石去山东济南与山东省主席韩复榘相聚一下。宋美龄随蒋介石去了济南。济南到北平比较近，宋美龄想到正好可以到北平协和医学院附属医院休整一下。当时蒋介石患轻微消化不良，于是就同宋美龄一道在北平住了几天医院。在北平期间，内蒙的亲王打电报给蒋介石，邀请蒋介石与宋美龄一行去内蒙一游，后来蒋介石派了一个代表赴内蒙，大队人马赴察哈尔的张家口。宋美龄又随蒋介石从张家口又转而赴绥远的归化，再转到太原。顺道，宋美龄跟随蒋介石到太原附近的孔祥熙的老家太谷县进行访问。“在太谷，他们被城里最闻名的居民孔祥熙博士招待在他自己的故居里。”[①] 这时，蒋介石接到

① 《中国最高领袖蒋介石》，第 391 页。孔氏故居现在山西农业大学内。

南昌行营转来的情报，知道工农红军西移，急需赴南昌处置。于是，他就同宋美龄在太原分手，蒋介石直赴南昌，宋美龄同孔祥熙、端纳则取直北平、天津、青岛、上海返回南京。

在一个月的西北和华北两个地区视察中，宋美龄跟随蒋介石活动是比较繁忙、比较紧张的，而生活又是比较新奇、比较宽松的。宋美龄不喜欢乘飞机旅行，晕机，所以这次西北之行，她大部分时间都是躺在机舱内的地板上，闻着一瓶嗅盐。蒋介石和宋美龄还经常只带二三个士兵作保护，步行很长一段距离的路去观看名胜古迹与塞外风光。宋美龄更是发挥了她特殊的作用。“在旅行期间，她开始以自己的头衔出现于公众面前。她必须每天去演说，这使他不再胆怯，使她能够克服好像搞竞选活动那样的疲劳而且变得坚强起来。每到一个城市，她就召集妇女，敦促她们协助全国性的改革工作。她大讲反对中国的旧习惯，反对大家闺秀足不出户，反对鸦片、肮脏和贫困的威胁。就恳求她们发挥社会责任感。”①

有人评论宋美龄随蒋介石的这次西北之行的结局：“首先，蒋介石详细地观察了国情，接触到了边远地区的问题，据一些在他身边的人讲，西北之行在这点上是起了一定的影响。他对经济发展的兴趣也起于此行。作为一名笃职的军人，蒋介石还从未对和平时期的工业费过心思。”“第二点是，蒋夫人在旅途期间以自身的能力出现在公众眼中，每日的演讲克服了她的羞怯，竞选般的奔波劳顿使她增强了体魄。每到一个城市，她都把妇女们召集起来，敦促他们为全国的改革尽力。”“第三，中国边境的百姓得以瞥见他们的领袖，其效果是任何业余心理学家也会知道的。过去对蒋介石以及他在南京的政治地位不感兴趣的人通过这次瞬间的直接接触，开始对蒋有所好感。许多看不惯南京繁文缛节的地方将领立刻站到了蒋介石一边，就是因为他们这次能有机会与蒋委员长亲自畅谈。”②

---

① 《宋氏三姐妹》，第 84 页。

② 《宋氏家族》，第 210 页。

也有人着重评论了蒋介石这次华北、西北之行的收效：“在旅行中，蒋委员长对华北和西北的经济、财政、政治、教育、道德与统治情形，作着仔细的视察。就他看来，陕西、甘肃、山东、绥远及山西几省，似乎有了长足的进步显示着；如果当局是有决心和良心的，不顾充分财力的缺乏，它们仍可以为民众的福利而做些事情。”“然而，照蒋委员长的意见，这些省份都有着一个共同的地点，就是：当个别的省份在建设上有着进步的时候，它们中间却缺少了一个共同的目标。如果所有的省份对它们的不同的计划合作起来，就可以获得时间、费用与人力的节约。此外，各当局方面，都疏忽了造林与护河问题的解决。造林是像中国这样一个农业国的最重要的工作，并且是农村复兴的先决条件，在这大多数的省份里，还有着一种教育改良的缺乏。”①

那么怎么看这次宋美龄跟随蒋介石的华北、西北之行呢？的确，这对巩固蒋介石政权的统治是起了一定的作用。不仅使蒋记的中央政府和地方当局之间的关系密切了一些，另外也使蒋介石了解了一些大西北的各方面的情况，这一切都有利于强化蒋介石政权。这正如端纳说的：“这次巡视收到了巨大的宣传效果。它强过一场政治上的胜利，也强过一次全国性的竞选演说，更非美国竞选总统时的握手和亲吻儿童可比。蒋在短短的两个月中增长了才干。从此以后，他开始懂得中国的经济问题，懂得还有一个他鞭长莫及的中国。”当然，宋美龄和蒋介石的这种视察，纯属统治阶级的一种举动，纯属表面的官样文章，无法也无视了解人民（尤其是大西北的少数民族）的疾苦。上列的外国人的评论，除了讲蒋介石“接触到了边远地区的问题”外，其他的一些结论、词句都是一些美化或拔高。不过，也使我们知道了外国人眼里的宋美龄和蒋介石的西北之行是怎么一回事。

无论是从什么角度、在什么地方、向什么对象推行“新生活运动”，

---

① 《中国最高领袖蒋介石》，第 391、392 页。

也暂且不论其目的是出于反共，就这个运动本身来说，是完全脱离当时中国的实际。国家极度贫困，人民处在饥饿与死亡挣扎线上，连起码的生存都有危险，还谈什么“新生活”呢?《宋氏三姐妹》一书作了这样深刻的评述：“这种运动虽然有其价值，但它的某些方面却受到人们的嘲笑和蔑视。中国人民正在受到战争、饥荒、洪水、旱灾、疾病、蝗虫和其他各种各样灾难的威胁，他们没有心思听取什么礼、义、廉、耻的教训。说什么如果不用袖子揩鼻子，不在街上撒尿，或者不贪污受贿，生活就会改善云云，他们对这些是难以理解的。”蒋记的“新生活运动”历史上留下了许多笑柄。众所周知的，当蒋介石在“新生活运动”中号召人们在马路上行走时都要靠左边走，于是山东省主席韩复榘就发牢骚说：“都靠左边走，右边都空着干什么?”这固然是一个笑话，韩复榘也不至于无知到如此之程度，但对蒋记“新生活运动”是一个辛辣的讽刺。

三、开始与端纳相处

端纳原是澳大利亚的新闻记者，从辛亥革命前夕开始就在中国的政治舞台上活动，抗日战争爆发后的第二年才最后离开中国（中途虽然离开过，如陪张学良出访）。宋美龄与蒋介石同端纳正式开始合作是1934年1月端纳随张学良回到中国。当时，宋美龄和蒋介石邀请端纳与张学良游杭州的西湖。“杭州西湖是个美丽的地方，那里青山环抱，宝塔守望，湖上一条条堤道垂柳成行，一座座拱桥错落有致。湖水浅碧、风景宜人的西湖边一家饭店的一个幽静的房间里，坐着蒋氏夫妇等四个人，委员长镇静自若，光秃的脑袋闪闪发亮。蒋夫人坐在他的左边当翻译。当端纳亲切愉快地瞧着少帅并开始讲话时，刚好是下午七点，四个小时过去后，他仍在滔滔不绝地讲着。”[①] 端纳的确是“犯颜直谏”，指责这，痛骂那，“中国应该感到羞愧!”宋美龄相当大度，正式邀请端纳“来此工作”，端纳表示：“我会多给你写信”，“如果你能叫委员长照信上的去做，总有一天我会同你们一起工作的。”2月24日，端纳给宋美龄写了一封内容广泛的信。他在信中说：

亲爱的蒋夫人：

我同少帅正赴汉口途中[②]，此行将开始调查长江一带的工商业问题，俾使你能逐渐对工商界面临的种种障碍有个足够的认识。

不管做什么事情，只要有助于商品流通、贸易发展，有助于建立那些能够制造进口货的工业，中国便能很快恢复其在国际关系中应有的地位。

今天，我看到江面上有三批装载抚顺煤炭的驳船逆江而来。难道你没有想到，这些采自所谓满洲国的日本煤，由沈阳用火车运到大连，接着从那里用轮船运到上海，最后装上驳船逆江而上，是同中国煤进行竞争？这是真正的耻辱。究其原因，那是官方的忽视而使矿藏未能得到适当的开采所致。

中国当政者的每一份精力，都应集中于这个目标：制造所有从日本进口的产品。中国无疑能够作到这一点，因为她有足够的智慧，有能干的工人，此外还有着精力。当然，中国也有很多官僚，他们不把国家及其福利放在心上。这些人只把国家当作榨取的源泉，直到将其榨干汲尽为止。

---

① 〔美〕厄尔·艾伯特·泽勒记录整理：《Donald of China》，1948年美国哈佛泼出版公司，符致兴编译：《端纳与民国政坛秘闻》，湖南出版社1991年11月版，第290页。

② 当时张学良被蒋介石任命为鄂豫皖三省“剿匪”副总司令，总部设在汉口，端纳随张赴汉口。

> 国联的顾问们不必说出中国的毛病，大概人家也不愿说出来。但是，若要拯救中国，你就必须了解事实真相，即腐败的官僚习气；敲诈勒索，贪污受贿，黩武主义，苛捐杂税……我确信这些习气能够消除，确信你能为此助一臂之力。但你必须铁面无情，坚定果断，毫不妥协。大棒能治好中国的许多弊病。中国人民之受压迫，实在难以置信。他们盼望有人作出榜样，前来拯救他们。难道你不能在哪儿找根大棒，毫无顾忌地使用它？
>
> 除非你或者某人迅速发起一场提倡诚实的运动，中国就要灭亡，而现在她正处于死亡的边缘……

接着，4 月 13 日和 18 日，端纳又很坦率、很实际地给宋美龄写了两封信，谈了他对治理中国的看法。“他都力劝蒋氏夫妇考虑消除中国人死要面子的毛病。”他力图以此来“补充正在推行的‘新生活运动’。”

这一年 10 月，宋美龄又邀请端纳“视察边陲”，这两个月的行程万里的视察，端纳是这样预见它的效果的：“它强过一场政治上的胜利，也强过一次全国性的竞选演说，更非美国竞选总统时的握手和亲吻儿童可比。蒋在短短的两个月中增长了才干。从此以后，他开始懂得中国的经济问题，懂得还有一个他鞭长莫及的中国。”

这次视察之后，端纳离开了张学良，正式担任了蒋介石和宋美龄的顾问。“就蒋氏夫妇两人比较而言，端纳更喜欢蒋夫人在国家重大问题上所持的态度。”“端纳同蒋的合作非常顺利。顾问出谋献策，蒋言听计从。‘国民经济建设运动’的计划，完全体现了端纳一直为之奋斗的经济主张。为了推进这个运动，他通过蒋夫人，一连数周同蒋一起研究，提出并说明他的种种想法，甚至绘制图表，教他如何去实施……蒋发布了端纳的经济建设计划，它像他的新精神运动一样，也将有助于弥助

‘新生活运动’之不足。”[1]

端纳开列的所谓拯救中国的这帖“药方”，并不能治疗中国的疾病，端纳自己也意识到“委员长的总部还想维持现状，瞎摸一气”。但是，端纳并不死心，他在这一年10月离开中国赴香港“外出游历，休息一下”时，还特地给宋美龄写了一封信，说：“我通过你，谨请委员长以新的观点看待全部问题。我晓得你比谁都清楚我所说的事情极为重要，因此，与其说是你，不如说是委员长应该对它加以思考。长期以来，中国一直在随波逐流，得过且过。现在，她应该觉醒过来，掌握自己的命运和前进的方向……我祝愿你在这种繁忙而令人鼓舞的工作中一帆风顺。我希望不久看到中国从阴影中摆脱出来，希望很快从报纸上看到这个消息。我为你们大家祈祷。”

1936年3月，端纳从香港返回中国。在处理两广“六一事变”[2]中，“端纳和蒋夫人随同蒋前往那里。在抚慰谋叛者的过程中，端纳扮演了重要角色。他劝他们[3]必须建立全国一致的战线，以迎接抗日战争的混乱之秋。”

---

① 《端纳与民国政坛秘闻》，第308、309页。

② 1936年6月1日，两广公开揭起抗日旗帜，进行反蒋，史称“六一事变”，蒋介石采取了“和平”的手段，解决了这起反蒋事件。

③ 指两广的陈济棠、李宗仁等人。

第四章
在“西安事变”中

当宋美龄得知蒋介石在西安“被绑架”的惊人消息后，立即采取了一系列的举动，在稳住南京政局、沟通宁陕对话、亲赴西安救蒋等方面做了大量的工作。当宋美龄亲赴西安后，蒋介石惊呼道：“余妻真来耶？君入虎穴矣！”“西安事变”闭了幕，蒋介石和宋美龄还出了一本《西安事变半月记》和《西安事变回忆录》的合刊。

自1931年“九一八”后，日本帝国主义的侵略魔爪由关外伸到关内；1935年华北事变后，民族危亡迫在眉睫。全国掀起了抗日救国的高潮。1935年11月，国民党召开了第五次全国人民代表大会。由于国难严重，国民党内外要求“立息内争”的呼声日高。这次代表大会算是一次统一的大会。冯玉祥、阎锡山参加了大会，两广的陈济棠、李宗仁、白崇禧虽然没有亲自出席，也派代表参加了。在大会上，蒋介石做了对外关系的报告，宣称：“和平未到完全绝望时期，决不放弃和平；牺牲未到最后关头，亦不轻言牺牲。”同时也表示和平、牺牲到了最后关头，“即当听命党国，下最后之决心”。以这次大会为契机，国民党的对日政策开始发生某些变化。1936年7月，国民党召开五届二中全会，决定成立国防会议，蒋介石为议长，会上蒋介石对国民党五全大会确定的外交方针作了进一步的解释。

在民族危机进一步加深、国民党内部也发生变化的时候，中国共产党发出了建立抗日民族统一战线的号召。1935年8月，中国共产党驻共产国际代表团以中国共产党中央委员会、中华苏维埃中央政府的名义，发表了《为抗日救国告全体同胞书》（称为《八一宣言》），呼吁和号召各党派、各界同胞、各军队“停止内战，以便集中一切国力（人力、物力、财力、武力等）去为抗日救国的神圣事业而奋斗”。10月，中国共产党中央和长征的红军到达陕北。11月，发表了《抗日救国宣言》。12月，中国共产党中央在陕北瓦窑堡召开了政治局会议，决定了建立抗日民族统一战线的策略。1936年8月，中国共产党中央致书国民党，一面义正辞严地批评国民党的反动政策；一面肯定了蒋介石在国民党五届二中全会上的报告比五大的外交政策有若干进步。共产党诚恳地欢迎这种进步。9月，中国共产党中央向全党发出《关于逼蒋抗日问题的指示》，将“抗日反蒋”的口号改为“逼蒋抗日”的总方针。

就是在上述形势下，发生了震惊中外的“西安事变”。这一事变的如何解决，将影响中国历史向何方发展。

一、“事变”的发生

1936年10月，蒋介石在解决了两广“六一事变”后赴南京参加了“双十节”。这一天，南京举行了盛大的全国童子军检阅。在10月10日的早晨，一万男女童子军排着队朝中央运动场上的蒋介石的身边走过。在一篇对从全国各地来赴会的童子军的训词里，蒋介石加重语气地说：“今天中国的统一是由于它的四万万人民流出无数的血汗的结果，所以它需要每个国民的拥护。”这一天，宋美龄在上海《字林西报》上发表了《舆论的形成》一文，以纪念“双十节”，借机宣传蒋介石的南京政府是得民心的。她说：“由于人民认识了中央政府一切为国为民的设施，并且发现了有自由发表公意的新力量，于是舆论就发施了惊人的威力，凡是叛离中央或把持割据的举动，必自各方面受到攻击。我们再以两广事件而论，那时中国其他各处的一致呼声，也就是广东人民所有的要求。……后来，桂省事件，也同样的受到舆论的影响而解决。”在参加了南京“双十节”的典礼之后，宋美龄拉上蒋介石乘飞机到上海，在那里停留了几个小时后就飞到了杭州，参加在 10 月 13 日举行的中央航空学校开学典礼。在开学典礼上，蒋介石对航校学生训了话。在杭州的时候，蒋介石将韩复榘（山东省主席）、徐永昌（山西绥靖主任）、杨虎城（陕西绥靖主任）、戈定远（冀察政务委员会秘书长兼宋哲元的代表）以及其他军政头目召集在一起举行会议，以显示所谓中央的统一。韩复榘在接见《大公报》杭州通信记者的时候就亮相说：“关于山东的内政以及外交方针，都遵照行政院长蒋委员长的训令，因为不论那一省都是中国的一省。”这时，西北已成为蒋介石反共的前沿。而西北的局面在蒋介石看来是相当不稳固的。西北“剿共”副总司令张学良和陕西绥靖主任杨虎城处在全国抗日救亡的大势下。中国共产党又明确提出了“停止内战，一致抗日”以及建立抗日民族统一战线的主张。加上张、杨的部队在对中国共产党领导的陕北革命根据地进行反革命军事“围剿”中遭到沉重的打击。杨虎城曾说，部队被派往打红军等于一个人被判了无期徒刑。所以，张、杨都接受了中国共产党关于“停止内战，一致抗日”的主张，同中国共产党有过接触。对此，蒋介石是既不满又担心。10 月 21 日，蒋介石由南京飞抵西安，召集张、杨和陕西省主席邵力子开会，商议“剿共”事宜。蒋介石对张学良的举动深为不满，认为“汉卿乃如此无知，可为心病”，向张、杨指出两条去路，一是参加“剿共”，二是调离陕甘。张、杨是哪一条路都不愿走，既不听从命令，又不离开西北，于是决定先进忠言，劝蒋介石回心转意，不得已则用武力，即所谓“先忠谏然后兵谏”。

10 月 31 日是蒋介石 50 岁生辰，在全国搞了一场“献机”祝寿。南京有 20 万人左右聚集在明故宫飞机场，举行献机典礼。在献机祝寿的名义下，全国献给祝寿的飞机达一百架以上（单南京就有 17 架）。据说“蒋委员长对献机祝寿表示谦让，以致不曾亲自去到正在举行热烈地庆祝他的诞辰的南京”。29 日，宋美龄由上海出发，蒋介石离开西安，在洛阳相聚。30 日晚上，洛阳的国民党中央军事学校分校举行了一个盛大的提灯游行会，庆祝蒋介石的生辰。31 日早晨，“将近二万多民众齐集洛阳分校，向蒋委员长致敬。阎锡山和商震也特为此事赶到，同其他的要人出席这个庆祝会了。当蒋委员长偕同蒋夫人在二十一响的礼炮声中莅临时，民众鼓掌欢呼，响彻云霄。群众一齐向蒋委员长行三鞠躬礼，以表示庆祝，而蒋委员长发表了一篇动人的演说，当这个庆祝闭幕时，由蒋夫人将从上海带来的两个巨大的诞辰蛋糕切开，分给当地三十个团体的每个代表”。① 这场祝寿活动是为了粉饰蒋介石政权的统一，一个外国人写的经蒋介石“特许”的传记中吹嘘说：“凡是曾经参与这次典礼的，没有不深信中国确已获得了永久的统一。”②

1936 年初，中国共产党一面加紧对张学良、杨虎城及所部的军队的争取工作，另一面组织中国红军抗日先锋队东渡黄河赴华北前线抗日。到了这一年的 8 月，红军和张、杨的东北军、十七路军三个方面，在抗日的基础上，实现大联合。11 月 24 日，张学良把西北的“前线的紧张的形势”报告蒋介石，并请求蒋介石到洛阳“以待而谒”，12 月 3 日，张学良飞往洛阳向蒋介石“作了一个详细的口头报告”。蒋介石也知道情况危急，在日记上说：“东北军之兵心，为察绥战事而动摇；则‘剿赤’之举，几将功亏一篑。此实为国家安危最后之关键，故余不可

①② 《中国最高领袖蒋介石》，第 477 页。

不进驻西安，以资震慑，而挽危局，盖余个人之生死早置诸度外矣!”4日，由洛阳飞往西安，“决定使纠纷的局势好转，同时亲自指示剿共军事”。当蒋介石抵达西安机场时，“有数百个东北军的军官莅场欢迎，他们表示想向蒋委员长面陈关于‘剿共’军事的意见。蒋委员长就叮嘱他们将意见交给张学良转呈给他。这是东北军对政府所采取继续剿共政策表示不满的第一次的公开的表示”。[①] 在西安，蒋介石召集高级将领，举行了数次会议，讨论剿共的军事，并决定由蒋鼎文担任晋陕宁绥四省的“剿匪”总司令。张学良多次劝说蒋介石改变内战政策，但均无效。7日，蒋介石同张学良发生激烈的争论，张学良痛哭陈词，但丝毫不能改变蒋介石的态度，蒋表示他的“剿共”政策至死不变。

在上述各种形势交错的影响下，“西安事变”就发生了。12月12日，张学良、杨虎城软禁了蒋介石。“事变”的消息当天由国民党驻潼关的樊松甫军长将张学良自西安发出的一个电报传送南京政府。当时为什么张学良没有向南京发电呢？主要是因为蒋介石逃离华清池住处躲进骊山还未找到，张学良等将领很焦急，所以急电樊松甫说蒋介石“失踪”。南京接到樊转来的电报是12日下午3时50分，又过了一个半小时，即到12日傍晚，南京政府才接到由西安发来的通电，说明这次捉蒋是“学良等多年袍泽，不忍坐视，因对介公为最后之诤谏，保其安全，促其反省”，并提出西北军民的八大主张。

当时，宋美龄正在上海以航空事务委员会主任[②]的职务向各级官员了解情况。孔祥熙首先得知蒋介石“被绑架”的消息，随即直接找到宋美龄，把这惊人的消息告诉她。她在震惊平静下来后说：“多年，委员长出巡各省，余必相随，此次独因病未果，深觉怅然。盖余每自信，倘余在西安，局势当不致恶化至此。”有的外国记者对此评述：“无疑，她

① 《中国最高领袖蒋介石》，第502页。

② 有的书上说是以“全国航空建设会”秘书长的身份在接见军官。

的感觉是对的；婚后，她一直是蒋介石在与生活打交道中的缓冲力量。美龄并不完全赞同她丈夫的信念：她信仰思想自由和合理的磋商。倘若她在西安，蒋介石也许不会对他怀有戒心的下属这般粗暴和苛求。”但是，宋美龄的后悔和臆测可能可以避免的事情已为时过晚。当晚，宋美龄马上同孔祥熙、蒋介石的顾问端纳乘夜车返回南京，翌日上午七时抵达。

宋美龄一到南京，看到的情况是：“薄雾中南京有股异于往常的混乱味道”。事变发生的当天夜里十一时，国民党中央常务委员会临时开会，一直开到深夜三时，接着马上开中央政治会议，一致主张快速和严厉的报复行动，立即向西安开战，轰炸这个城市并且进军西北；还决议免职张学良，交军事委员会严办。南京政府的主张，一方面受到日本的怂恿和支持，日本是希望事态扩大，酿成中国的新内战，以便实现灭亡中国的野心；另一方面是国民党大部分人听到事迹消息后，只是抱着维护政府威信，激于对张、杨的所谓“愤慨”，大骂制造事变的爱国将领，主张“出兵讨逆”，甚至提出“不惜玉石俱焚”。宋美龄到达南京的这一天（13 日），张学良向南京发来电报，明白地表示蒋介石是安全的。

在南京政府，实际上是两股国际势力在发生作用，亲日的为一方，亲英美的为一方，任何一方都不是从民族的利益出发的，不过在客观上却起着不同的作用。亲日的，当时以何应钦为代表，不论他们是从何种目的出发，表面上似乎是站在蒋介石的立场上，对张学良、杨虎城采取强硬的态度，而效果上却有利于日本帝国主义的大举侵犯。相反的，亲英美的，当时以宋美龄为代表，不论他们又是从何种目的出发，表面上似乎是站在张、杨的立场上，对张学良、杨虎城采取“软弱”的态度，而效果上却有利于国内团结抗日。

就在南京政府如何对待“西安事变”两股势力交锋的态势下，宋美龄到了南京并马上卷入了这场交锋，以她特殊的身份来影响南京政府的决策。

二、她为和平解决“事变”奔走

宋美龄怎么来处理这件事呢？“在这一段日子里，美龄经受着可怕的精神折磨，但她在白天的时候却从不表露出来，她与霭龄住在孔家公寓。事情发生后霭龄立即来到南京，她意识到自己的作用，意识到作为大姐会给别人带来最大的安慰，因为她确信蒋介石没有死。美龄忙得不可开交，连哭的时间都没有。她也不会轻易地哭。只要蒋介石还有活的希望——在等待的那段日子里，她从未失去过希望——她便负有巨大的责任，不能推卸。她需要去战胜许多不同的暗流：激进派——她丈夫也算在内——诚意地认为，对叛乱者采取强硬的手段就是捍卫国家的最高利益；阴谋家则企图在大难中篡权，许多守旧的中国人无论意图如何，只热衷于施些小权术来消磨时光，这对于头脑敏锐、受过西方熏陶的美龄来说简直是发疯。更有甚者，上述这些人都将她视为一孱弱女子，不得不找理由来掩饰她非理智的举动。一个女人采取行动，却又并非出自于个人和情感的原因，这对他们来说是不可思议的。这一看法歪曲了他们认识美龄的眼光，甚至还驱使他们怀疑她的话。无怪乎美龄心中极力压抑着那些在他们看来必须控制的自然情感。但她在几小时的睡眠中，这些情感便压抑不住了。孔夫人后来告诉美龄，只有在这一时刻她才流泪，她大声哭喊，泪水浸透了枕头。”① 具体的，宋美龄在稳住南京政局、沟通宁陕对话、亲赴西安救蒋等三个方面做了大量的工作。

在稳住南京政局方面，宋美龄做了三件事：第一，她同何应钦展开了针锋相对的争论。何应钦声称：“为维护国民政府威信计，应立即进行讨伐”，宋美龄反驳：“今日若遽用武力，确将危及委员长之生命”，“委员长之安全，实与国家之生命有不可分离之联系”，并呼吁：“请各

① 《宋氏家族》，第240—241页。

自检束与忍耐，勿使和平绝望；更请于推进讨伐军事之前，先尽力救委员长之出险。”何应钦则说宋美龄是“妇道人家在这种情形下不可能保持理智的看法”。宋美龄感到极度的气愤，她回敬说：她“绝非朝夕萦怀于丈夫安全之妇人”。第二，她说服国民党内那些激于对张、杨的所谓“愤慨”而附和何应钦主张的人。宋美龄向这些人解释采取军事行动的严重后果。她说：“惟目前处置西安事变，若遽张挞伐之师，迳施轰炸，不独使全国所拥戴领袖之生命，陷于危殆，即陕西数千万无辜良民，亦重罹兵燹之灾，且将使为国防而建设之国力，浪作牺牲。”她要求这些国民党军政人士，“妥觅和平解决之途径”。第三，她极力争取黄埔系将领的支持。事变发生后，黄埔系将领派代表见宋美龄，要她拿主意。于是，宋美龄就召集黄埔系将领开会，要求他们保持冷静。宋美龄向他们说明未明事变真相之前，切勿遽加断定，勿伤感情；在人们怨恨愤怒的情况下，希望他们不再以行动或语言刺激；同时向他们交底，她已派人到西安了解真情。宋美龄一再向这些黄埔出身的将领说：“委员长抚爱诸生如子弟，目前遭此事变，正为诸生敬谨遵行师训之时。”由于宋美龄做了上述的工作，终于使南京的政局稳住了。“蒋夫人巧妙而又大胆地对付南京政府的官员。”① 这些工作也只有宋美龄这样特殊身份与地位的人才能做得到，在客观上为和平解决“事变”，在国民党当权派方面迈出了可喜的一步。当然这一步纯属统治阶级以自身利益出发所采取的一个行动。

接着，宋美龄要设法沟通宁陕对话。由于消息阻塞，真相不明，宋美龄无法考虑出解决的对策。因此，必须尽快求得沟通南京同西安之间的联系，以便寻求解决事变的途径。宋美龄要孔祥熙打电报给张学良，要求张学良指定电台一处，以便能随时取得联系。接着，宋美龄打电报给张学良，她准备派端纳前往西安，探明情况，居中调解。为什么宋美

① 《宋氏三姐妹》，第 87 页。

龄要派端纳去西安呢？一是因为端纳曾经当过张学良的顾问，私交也比较好，即使后来端纳当了蒋介石的顾问，张学良遇到难题，还是找端纳诉苦，如1936年秋末，张学良就找过端纳诉说过：“共产党人说的都是真话，我能有什么办法？可是老蒋总是说我们必须同共产党作战。”端纳就劝张学良把自己的苦衷写出来交给蒋介石，张学良就照办了。二是“西安事变”发生后，端纳出于对张学良的了解，认为不可能搞“兵变”，不可能杀蒋，反对何应钦主张进攻西安。三是宋美龄对端纳比较相信，虽然相处时间不长，但也有两年了，认为端纳处理中国的问题能出于公心，同她对这次事变处理的观点也相吻合。13日中午，端纳秘密离开南京先赴洛阳再去西安。“因为有迹象表明，何应钦可能不让他起飞。他告诉蒋夫人，时机紧迫，不容再等。”① 13日夜晚，宋美龄接到张学良欢迎端纳去的电报。12月14日早晨，端纳肩负宋美龄给他的使命到西安。端纳到西安后，马上会见了张、杨，将宋美龄给张学良的信交给张。宋美龄在给张学良的信中指出：他的行为将会给中国团结带来灾难性的后果，但我相信他的莽撞仓促的行动并非有意加害于国家或委员长。不过他应及早挽救自己。宋是希望张本着以往与蒋的关系，为国家大局和民族前途着想，慎重考虑，端纳从张、杨处了解到西安方面的抗日救国的诚意。他又到蒋介石那里。“蒋介石在当天下午5点钟见到了这位外国人，‘其忠义是令人感动’，他说，见到自己没有失却这位朋友，蒋介石眼里充满了泪水。”② 端纳向蒋介石谈了南京方面对事变的处置办法，并把宋美龄的亲笔信交给了蒋介石。宋美龄在信中除了叮嘱蒋保重身体之类的话之外，还特地对蒋说及“南京方面是戏中有戏”，暗示蒋，何应钦妄图借机置蒋于死地。蒋介石当时见信后是禁不住咧嘴哭了。端纳乘机劝蒋说：“我这次是受蒋夫人的委托而来的，到这里之

① 《端纳与民国政坛秘闻》，第322页。

② 《宋氏家族》，第232页。

后与张汉卿将军进行了晤谈，对这次事变情况有了一些了解。我首先告慰您，就是张将军对您并无加害之意，只要您答应他们的主张，他们还是忠心地拥护您做领袖。我认为这不仅是张、杨两将军的个人意愿，也是全中国人民的迫切要求。而且许多西洋人也赞同这样的政见。您若是接受他们的主张，今后将更成为世界的伟人；若是拒绝接受，势必将成为渺小的人物。国家和委员长个人的安危荣辱全系于委员长自己心思的一转。”端纳的这番话，对蒋介石不能不是一个震动。端纳在完成了初步的使命后，于当天（14 日）下午 5 点 30 分电告宋美龄，说他见到了“身体无恙的蒋委员长”。15 日，端纳离开西安飞到洛阳，用电话再向宋美龄谈了西安事变的真相，蒋介石的安全状况和张、杨的意图，并说西安方面要求她和孔祥熙到陕去磋商释蒋问题。宋美龄在电话里听了端纳的情况后，顿时觉得解决事变“发现了第一次希望的曙光”。这时，何应钦为了阻止西安与宋美龄的联系，放出空气，说“端纳来电，实迎合西安心理，欲诱孔、宋入陕，多一重作质者，以加厚其谈判之力量而已”。在 16 日召开的国民党中央政治会议上，由何应钦操纵发布了对张、杨的讨伐令，何应钦被任命为“讨逆军总司令”，何还装模作样地举行白衣誓师仪式，声称要“督率三军，指日西上”，调动了十几个师开向西安，派飞机入陕狂轰滥炸。对此，宋美龄深感问题的严重，如果内战一爆发，正合日本心意，她认为：日本“正盼中国之内战爆发，俾得以藉口以大规模之侵略，完成其统治中国之迷梦，则此种现象之造成，自将引起彼方无限制之干涉”。所以，宋美龄认为蒋介石的死活关系重大，“为中国计，此时万不能无委员长以为领导；委员长生还之价值，实较其殉国尤为重大”。于是，宋美龄一方面在南京竭尽全力阻止这种讨伐行动，另一方面马上打电话给端纳，要他赶快向蒋介石报告情况，下停战手令。蒋介石在接到端纳的报告后，既害怕何应钦的讨伐将会危及他个人的性命，又想利用讨伐这张牌来要挟张、杨早日放他，故只给何应钦下了停止军事行动三天的命令。就是这个命令，何应钦也拒不执行，说这是蒋介石在陕被迫下达的命令。到了 18 日，蒋鼎文携带蒋介石的亲笔手令从西安飞到南京，并要南京与西安之间防止裂缝扩大，各种各样的攻击性宣传都要停止，接着，端纳也回到南京，向宋美龄详尽地报告了情况。这样，何应钦的讨伐行动才停顿下来。为了进一步在释蒋问题上展开对话，宋美龄和宋子文等商讨，最后决定宋子文以个人资格先到西安活动。20 日上午，宋子文不顾何应钦等的阻拦，同端纳一道到西安去。“蒋介石躺在床上看到子文走了进来，一下子百感交集，话都说不出来。子文递给他一封蒋夫人的亲笔信，信中写道：‘子文三日后若不能返回南京，我一定去西安与你同生共死。’委员长感慨涕零，不能自制，子文示意少帅和端纳离开，让他们俩单独呆一会儿。这两人密谈了半个小时。除别的以外，蒋介石告诉宋子文，扣他的人读了他那本日记后，对他态度有所改变，日记中宣称最终总是要抗日保国的。他还重复了端纳的警告，即最严重的威胁不是来自反叛者，而是来自亲日派，他们现在正为把西安连同蒋一起炸掉作最后的准备。当晚，子文同少帅又到蒋的住处，三人展开了顽强的讨价还价……蒋介石便勉强同意了反叛者们提出的最重要主张：停止内战，改组南京政府，创建抗日统一战线。蒋坚持只有先放他回去协议才能生效。”① 接着，宋子文要求会见中国共产党中央代表周恩来，探听中共的意见。原来，中国共产党中央政治局对“事变”进行了深入的讨论之后，否定了杀蒋的意见，确定了和平解决的正确方针。12 月 18 日，中共中央发出《关于西安事变致国民党中央电》，提出解决事变的五条方针。19 日，中国共产党中央发出了《关于西安事变及我们任务的指示》，肯定了“事变”的进步性质，提出了解决这一“事变”的基本方针：（一）反对新的内战，主张南京与西安间在团结抗日的基础上和平解决；（二）用一切方法联合南京左派，争取中派，反对亲日派，以达到推动南京走向进一步

① 《宋家王朝》，第 503—504 页。

抗日的立场，揭破日寇及亲日派利用拥蒋的口号，发动内战的阴谋；（三）同情西安事变的发动，给张、杨以积极的实际的援助（军事上的与政治上的），使之彻底实现西安事变的抗日主张；（四）切实准备“讨伐军”进攻时的防御战，给“讨伐军”以严重的打击，促其反省，目的依然是为了促成全国性抗日统一战线的建立与全国性抗日战争的发动。同时，提出对蒋介石的处置意见，只要蒋介石同意停止内战一致抗日，就应当释放他。应张、杨电邀，中国共产党中央派周恩来、博古、叶剑英等组成代表团于 12 月 17 日前往西安开展工作。当宋子文到了西安后，周恩来等分析了情况，认为争取宋子文，对解决“事变”有重要作用。于是，周恩来抓住时机，同宋子文进行了长谈。宋子文在亲自了解到事变的情况、中共和平解决事变的态度和蒋介石的安全状况后，带着满意的心情在 21 日回到南京，宋子文返南京后，到处宣传西安情况，称颂周恩来有“政治远见”，并含着讽刺的意味着：“南京有谁能承担这样风险去救委座？相反还有人要轰炸哩。”

剩下的一个问题，就是宋美龄亲赴西安救蒋。为什么宋美龄要亲自赴陕呢？宋美龄得知西安方面绝无伤害蒋介石的意图及中共和平解决事变的方针后，感到和平解决的可能性极大，而摆在宋美龄面前的仍有两个问题：一个是何应钦的军事行动并没有停止，形势仍有逆转的可能；另一个是蒋介石的脾气暴躁，容不得张、杨的这次行动。根据端纳告知，蒋介石拒绝同张、杨进行谈判，并以死要挟张、杨，如果这样的话，和平解决事变就会遇到重大的困难。对此，宋美龄感到有亲赴西安一趟的必要。当时的形势仍很紧张，内战随时有可能爆发，赴陕的风险很大，张学良也来电表示：“如果内战不停，不宜来谈，因无法提供保护。”何应钦也恐吓说西安是“充满流血与火的赤色世界”。南京也有人提醒宋美龄：“倘赴西安，不独不能晤委员长，且将被囚作质，丧尽尊严。”对于这一切，宋美龄全都不顾。她为着她那个阶级与集团的利益，求得同蒋介石的直接联系，承担了风险，去胜任这个别人无法完成的使命。“她为着救丈夫的勇敢的努力，并不值得怎样惊异，因为甚至当蒋委员长在统率着政府军，向中国共产军或者向顽强的军阀军队作战时，她也曾陪同他一同到各处战线去。大家以为蒋委员长的安全和中国的命运，都决之于这三个人的努力。假如他们的使命不能成功，不单是蒋委员长和他在西安被监禁的随从们将都被杀却，并且必定会使中国遭遇到十年或廿年内战的混乱。因此，正有着许多比蒋委员长的生命，和被那些叛逆者所监禁着的许多著名官员的生命，更危险的事呢!”[①] 有的书评论说：“蒋夫人还确认到，现在是她涉足于对立的双方进行调停的时候了。无疑，双方都有许多各自的道理，但若没有蒋夫人的影响，恐怕双方都不会有心去倾听另一方的见解。”[②] 22 日，宋美龄带了宋子文，端纳、蒋鼎文、戴笠等，奔赴西安。飞机将要在西安机场着陆时，宋美龄把她的左轮手枪交给端纳，说如果张、杨的部队要抓她的话，就请端纳开枪把她打死。端纳一面答允，一面笑着说他不会这样做。因为他对张学良“不存怀疑之心”。当晚（五时半），飞机着陆，摄影师连忙拍照。“当时的情景也确实值得记录在案。他们乘一架福克式三引擎飞机，无线电天线迎风嗡嗡作响，在泥土地上滑行了一段终于停了下来。疲倦的乘客们走下飞机。周围是戴着老羊皮帽、高举着火把的东北军士兵。蒋夫人把耳朵遮住以抵御蒙古刮来的寒风……少帅穿着一身熨得笔挺的军服，从火把圈外走了进来，朝美龄深鞠一躬表示欢迎”。[③] 宋美龄到西安后，第一个行动是与蒋介石会面。22 日午后，宋美龄去见蒋介石，当时的情景如宋美龄所说：“余入吾夫室时，彼惊呼曰：‘余妻真来耶?君入虎穴矣!’言既，愀然摇着，泪潸潸下。余强抑感情，持常态言曰：‘我来视君耳。’” 那时，蒋介石仍想以死来威胁张、杨，不肯同张、杨进行谈判，对此，宋美龄是比较理智的。她对蒋说：“此后君不应该轻

① 《中国最高领袖蒋介石》，第 526 页。

② 《宋氏家族》，第 240 页。

③ 《宋家王朝》，第 504—505 页。

言殉国，君之责任仍在完成革命以救国，君更应宝贵君之生命。”她还告诉蒋，只要处理得宜，事变可以马上解决，“我等目前应自制，应忍耐”。“蒋介石在这难熬的日子里，一直由他一贯遵循的那种传统的、个人的英雄主义所支撑；美龄则站在民主主义者的观点上，倘若一个人只抱有一种信念，能坚持多久呢？不管怎样，美龄再一次来到蒋介石身边，她总是能帮助他将严格的信念转化到急迫的变通之中去。”① 第二个行动是召见张学良。“美龄与汉卿进行了长谈，责备他不该以为用武力就可以使委员长就范。少帅辩解说：‘委员长坚拒不愿与我等语，自被禁后，怒气不可遏，闭口不愿发一言。深愿夫人婉劝委员长暂息怒气；并望转告我等实一无要求，不要钱，不要地盘，即签署任何文件亦非我等所希望。’他们又谈了很久，张学良出于面子，对于美龄在给丈夫写的两封信中流露情感表示赞赏。他在蒋介石被抄的信件中读到过这两封信。晚间时，他同意说服他的朋友们将释放蒋介石；他本人现在很愿意释放他。深夜2点钟，他来汇报说，杨虎城和其他人不同意他的看法。‘彼等言，子文与夫人与我交谊甚厚，我固可自保生命，彼等将奈何？彼等责我使其索入漩涡，并称所提之条件无一承诺，遽释委员长，岂非益陷绝境？’”② 宋美龄也明确表示，她愿意面晤任何人，凡是蒋介石不愿见的人，她可以代为见。应该说，在和平解决事变上，宋美龄是取得了一些进展。当时张学良建议宋美龄会见周恩来，“可以利用他（指周）的影响使委员长获释”，宋美龄随即征求了端纳的意见，端纳表示了肯定的意见。这是一个“新的进展”。③ 第三个行动是参加正式谈判。23日，宋美龄与宋子文一道代表蒋介石同西安方面和中国共产党代表团开始谈判。谈判一开始，周恩来首先提出解决“事变”的六项主张，其基本内容是“（一）改组国民党与国民政府，驱逐亲日派，容纳

①② 《宋氏家族》，第243页。

③ 《端纳与民国政坛秘闻》，第335页。

抗日分子；（二）释放上海爱国领袖，释放一切政治犯，保证人民的自由权利；（三）停止“剿共”政策，联合红军抗日；（四）召集各党各派各界各军的救国会议，决定抗日救亡方针；（五）与同情中国抗日的国家建立合作关系；（六）其他救国的具体办法。中国共产党提出的这些主张，是顺乎历史的潮流，完全符合民族的利益，切中当时国民党统治的弊端；加上当时南京方面救蒋心切，背后又有英、美督促，因此在权衡利害后，宋美龄他们基本上接受了这些要求，但也不免讨价还价。经过两天会谈，根据上述的六项要求达成了基本协议。24 日夜，宋美龄和张学良、杨虎城陪同周恩来会见了蒋介石。“二十四日和二十五日，周同委员长谈了四个小时，主要是周谈的。他们在黄埔军校时期曾共过事，因此周叫蒋为‘校长’。后来蒋把这次接触中的周称做他所知道的‘最讲道理的共产党人’，另有一次蒋还真动了感情，感谢周‘帮了我的忙’。这是指周为使委员长获释而向杨虎城说情，并劝杨接受宋子文的钱到国外旅行。就这样，周在救这个发动‘四一二大屠杀’的人的生命中发挥了作用。”“蒋夫人对周通晓国内问题也印象颇深。……蒋夫人则向周保证，今后一切国内问题，都将以政治方式而不是依仗武力来解决，因为‘我们毕竟都是中国人。’”① 最后蒋介石表示以“领袖人格”作保，回南京后执行谈判协议。这样，为和平解决事变迈出了关键的一步。第四个行动是争取早日释蒋。宋美龄很焦急与疑惧，唯恐已经争取到的局面会起变化。这是因为蒋介石没有在协议上签字，中央军也没有撤至潼关以东，西安许多爱国将领不让蒋走。于是，宋美龄就往来于东北军和十七路军将领之间，作多方的疏通；另一方面要蒋介石派蒋鼎文持他的手令，命令双方部队自潼关各后撤 1000 公尺，并转告孔祥熙、何应钦关于西安谈判的进展情况。此外，宋美龄加紧做张学良的工作，给张施加压力，说南京方面有采取军事行动的心理，停战期已过，大规

① 《宋家王朝》，第 507 页，改动个别称谓。

模的军事行动又会开始，双方都会毁于这场战争中，诱惑张学良在圣诞节前放走蒋介石。“她总在说，她希望张以释放他们作为给他们的圣诞礼物。”① 最后是张学良怕在放蒋这一着棋上出乱子，就在 25 日下午 3 时多，既没有同周恩来、也没有同杨虎城事先商量，拉着杨虎城陪同蒋介石、宋美龄、宋子文等人直往飞机场，然后又亲自同蒋介石飞往南京。《宋氏家族》一书中有一段文字叙述：“门开了。蒋介石身穿一件普通长褂，由夫人搀扶着走了出来。他苍白消瘦，行走感到吃力。随后子文、少帅和其他将军，他们沿阶而下，坐进第一辆轿车开走了。张学良似乎在车门前迟疑了一下，然后坐了进去。”

张学良送蒋介石回南京一事，一般认为张学良年轻幼稚，或说是张对蒋介石看不透，或说是张的江湖义气，总而言之是一失策。其实，这决不是张学良偶然的举动，这是一个多方面因素形成的复杂的行动。这里有公有私，有远因有近因，有外因也有内因。从总体上讲，此举是张学良光明磊落、毫无私心的表现。张学良送蒋回南京，亦为当时形势所必须，中国要团结抗日，必须有蒋介石参加，也必须在蒋介石领导之下，这是当时客观条件决定的。蒋介石在“西安事变”中确实大丢其脸，威信受损，身为最高统帅被部下扣押，今后如何有脸指挥全国的军队呢？中国人是最讲究面子的，尤其是领袖人物的面子，不单单是个人的私事。蒋介石为此深感苦恼。张学良也意识到这一点，因此亲自送蒋介石回南京，演“负荆请罪”这出戏，不是一时冲动，而是经过深思熟虑的。张学良曾向下属人员袒露过送蒋回南京的动机，“我们要给他撑面子，使他恢复威信，今后好见人，好说话，好做事。我亲自送他就是这个意思，使他答应我们的事不反悔。”在送蒋这件事上，张学良能够完全抛弃个人和团体的私利，而从国家、民族这个角度考虑，这不仅反映了张学良在政治上的成熟，而且此举应该值得肯定的。后来蒋介石背

① 〔美〕埃德加·斯诺：《红色中国的杂记》，第 23 页。

信弃义，将张学良扣押，连宋子文乃至宋美龄均不满蒋介石而同情张学良。

“西安事变”的和平解决，成为时局转换的枢纽，蒋介石表示：“今后我绝不剿共。”这个事变的和平解决，就国民党一方来讲，宋美龄是起了重要的作用。端纳用了这样适切的话指出了宋美龄在和平解决“西安事变”中的作用：“蒋委员长的获得自由，多半应该感谢蒋夫人，当她飞到西安去时，她并不以个人的安全为虑。在人们也许要遭到失败的地方，她却胜利了，她的人格把一切的困难都克服了。”在一本外国人写的书中有这样一个评论：“大家都承认，当西安事变期间，蒋夫人是不辞疲劳而又完全不顾自己的。她每日要接见各政党所派来的访客与密谈五十余人以上，并用着卓越的机智与耐心主持各种会议。”① 用宋美龄自己的话来讲：“我认为西安的形势是，端纳先生已打好了地基，子文盖起了墙壁，只有等我去铺房顶了。”宋美龄是起了一个“铺房顶”的作用。

三、《西安事变回忆录》的出版

“西安事变”和平解决之后，1937 年 1 月，宋美龄写了一本题为《西安事变回忆录》的小册子。这本书以记叙形式，夹叙夹议，较为全面地叙述了事变解决的过程以及宋美龄对事变与解决事变各个环节的看法。

第一，关于事变的性质。宋美龄在这本书的开头就说：“外国作者有视西安事变为一滑稽之喜剧者，余则视此为决定我国命运最后一次革

---

① 《中国最高领袖蒋介石》，第 540 页。

命正义之斗争也。盖去年十二月十一日以后，半个月内，西安事变之经过，其情状之复杂，决非中国既往一般称兵作乱之叛变所可以比拟；而其关于国际与外交者，尤有特殊之形势，倘处置失当，即酿成民国以来空前之战祸。至其对于内者，则包含个人与全国各种复杂问题，且有最猛烈之爆炸性蓄积于其间。今欲事后回溯，表现其准确明了之事实，固非易事；苟勉为之，首应排除个人之情感，以客观的态度，分析各方面同时活跃之经过，方能窥得其真相之全豹。”可见，宋美龄比较清楚地认为“西安事变”既非“滑稽之喜剧”，亦非“称兵作乱之叛变”，亦非“个人之情感”所致。那么这是怎么回事呢？站在宋美龄的立场上，当时只能含糊其词地认为这是“决定我国命运”的一件大事，假如处理不妥，会“酿成民国以来空前之战祸”。作为当时执政者国民党头头的夫人能对“西安事变”有如此见解，是十分不容易的。当然，宋美龄在书中也吹嘘了自己，说什么：“年来委员长出巡各省，余必相随，此次独因病未果，深觉怅然。盖余每自信，倘余在西安，局势当不至恶化至此。然此种思索不足自慰，徒增烦扰。而群集我室者，宾朋如云，或进同情之辞，或索时局真相，更有作消息之报告者，扰攘终朝，盖增我之烦恼。”同时也痛骂张学良发动“西安事变”是“使国家前途受严重打击”，是“鲁莽灭裂之举动。”

第二，对解决事变的态度。怎么解决“西安事变”，虽然当时众说纷纭，归纳起实为两途：一是武力解决，一是和平解决。宋美龄是比较坚定地主张后者解决的办法。在书中，她首先回顾了当时南京的形势：“南京虽为首都，其在黑暗中摸索之状况，不减上海。……时政府中人深受事变刺激，情态异常紧张。”她认为：“这次事变不仅为夫一人生死之关系，实关系全民族最重大之问题，其变化实易受热情与狂想之激荡，而余本人复系有严重个人之利害。第一念袭我心头，余为妇人，世人必以为妇人当此境遇，必不能再理智之探讨；故余必力抑个人感情，就全局加以考量。继余复念，此事若处理得宜，必能得合乎常情之解决，余必坚持我主张，将一切措施纳诸合理轨范之中。”她认为：张学良发动这次事变“初无断送国脉陷害领袖之恶意”。于是她采取的态度：一是“未得确实消息之前，务镇定其态度，信任民众精神上之后援，勿采急遽之步骤”；二是“惟诚挚与真理乃能建树永久之基础。此为余生平之信念，遇西安事变而益坚”；三是“竭我全力，以求不流血的和平与迅速之解决”，“勿使和平绝望”，“为国家计，不得不吁请诸公妥觅和平解决之途径”；四是用武力解决，“余更不能不臆断其为非健全之行动”，甚至若蒋介石也主张用武力解决，“然余个人实未敢苟同”。从书中所述可见，宋美龄对解决事变的态度是符合张学良、杨虎城发动“西安事变”的本意，是符合当时的形势，也是符合民族、国家的利益。当然，书中所写也完全可能是宋美龄事后的标榜，不过在事变解决之中，她的确是这样做的。

第三，记录了事变解决的过程。从端纳西安之行（“余复请端纳携一函致委员长……余复以长函致张学良……”），接着宋子文入陕（“余电告端纳，子文决入陕；后因阻力横生，余又去电取消前讯；一小时后，再电告其最后成行。盖子文力排群议，请以私人资格前往。我等主张：政府虽不能与叛变者直接谈判以自贬威信，亦应准许我等作劝导叛变者之工作。故子文行后，政府令各报登载，充分说明子文此行，纯为私人资格之意义。”），最后是宋美龄亲自赴西安，书中写道：“余言既，复明告彼等即亲自飞往西安。群议哗然，以为不可，反对之声纷至。盖当时谣传，血与火充塞西安，该处已成赤色恐怖世界，而悲观者更以为委员长即未死，亦难幸免。故向余进言时，不曰余此去决无收获，即劝余勿作不必要之牺牲；不曰余去被囚，徒令叛变者多一要挟我夫之藉口，即曰最少我投身作质，徒扩大事件之纠纷。悲戚、失望绕我四周，欲思索真理困难，欲坚持我信仰更难。余虽未受悲观者之影响，然亦不禁黯淡凄怆。尝自反问曰：岂我等求出生民于水火之努力，已到最后绝望时期耶？岂我等复兴民族，建立国家之计划，果将从此毁灭耶？深思终不得解，然余终坚持我信仰不舍。于是迷梦渐去，始恍然惟‘信仰可以移山’，欲纠正一切错误，唯有坚持我对上帝及全人类之信仰耳。”宋美龄到了西安，受到张学良、杨虎城的迎接，宋在书写道：“余忆在京时，曾有人戒余，倘赴西安，不独不能晤委员长，且将被囚作质，丧尽尊严。余固知张之为人，不至如此，今更得证明矣。”接着，书中又叙述了宋美龄会见蒋介石的情况以及会见各方面人物的情况，其中记录了宋美龄见周恩来的经过：“时张学良正竭力解劝疑惧中之各将领，并介绍一参加西安组织中之有力分子来见，谓此人在西安组织中甚明大体，而为委员长所不愿见者。余与此人长谈二小时，且任其纵谈一切……次日，余又见彼①，嘱其转告各方……”

第四，记录了释放蒋介石的过程。宋美龄争取西安方面在圣诞节释放蒋介石。书中写道：“圣诞夜转瞬至矣，是日一日间之前后形势，希望固迭生，而失望亦踵至。余告张学良，圣诞日为停战限期之最后一日，如今日不能释委员长回京，则中央军必开始进攻。我等固死，汝亦不能独免。”“子文与张之努力，益增沉默中紧张之程度，正不知圣诞日将发生如何之景象；然就现状观之，乐观成分实甚少。”“圣诞之前夜，失望之成分仍较希望为多，直至深夜，谈判尚无结果，于是圣诞日至矣。”圣诞节这一天的活动，宋美龄是一小时一小时在书中作了记述，“正焦虑间，子文忽入门，携来喜讯，城防司令杨虎城已同意我等成行矣。”“张告委员长，彼已决心随委员长赴京，委员长反对甚力，称无伴行之必要，彼应留其军队所在地，并以长官资格命其留此。张对余解释：谓彼实有赴京之义务，盖彼已向各将领表示，愿担负此次事变全部之责任；同时彼更欲证明此次事变，无危害委员长之恶意及争夺个人权位之野心。余等深知此次事变确与历来不同，事变之如此结束，在中国政治之发展史中，可谓空前所未有。”

---

① 这里所指的“彼”与前面所指的“有力分子”、“此人”，均指周恩来。

第五，全书把美化蒋介石作为一条主线。书中处处说：“若无委员长，即不能有任何统一之政府”，“为中国计，此时万不能无委员长以为领导”，“自彼被困之后，全国民众，忧疑惶急，向所未见；即平日反对其政策者，亦抱同感，祈祷其出险者，遍布全球；稚龄学童，号哭如丧考妣；兵士闻其不讳之误传，竟有自杀者”，“委员长不获生还，中国之分裂与灭亡立见，此后不幸之变化未易测也”。最后将蒋介石释放了，宋美龄更是把蒋吹到无以复加的地步：“此日之纪念，不惟恢复委员长与余之自由，而中国全民族解放之基，实亦肇于此乎!”

与宋美龄的《西安事变回忆录》相匹配，蒋介石写了一本题为《西安半月记》的小册子。这本书是蒋介石要陈布雷替他写的。从1936年12月11日起记，直至记到12月26日，陈布雷在1937年的日记中说：“2月2日，蒋公赴杭州，余与郑医师等同行，在杭州度阴历年，辟室新新旅馆，撰西安半月记。”从表面上看，《半月记》把每一天的主要活动都记下来，把蒋介石的一些思想即内心活动也记下来了。这本《半月记》反映了蒋介石顽固地站在他原来固有的立场上，提出这样几个结论：

第一，认为这次事变是“几摇国本”。蒋介石把这一“事变”列入“我国民革命过程中一大顿挫：八年剿匪之功，预计将于二星期（至多一月内）可竟全功者，竟坐此变几全隳于一旦。而西北国防交通、经济建设，竭国家社会数年之心力，经营敷设，粗有规模，经此变乱，损失难计。欲使地方秩序、经济信用规复旧观，又决非咄嗟可办。质言之，建国进程，至少要后退三年，可痛至此!”

第二，认为这次事变是“叛乱”。开始，蒋介石“犹疑为一部之兵变”或中国共产党“煽惑驻临潼部队暴动，而非汉卿有整个之计划”，后来，蒋介石认为“此决非局部兵变，而是东北军整个之叛乱”。而且蒋介石把它同1922年6月陈炯明叛乱相比较。

第三，抱着顽固到底的决心，不愿谈判，不让向他提出条件，而且以死要挟。蒋介石要邵力子转告张学良："汉卿平日在余前畅所欲言，但在今日，出必汉卿不提出任何条件，余方能倾听之。"一再表示所谓"已决心牺牲此身"，以维持什么"国家之正气"，表示要"成仁取义"。他还给宋美龄写了一封信说："余决为国牺牲，望勿为余有所顾虑。余决不愧对余妻，亦决不愧为总理之信徒。余既为革命而生，自当为革命而死，必以清白之体还我天地父母也。对于家事，他无所言，惟经国、纬国两儿，余之子亦即余妻之子，视如己出，以慰余灵，但余妻切勿来陕。"这似乎是一封遗书，准备至死不悟。

第四，随着端纳、宋子文及至宋美龄等人来陕做工作，蒋介石的态度开始有变化，答应了让他回京后，条件可以接受。蒋介石的话是这样说的："余不回京，任何一条皆不能实行，亦无从讨论，不问为八条四条也。"

将《西安事变回忆录》同《西安半月记》比较一下，两本书有一定的差异，这可能由于蒋介石身处其中，而宋美龄则旁观者清；可能由于宋美龄与蒋介石均代表英美在华的利益，而宋美龄更亲近、更处在第一线；也可能由于宋美龄对张学良在几个历史关头均站在蒋介石的一边（如在东北拥蒋易帜、在中原大战中拥蒋率军入关、在"九一八"事变后替蒋背起了"不抵抗主义"的黑锅等），了解张学良、谅解张学良。正因为这两本书有差异，在国民党内部反响也不一样。陈公博在1939年6月在香港作序的《苦笑录》中有这样一段文字叙述："西安事变闭了幕，蒋先生和蒋夫人还出了一本《西安半月记》和《西安事变回忆录》的合刊。一天中央政治会议正开会，宣传部长邵力子刚坐在我的身边，他真心诚意地拿出一本草稿在看。我问他看什么？他随手把那本草稿递给我，说：'你看看罢，看看有没有毛病，这本书还没有出版呢。'你一看原来就是那本合刊，我花了半个钟头一气读完，会议还没有散。'这本书很有毛病，应该斟酌过才可出版。'我对于力子先生贡献，'我也这么想，你试说那毛病在哪里？'力子也虚怀若谷地问我意见。'我草草一看，便发现半月记和回忆录很矛盾。你看蒋先生在半月记处处骂张汉卿，而蒋夫人在回忆录倒处处替张汉卿辩护，而且蒋先生在半月记里从不说他见过共产党，见过周恩来，蒋夫人在回忆录则叙述张汉卿介绍一个参加西安组织中之有力分子来见，既说他是‘参加西安组织中之有力分子’，又说‘彼等并未参加西安事变’，这都是罅漏，容易露出不实不尽的马脚。我以为既有半月记，就不出回忆录也罢。如果回忆录一定要发刊，非大加改削不可。’我对力子贡献着，因他是一个宣传部长，宣传不妥，他也有责任的。‘你说得对。’力子很坦怀。这样，这本半月记合刊，印刷好又停止发行，忽发忽停，反复了三次，结果还是出世了。我责任不在宣传，自然不管这些闲事，许久我又碰见力子，我问他为什么还是让它这样矛盾，他说：‘蒋夫人一定要这样，不肯改，我有什么办法呢！’”

但是，毕竟宋美龄与蒋介石是一个阶级、一个集团、一个利益，在《西安事迹回忆录》与《西安半月记》中，都对“西安事变”持敌对的态度，表示极度的不满；都对张、杨持斥责的态度，表示极度的反感；都把蒋介石的历史作用加以竭力的吹捧，似乎他的生死决定历史发展的命运，总之，这两本书中所反映的“西安事变”的情况，均是站在国民党的立场上，维护国民党的权益。可以说，这个共同点是这两本书的一根主线。

第五章
在抗战的前线

抗战初期，宋美龄随蒋介石一直坚持在抗日的前线，做了大量实际工作。有一次，她与端纳所乘坐的小车撞在一块凸地上，车子翻出了公路，车里的人被甩了出来。宋美龄被摔在一个泥潭里，失去了知觉，弄得端纳惊恐万分，待宋美龄醒来后，又继续乘车前往前沿阵地，探望伤员。第二天回去后，医生发现她确实摔折了筋骨，于是强迫她安静地卧床休养。

1937年7月7日，卢沟桥事变发生，日本帝国主义开始大举进攻中国。蒋介石采取“不屈服不扩大之方针”。9日，他分头电令第二十六军总指挥孙连仲和二十九军军长、冀察政务委员会委员长宋哲元调动部队投入抗战，当时宋哲元即回电蒋介石说：“职决遵照钧座‘不丧权、不失土’之意旨，暂与周旋。倘中枢大战准备完成，则固囿民心理夙夜祷企者也。”接着，蒋介石又十多次电示宋哲元要积极抗日，其间，15日，中国共产党代表周恩来将中国共产党中央起草的《为公布国共合作宣言》在庐山交给了蒋介石。在全国舆论的压力下，蒋介石于17日在庐山发表谈话，表示准备抗战，经过中国共产党和国民党就两党合作抗日问题的多次谈判，9月22日，国民党中央通讯社发表了《中共中央为公布国共合作宣言》（当时国民党发表的题为《中国共产党共赴国难宣言》）。第二天，蒋介石发表谈话，承认了中国共产党的合法地位，至此，国共第二次合作宣告建立，抗日民族统一战线正式形成。

在全中国进入抗击日本帝国主义侵略的民族革命战争的大背景下，宋美龄的活动伴随着蒋介石，其主流纳入了这场民族革命战争的轨道。

一、在上海、南京的活动

1937年8月13日，日军对上海发动进犯，中国军队奋起反击，淞沪抗战开始，中国的抗日战争全面展开，蒋介石亲自指挥并调集了70万军队投入这一空前的会战。在战斗中，将士们打得十分勇敢，每小时的伤亡都以千计，牺牲之壮烈，在中华民族抵抗外侮的历史上，鲜有前例。会战打到11月初，国民党军队实在无法坚持。9日早晨，淞沪前线的中国军队分两路撤退（一路向南京方面撤，一路向杭州方面撤）。在撤退中，确实是溃不成军。“各军仓皇后撤，加以敌机日夜轰炸，人马践踏，秩序大乱”，“溃退之惨，一言难尽”。① 不管如何，这一会战有一定的积极意义，它争取了三个月的时间，使长江下游的工厂和物资得以内迁，“国际观感一新”；它使得在华的日军不能任意行动，造成中国军队在华北的有利形势；它消灭了日军的大量有生力量，日军死伤四万多人。

上海失守后，日军跟踪追击，不出数周，便由东、西两面进迫京畿，将南京合围。关于南京的防守问题，蒋介石犹豫难定；南京处于立体包围的形势下，守是守不住的；南京是首都，又是孙中山的陵墓所在地，是“国际观瞻”所系，不能不守。最后是唐生智以“临危不乱，临

① 《李宗仁回忆录》（下），广西人民出版社1980年版，第698页。

难不苟”的态度承担了指挥南京保卫战的重任。蒋介石在离开南京之前，宋美龄随蒋介石到唐生智家看望，表示要唐守南京很过意不去。12月8日，日军开始向南京进犯，中国守军进行了顽强的抵抗。12日，中国军队撤出南京，撤退时毫无计划，任由官兵乱窜，各自逃生，死伤枕藉，惨烈之至。

在上海大会战和南京保卫战中，宋美龄随蒋介石一直坚持在当时抗日的前线，具体的做了下面几桩事。

第一件事，宋美龄忙于航空委员会的工作。

宋美龄之所以承担起建设中国空军的任务，是由多方面的因素所致。一是要使中国有强大的军事力量，必须要建立一支空军。要建立空军，需要一大笔军费开支，蒋介石感到把这项经营交给他人来办理不放心，交给宋美龄是最靠得住的。正如《宋氏三姐妹》一书所分析的：“蒋介石的想法在这一点上是明确的：国民党必须使中国的军事力量现代化，需要战斗机。然而，购买飞机涉及大笔款项，蒋介石决定不了他那些易于贪污的幕僚中，究竟谁能负起这一重任。他知道自己的妻子可以信赖。因此，这位只受过音乐、文学和社会美德教育的宋美龄，便把许多时间花在有关航空理论、飞机设计和比较各种飞机部件优缺点的技术刊物上。她同外商洽谈，订购了价值两千万美元的产品。她从采购代理商进而成为中国空军司令，这在妇女中是没有先例的。二是视察西北、华北乃至后来追击工农红军而到西南，走遍大半个中国，显示威势，笼络人心，了解民情，离开不了现代化的交通工具飞机，否则是无法在短时间内完成此任。一本书说：宋美龄“合理地断定说：在一切帮助中国统一的发明品中，恐怕要算飞机是最卓越的了。她说：真的，它的消灭距离的能力，与它的帮同消灭相互远离的地方长官间的，或中央官员与地方官员的怀疑和误会的成就，恰巧成了一个正比例”。① 宋美

① 《中国最高领袖蒋介石》，第400页。

龄说：蒋介石“几乎飞到了中国的每一个省份——完成了他在平常情形下所永远不能够完成的旅行。从南京到云南以及回来，走着长江的一路，用平常的交通工具，将费两个月的急速的旅行。然而现在用了飞机，它却可以在一天内完成了。从重庆到贵州的贵阳的旅行，常需16天的可厌的轿子旅行和许多的精力。由贵阳到云南的旅行，要费同样数目的时间，而且需要同样多的精力。可是蒋委员长却藉着飞机，在一个半小时左右的时间内，迅捷地飞越一重高山，而完成了第一段的旅行；在两个半小时内，飞过了第二段。”[①] 宋美龄下结论似地说，“飞机在蒋委员长的公务上替他所尽的效劳，实在是可惊的。”1937年3月12日，宋美龄还在上海英文《大美晚报》上发表了《航空与统一》一文。文章一开头写道：“一切促进中国统一的新发明，或许要推飞机的功绩，最为伟大。飞机消除距离的能力，和促进边省与各省间，或边省与中央间的密接而消除其误会猜疑，恰好成为正比例。在没有飞机以前，尤其是边远各省的官吏，大都各自为政，和中央隔膜得很厉害。特别僻远各省的封疆大吏，绝少入京机会，就是交换代表，也因交通阻梗，往返需时，不能得到更多成效。而中央的高级人员，除了短距离间的旅行外，非万不已，也很少长途跋涉，亲临内地。从前这种旅行，不仅要费许多时间，并且交通不便，须经种种的艰难与困苦，即如少数官吏因职责所在，巡历辖境以内，亦复如此。航空交通没有发展之前，官吏沿铁道线旅行，还勉强说得上迅速舒适；可是我国的面积太大，铁路所达到的地方，只是极小的若干部分而已。”接着，着重叙述航空交通给蒋介石加强对全国统治的好处，还借机把蒋介石美化了一番。文章写道：“我们不必说经济方面，只就我国政治社会的进展而论，航空交通究竟给了我们多少显著的影响，我们略略地估计了一下，蒋委员长飞巡各省的成果，就不难想象了。我们所有的省份，蒋委员长差不多完全到过的了——这

① 《中国最高领袖蒋介石》，第400—401页。

种行程，决非寻常情形之下所能做到的。……他飞航的旅程，跨越了无数高山大川和广漠平原，几乎飞尽了四边的国境，时间既非常经济，来往也比较安适，凡是远省的僚吏，都能在他们自己的衙署里会晤他们，替他们解决各种问题，打消他们的疑虑，宣示中央亲切的诚意，这种飞行巡视，所贡献于国家的功绩，实在不是随便可以衡量的。”又说：“全国地理和特殊情况的实际知识，凡是从前最高当局所没法知道的，委员长因此也都能了然于胸中了。和地方官吏，各处民众有了这种直接接触的机会，当他推进改良中国的计划的时候，更多了实地参证的可贵资料。其他官吏以委员长为表率，争相仿效，虽范围较小，而成效则有同等重要的。彼此都因而消除了地方成见，以谅解为基础，缔结起敦睦的情谊来。”文章最后写道：“国人的航空意识，现在非常表达，实为将来推进航空事业的佳兆。中国排除了纷乱的荆棘，进步为有秩序的国家，那么繁荣也将接踵而来。航空交通的需要，同时势必激增，将来各大城市必定有精良的机场和航空交通的设备，到那时，中国在世界航空发达的诸国之间，也将获得相当的地位了。”三是“西安事变”发生后，何应钦等主张轰炸西安，宋美龄与蒋介石都感到必须把空军掌握在自己的手里。《宋家王朝》一书评论说：“西安事变期间，蒋委员长在南京的许多亲信幕僚曾密谋策划把他炸为齑粉；如此看来，让这伙人掌握空军，显然是不明智之举。蒋夫人对丈夫说，她愿意亲自出马，设法把空军变成克敌制胜的有效武器，这比仅仅作为政治筹码更强得多。蒋介石欣然同意，让她负责。”

宋美龄具体担任了航空委员会秘书长的职务，在上海会战和南京保卫战期间，十分忙碌。她认得每架飞机，每个飞行员。一有飞机起飞，她必在旁目送。一有空战，她就爬到高处观战；空战后，她还会兴致勃勃地向有幸生还者转述战况。当时不少外国航空队为中国作战，以美国人居多，这些美国飞行员对宋美龄的忠心超出对一般将领许多。中国空军的建设，宋美龄在时间上和精神上付出了极大的代价。每天，她都要面对许多的突发状况。虽然晕机，但是长年搭机的经验使她对飞机也有相当的认识。陈纳德[①]在回忆中说："当十月间日本轰炸机又光临南京时，还有战斗机保护而来。这一次，起飞迎战的中国飞机都像苍蝇一样地被击下了，有一些狼狈逃回。这种情形，并不能完全责难飞行员。日本飞机几乎每天出动一百架以上来轰炸南京。使这苦难的首都成为一片焦土。那时蒋夫人，冒着生命的危险，几次三番地来机场慰问这些舍身为国的空中战士。这对于他们，实在是一服很好的兴奋剂。这种工作，虽然是非常伤脑筋的，可是蒋夫人则始终如一。她每次来总是替战士们预备热茶，倾听战士们讲述着出征经过。有一天清晨，蒋夫人与我们一道守候着去上海夜袭的飞机，那天天气很好，十一架飞机都安全而回了。当看到这些飞机掠过机场的时候，她真是高兴得什么似的。但非常不幸，她的快乐仅仅昙花一现，尽管天气很好，可是下降时第一架却坠毁在稻田上，随即第二架在地上翻身，青烟直起，第三架总算安全降落了，可是第四架则又着火，坠在其余机骸之上。结果下来，十一架飞机有五架全毁，殉难的机师共有四个。这时目睹当时情形的蒋夫人不禁声泪俱下了。'怎么办呢？怎么办呢？'她呜咽道：'我们已出了最高的代价，买了最好的飞机，并曾尽了最大的力量来训练他们。可是他们却活活的死在我的面前，这叫我怎么办呢？'这就是意大利人在洛阳的空军学校训练出来的毕业生，蒋夫人亦亲自目击了。"

第二件事，宋美龄抓紧做妇女工作。

1937 年 8 月 1 日，上海会战爆发前，形势已紧张，宋美龄在南京将国民党头目的夫人与女儿召集起来，建议妇女要齐心协力，帮助赢得战争。宋美龄在会上指出："妇女的工作不只局限于生产军火和办医院，而且还应教育大众，这将是一场消耗持久战。大多数人对迫在眉睫的战

① 陈纳德系第一次世界大战时参加美国陆军航空部队，1937 年退伍到中国，任蒋介石的空军顾问，组织美国志愿航空队（后改称美国第十四航空队），任司令。

争规模和意义还不甚清楚，国家领导人在指挥作战的时候，在座的妇女应该教育他们的姐妹们什么是爱国主义的原则以及卫生和耕田的重要性。许多农村妇女在地里干活，所以中国的农民必须减少疾病，消除阻碍粮食生产的无知。他们在学习这些基本知识的同时，也可以学习其他的东西——读书、写字和思考。所以有了一个建设性的纲领，新生活运动还应该继续，尽管战争暂时把它变成了防御的机器。”① 全面抗战爆发后，中国妇女建立了一个“中国妇女慰劳自卫抗战将士总会”，在该会成立大会上，宋美龄作了题为《告中国妇女》的演讲。她说：“我们今天在这里开会，正当强邻压境，可以说是历史上最严重最危险的时机。因为战争是凶险可怕的，我们不得不在战争的阴影之下集合，实是万分遗憾的事情。这次战争，我们必要牺牲很多将士，无数无辜的平民，和损失国家无穷的财产与资源。眼看我们十年来埋头苦干的建设，要被这十分残暴的敌人摧毁了。但为了国家的生命，有时我们需要这样极度的牺牲。我们政府的态度，现在已经明白表示，凡是自爱的民族所能忍耐的，我们已经忍受了，我们不再迟疑，再勇往向前，用尽我们的全副力量，来救国家的危急。”接着，她针对妇女说：“我们妇女也是国民一分子，虽然我们的地位能力和各人所能贡献的事项各有不同，但是各人要尽量的贡献她的力量来救国。什么地方有适合我们的工作，我们就得争先恐后的来担任。”10 月 6 日，宋美龄应澳大利亚悉尼某刊物之请，在国外发表了题为《战争与中国女性》一文。文章以妇女问题为主题，痛斥了日本法西斯的残暴，宣扬了中国的艰难抗战。第一，向国外友人宣传了怎么看待中国妇女。文章说：“不同的国家，不同的人民，对于中国女性的观念也各有不同。那些浪漫主义者印象中的中国女性，是在花叶掩隐，亭台复折的曲径小道之上，姗姗微步出来的一位云鬓翠袖的人物；另有一种人，所见的中国女性，则是沉静而耐苦地跟男人共

① 《宋氏家族》，第 263—264 页，同时见李桓编译：《宋美龄传》，第 178—179 页。

同在田里辛勤工作，或是与自然的困难，作奋勇的搏斗。到中国来游历的人，他们脑海里总特别保留着两种不同女性的图画，一种是刚进中国口岸所看见的许多以船为家的妇女……另一幅是登岸后看见的现代女性……侨居我国的外人，都是他们现实的观念，他们目睹中国的女性挣脱了古旧习惯的严酷羁勒，不仅从家庭的牢笼中走了出来，并且带着她们的才干和勇敢，进入了以前只有男性效力的职业与经济的圈子。”宋美龄比较肯定地认为：“我们已有一个新的时代，在新时代里，女性用新的确信自立了起来，并且用新的眼光来批判人生。”第二，向世界揭示了日寇入侵给中国妇女带来的灾难。文章说：“不幸的现在中国已被战争的祸患，变成非常不愉快非常苦痛的时代了。这战争，各国虽不承认它是战争，实则是残酷无比的战争，她的进行，完全不受任何规则、任何法律的节制，凡是近代技术所办得到的一切大规模杀人工具，都给敌人完全利用了。”宋美龄具体地描述：“死亡与毁灭，每天自各处的天空下降，自北至南，以及辽远的内地，凡日本飞机飞翔所及的地方，都遭受猛烈的炸弹的投掷，许多非战斗员和妇孺，被炸得血肉横飞，死伤枕藉。他们的家室，不论是茅屋，是精舍，都受到同样的命运，有的炸成废墟，有的烧成灰尘。敌人的空军是绝不尊重生命与财产的。”第三，着重宣传了中国妇女已投身于这场抵抗外敌入侵的民族解放战争。文章说：“生活于这种灾祸慢慢侵入之中，从炸弹之下幸存生命的中国妇女，已经严切领受了当前的事实，她们立刻觉悟了自己的责任，认识了在国难期间应尽的义务。本来各阶级的妇女，按着她们各种环境的需要，同样有尽力的责任的。”“任何年龄、任何地位的妇女，都得把绝大的力量来贡献给当前的工作。战争开始的时候，社交的享受就停止了，没有娱乐，没有欢会，谁都专心一志于救死扶伤、慰劳军队以及各种切实的救国工作。”宋美龄十分具体地写道：“那些没有毁家失业的妇女，她们都自愿参与接济士兵、救援贫民的工作。我们这里所产生的现象，和各国在战争时所有的现象，完全没有两样——妇女界的领袖，各阶层的妇女分子，都忙于编织绒衫，翻制棉衣，缝制短衫裤，以及绷带被单等等东西，已有一百个妇女推销队组织成立，销售一百万救国公债，此外，有的还在组织中。收集金银珍宝以充实国库的运动也踊跃地在推进。女界领袖慷慨捐输或出力办理医院及难民收容所。上海女子青年会、妇女俱乐部及金陵女子大学毕业同学会在上海所办的难民收容所即为一例……从慰劳伤兵，赡养难民起，一直到提倡节约运动，整个的战时工作中，中国妇女都在贡献她们的能力和财力。酒楼的侍女、舞厅的舞女，如今都在医院及救济机关里辛勤工作，也有若干年轻女性，驾驶着开赴战场的汽车或运输车辆。”第四，论述为什么中国妇女“竭尽了她们全力去干这种救济战祸的工作呢?”文章回答说：“我们中国正抵抗着一个野蛮残暴、野心无比的敌人，以求自卫，所以中国的妇女都放弃了安静与快乐的追求，尽力于辅助战士、救援国家的工作。”

在整个抗日战争期间，宋美龄确实做了许多动员与教育妇女投身抗战的工作。她先后发表了许多篇文章与讲话：《妇女谈话会演讲词》(1938年5月20日)，《中华民国二十八年妇女节纪念会讲词》(1939年3月8日)，《妇女与家庭》与《中国妇女工作》(1940年6月)，《告女青年书》(1940年9月20日)，《中国妇女抗战的使命》(1941年7月为妇女指导委员会三周年纪念作)，《中国妇女慰劳总会四周年讲词》(1941年8月1日)，《我们中华妇女》(1942年2月12日在全印妇女会议欢迎会上发表的演讲)和《向全印妇女发表演说》(1942年2月12日)，《向世界广播中国妇女战时工作》(1942年3月8日)，《向伦敦国际妇女会致意词》(1944年3月8日)，等等。这些文章与讲话有明显的阶段性，随着中国抗日战争的发展，而阐述了不同的内容。在抗战处在相持阶段，宋美龄一再提出：抗日战争已加速了中国妇女的“抬头与解放”，“它激起她的爱国热情，并给予她久所梦想而迄未实现的工作领域；它使她获得在社会上与男人平等努力的机会；它使她开始担负那些原为富有经验的男人们所独占的责任；最后，她在协同击溃祖国侵略者的战争中，终于表现出她的创造力。”到了抗战将要取得胜利的阶段，宋美龄说：“在战云迷漫、烽火蔽天之中，我们妇女所担当的任务，大都发动于我们挚爱国家的情绪，发动于我们的爱国心。有人说得很对，仅有爱国心是不够的，当然爱国心决不可以丧失，倘使爱国心丧失了，那种日子势将恶劣到不堪设想。但是有了爱国心以外，难危的世局并且还需要我们有远大的眼光，把全世界的人类一视同仁。到未来的新秩序实现之时，我们必须以过去对于本国人民的爱护与贡献，推广到整个世界的人类。我希望我妇女界也都有这种四海一家的观念。我并且同样地希望她们将发挥无可抗拒的力量，保证这种观念必能实现。我中国妇女完全同情这种世界理想，正以最大的热诚准备与你们合作，尽一切的努力，以促进全人类的共同幸福。因为一国的真正幸福，必定是全世界所有国家的幸福。”

宋美龄所做的妇女工作（包括发表文章与演讲）虽然具有极大的局限性，不仅只是做了一些上层的，而且是表面的工作；不过，不可否认的是，对动员全民族投入这场伟大的抵抗外敌入侵的民族解放战争起了一定的作用。

第三件事，宋美龄利用她在海外的影响，向世界尤其是美国的舆论界宣传了中国的抗日战争。

中国单独抗击了日本法西斯，可以说是承担了第二次世界大战中反击法西斯侵略的重大任务；在当时敌强我弱的形势下，中国的抗战是十分艰难困苦的。而当时世界号称民主主义国家的欧美各国，对中国的抗战缺乏了解，可以说基本上是袖手旁观，或者看不起中国抗战的地位与意义。为了打破这个局面，宋美龄利用她的身份，发挥她的专长，或在外国刊物上，或通过广播，反复讲了中国的抗日战争情况，以唤起国际社会对中国抗战的重视与支持。

1937 年 10 月 12 日，宋美龄在美国《论坛》杂志十一月号上发表了题为《中国固守立场》的文章。文章一开头就单刀直入、十分形象地写道："我一方面执笔写作此文，一方面坐待着日机的前来空袭。一刻钟前已鸣过警报了。我每当空袭，循例要出去观察，尤其注意我方怎样地从事抵抗，等一会儿敌机到达的时候，我将把所见所闻，记录下来。"接着又说："日本在上海启衅到今，已经两个月了。两个月来我国人民所受的惨痛，简直不是笔墨所能形容的。据外籍军事家声称，我们英勇而军备较逊的军队，受到有计划而残酷的日本炸弹和炮火摧残得厉害，他们在任何地方都没有看见过，即如今日的西班牙战事以及过去的世界大战，也赶不上它的凶猛。他们并且说，不明白为何人类血肉之躯，能像我国军队这样，固守着阵线，至今仍屹然不动。""世界大战的时候，空军根据地往往距离前线有数百英里，假使轰炸机不受对方的猛烈抗拒，每天只能往返一次。可是如今在上海，我们没有飞机去抵抗他们，他们的飞机根据地距离前线至多不过5英里，因此可以从容往返，从容地重行补充弹药和燃料……我们还缺乏精劲的空军，当遭遇到侵略的时候，我们不得不仰赖美国和其他各国，向他们定购大批飞机，希望他们能迅速地满足我们的要求。"接着，文章又叙述了日军飞机轰炸以及空战的情况："下午的二点四十二分……九架轰炸机以蹒跚的进展，越入城市……""下午二点四十六分。猛烈的火焰和几股浓烟高高地迸冒了起来，敌人已投下了若干炸弹。他们接着就散开，我方的几架驱逐机，追踪袭击。我的北面，正在激战，那是二点三十四分开始的……""下午二点五十分，西北方面的激烈空战……""下午二点五十一分，城的西南方面，浓烈的烟尘和火焰突然飞了起来，若干轰炸机又达到了他们的目的。""下午二点五十五分，当北面天空之中正在激战的时候，其余的轰炸机溜到南面，向飞机场投着炸弹。""下午二点五十六分，同一方向，又有了暴烈的声响，略偏西面，空战正进行激烈……""下午二点五十八分……下午三点十分……下午三点十七分……下午三点二十分，此刻空中连飞机引擎的声音都没有了，空袭约在三点四十分结束。"这次空袭的结局："击落了三架日机，上午还有两架，那两架是中途就被截拦，没有到达南京。参加空袭的敌机，计双发动机重轰炸机九架（每架载空军六人），和六架驱逐机，我方的损失计两架被迫降落，机师四人受伤，一人牺牲了生命。”讲了这次空袭局面之后，宋美龄毫不客气地指责美国政府的态度：“当我的文字中途被空袭所打断的时候，我正说到我们即使用最悲观的态度来推测，也想不到美国竟会禁止船舶运输军火来华，并且拒绝颁发赴华美籍教练员的护照……这一切恐怖，虽则威胁文化的基础，这蔑弃国际条约和法律的举动，虽则危害人类安全的根源，然而我们却发现美国的行为，不仅阻挠我们寻觅自卫的途径，并且间接地帮助敌人，完成他们打击我国至屈膝的威胁。这种意欲保持中立的举动，实则不过助桀为虐，还有什么疑义呢？我们不仅觉得美国态度的令人骇异，并且深深地感到，我们服从国联的条约和精神，因此受到了丧失东三省的苦痛，我们的脸上，不啻受了这堂堂共和大国的掌击，这个堂堂的共和大国，是我们一向以敬意相瞻仰和效法的。当我们以现金向美国购买飞机，而美国服从日本荒谬的要求，为尊重他们的封锁政策，不准将飞机运输出口的时候，那么，我们以为世界的忠信和正义，已到末日，还能责难我们武断吗？在这不宣而战的冲突之中，那种荒谬的封锁政策，打击中国至屈膝的普遍呼声，以及全国广大区域的人民，受到最不人道的大规模的屠杀。这种种，万分地使我们伤心。”读了这番宋美龄指责美国政府的文字，不能不感到这个时候宋的立场是站在国家与民族的位置，而且不以美国这个大国强国为恐惧，表达中国人民的心声。接着，宋美龄在文章中又做了肯定美国政府态度的转变：“然而西方人也有被日人所凌辱的，这才激起很大的愤慨，使他们起来为中国主张正义，又因为日人各方面的暴行，有加无已，使美国官方对事态的演变，不能闭目坐视。美国总统最近仗义执言，发表了公正的批评，虽则为时略迟，仍然可以当作一种正义的行动而加以欢迎的。我们素来相信美国对于有计划地灭亡我中国的团体，决不赞与，由是而更得到了确切的明证。接着我们又欣幸地读到美国国务院的宣言，我们深愿这篇宣言能给日本以更大的打击；同时，我们的信仰，因此也更加坚定，我们应该深深地自省，如何向着尊重条约，和及早把敌人逐出国土的两大目标，勇往迈进。”

对海外宣传中国抗战，在抗战前期或抗战中期（在重庆），宋美龄都做了许多工作。她通过广播或其他形式，向美国，向澳大利亚，向加拿大，向英国，以及向印度，宣传了中国的抗战。具体的：1937 年 2 月 21 日向美国作了题为《前进的中国》的广播，同年 9 月 12 日向美国发表《告美国民众》的播讲；1938 年 2 月由中国代表在澳大利亚悉尼召开的国际妇女大会上宣读了她的致词，同年 4 月 11 日应加拿大广播公司之请自武汉发表演说，同年 4 月 28 日向美国基督教女青年会第十五次全国大会播讲，同年 5 月 14 日以《中国的现在过去与将来》为题自武昌致函美国某同情中国的友人；1940 年 4 月 18 日对美广播，同年 11 月 20 日对美国发表了《感谢美国妇女踊跃援华》的播讲；1941 年 4 月 28 日对英播讲，同年 11 月 10 日对美国发表《答谢美国友谊》的播讲，同年 12 月 4 日对美国发表题为《民主中国的贡献》的播讲；1942 年 3 月 17 日在重庆对印度人民广播致词，同年 5 月 4 日向美国发表了题为《人道的锁匙》的答谢词①，同年 6 月 1 日对美国军民广播，这是一次翻译了蒋介石声明之后，利用还有一分钟的时间的讲话，同年 6 月 13 日就接受美国魏斯里大学名誉法学博士学位发表了题为《献给我的母校》的讲话，同年 7 月 22 日为盟国妇女战时工作展览会在伦敦举行发表了题为《我们的英国姐妹们》一文，同年 10 月 11 日以《集中智慧共谋和平》为题致信英国联合援华基金会克里浦斯爵士夫人，等等。这些讲

① 美国全国性的社会科学荣誉学会（Pi Gamma Mu）赠给宋美龄荣誉锁匙。1942 年 4 月 26 日在华盛顿举行年会时举行颁发仪式，该日共颁两枚，另一枚授给麦克阿瑟，颁奖时宣读的颂词：“蒋委员长夫人，悠久文化的后裔，新文化创立者之一；东西方思想的调和者；人民欢乐忧患时，愉快而勇敢的顾问；二十世纪的女政治家，一个民族的智慧及精神复兴期间一个卓越的参与者；对于您，美国全国性的社会科学荣誉学会 Pi Gamma Mu，特颁赠荣誉会员资格及象征本会最卓越地位的全国性荣誉锁匙。”

话、文章和信函，是宋美龄利用各种机会，向世界，尤其是向美国，就中国的抗战讲了以下几个方面的内容：

第一，揭露日本侵华战争的种种罪恶。“日本军阀把中国人民的鲜血，涂染了广袤的区域，把中国无数的家庭，烧成了灰尘。他们的野蛮，简直足以使从前阿蒂拉的部属惊骇得瞠目结舌。”“凡是日本军队铁蹄所及，他们在我国，随处都划上了毁灭的刻痕。……他们造成了无数衔冤饮恨、死于非命的死者，其中包括各种各样形形色色的人物：有男人、有女人、有幼孩；他们还同时摧残了古旧的城市、繁盛的村镇、工厂、店铺，以及许多人工作着的团体、学校和慈善卫生的机关。……从来没有见过这种疯狂的屠杀和摧残。”

第二，展示中华民族抗击日本侵华的业绩。“中国一向是被认为怯懦无能的，军事上也没有充分的准备，然而如今已决定放弃从前的容忍政策，不再忍受暴敌的侵略残杀和无理侮辱，全国奋起，为了国家的生存而从事抗战。”“我们屡次的感到死神已在眼前，但是藉助于精神的力量，我们总把敌人阻挡住了。我们的军民团结一条心，在被逼迫到无地可容时，我们便像浮云般的出没于深山丛林。……我们可能从某地抑退，但是中华民国的军队是永远不知道失败为何事的。”

第三，斥责民主国家政府（尤其是美国）对中国抗战的袖手旁观态度。“各民主政府，并没有做过实际有效的工作，连保护他们自己的利益都没有做到。……结果，我们用了简陋的武器，为了民主国家所拥护的原则，为了国际条约和公法的尊严，同时为了自己的生存，这样英勇地艰苦抗战，反给民主各国冷酷地丢在一边。而更使大家迷惑的是，我们已被摧残到了这个地步，而民主各国对于日本要求列强保守中立的谰言，似乎还不小心翼翼地愿意去听从。……我国那些对于跟随民主主义步趋发生怀疑的人们，指明民主国家的所谓保守中立，是很可骇异的，事实上不过纵容日本无节制地在它铁蹄能及的我国领土之上，继续广泛屠杀和奸淫掳掠的凶行罢了。”宋美龄还是有区别地指出："民主国家人民向我们所表示的无限同情……民主国家人民与国家之间，很显明地有着区别，这许多人愿意帮助我们的好意，我们决不能辜负的，并且应当深深感谢他们。"特别对美国政府，宋美龄说："现在第一等强国，袖手旁观，好像震慑于日本的暴力，不敢出一语相诋评，是不是可以看作国际道德，耶稣道德，或所谓西方优美道德坠落的先声呢？"宋美龄说："我们只希望民主国家的人民，固守他们所声言的信仰，固守他们所赞助的道义行为。若不如此，世界将重返到原始的野蛮时代，强权和暴戾将代替了正直与礼义的地位，高居于崇高的宝座而支配世界的一切！"

第四，感谢民主国家对中国抗战的支持。这是问题的另一面。宋美龄首先向美国人民表示："诸位既给我们以物质的援助，又给我们以精神的鼓励，我们信赖我们抗战的立场，了解我们所奋斗的目标，对于世界命运息息相关的重要性，这两点我觉得意义尤属重大。我们中国需要一切对我们表示善意的国家援助，而这种援助若是一种含有积极性的鼓励，不仅是消极的周济，则我们将加倍地欢迎。"她对英国人民表示："在我们抵抗日本军阀侵略的过程中，你们给予我中国以同情与援助，我今天得有机会向诸位发表谈话，且略申我全国同胞感谢的悃忱，实在觉得欣幸。救济中国灾难的英国捐款，从前称为'梅易爵士救济金'。这种援助一向鼓励了我们争取自由的战斗。我们知道，英国也在艰苦地从事于生死的搏斗，可是英国人士仍旧尽力之所及继续支援着我们，我们中国人历来是受惠勿忘的民族，对于英国这种友谊的表示，自然永远不会忘记。"对美国的支持，宋美龄一再说："你们对我国表示的种种善意与同情，我们是多么的感谢，美国联合救济中国难民协会给我们的许多礼物，我们是多么的欢迎。……美国正在英勇竭尽一切可能维持着正义与人道。……我中美两国的友谊是建基于一致的理想之上的。我们共同敌人，目无法纪，藉着野蛮的武力，以图自私。在他们的横行狂暴之前，中美两国的友谊，也决不会动摇的。"

宋美龄这些向海外，尤其是向美国，所作的舆论上的宣传、呼吁（包括斥责）到底有什么作用呢？有的书评述："的确，如果人人都明白她所说的话，世界各国，特别是美国，就会行动起来拯救中国！"①

第四件事，宋美龄还亲自做救济难民和安置救扶伤员的工作。

"八一三"上海会战发生后，在旧中国就涌出了一支新的队伍，而且日渐壮大，这就是难民。如何安置这些难民，在蒋介石统治下的旧中国是无法解决的。当时一名新西兰人艾黎和斯诺夫妇设计了一个中国工业合作社计划，以企救济中国的难民。他们认为，光是给难民金钱的救济是无益的，因为数月一过，这些人就会饿死或被侵华日军征为苦役或伙夫，于是他们采用这个"计划"，将难民安排在各项小规模半流动、位于内地或接近未开发的原料产地的工业合作社中，开展生产自救，当时英国驻华大使柯尔，还亲自将这个办工业合作社的计划呈报给宋美龄与蒋介石。对此，孔祥熙许诺给予500万美元以支持合作社的成立，并就任总经理一职，宋美龄担任了顾问，她的两位姐姐或担任顾问（宋霭龄）或全心地投入计划（宋庆龄在香港）。这项计划一直在持续，主要工作在抗战转入相持阶段才展开。

1939年5月25日，宋美龄专门发表了题为《中国工业合作运动》一文。文章首先指明：当时搞中国工业合作运动，"是日本侵略中国的产物，这些工业社并非是想来代替其他工业企业，他们只是供给目前的需要的"。这是因为："日本军阀残暴确实可怕，他们是有计划、有组织地来破坏中国的工业和工厂。他们以为中国民众就可以这样地贫困下来，失望起来，结果使抗战精神全部萎颓下去，然而日本军阀是失望了。""在这样青黄不接的情形下，中国工业合作社产生了，它是来解决这个困难的。这些工业社把分散了的手工业者和机器又收集拢来，建立起小的工业，用当地的原料制造日用品，来供给民众迫切的需要。"进

① 《宋氏家族》，第286页。

而，文章指出："工业合作社并且为难民寻找工作，使他们加入生产，而不依赖慈善性质的施舍来过活。"最后，文章说："中国是为正义而抗战。凡是慷慨的人士，或是为人道正义而愿意帮助中国的人们，则中国工合社和新生活运动内的生产部，是接受这种帮助的一个最实际的地方。这是一个最好的机会来帮助中国的难民，来发展他们自己的力量，他们自己的原料，使他们能够成为自尊的民众；使他们能够自给自足，使在日本残暴行为中受难的人们，能因国际爱好正义公理人士慨然帮助，而成为自尊的国民。"对这项工作，"因为宣传过度，合作社计划出了一些问题。外国人插手的程度似乎太深，而社会大众的期望也被刺激得太大。事实上，计划的进行相当令人满意，不但提供了工人的就业机会，同时中国军队也不用再依赖国外的进口来补充物资，尤其日本货物原是进口大宗。为了要适应中国这样的农业国家，工厂本来就不宜过大，适当的规模限制反而有好处。每家工厂都以小规模经营，使用轻型机械设备，必要时还可随时转移。"① 关于这项"工合"工作，在 1983 年底，中央领导人肯定了它们"在抗日战争以及解放战争期间都起了积极作用，不仅在解放区，也在国民党统治区帮助发展了工业合作生产，还帮助我们培养了不少人才，同时也做了统一战线工作。"1983 年和 1986 年中国工合协会和国际委员会先后恢复，并在 12 个省（市）建立了分会。

与此同时，宋美龄还亲赴上海前线看望伤兵和处理政务。当时，她身穿工作装（蓝色羊毛便裤、衬衫）与端纳一道到抗战前沿阵地看望伤员。有一次，她与端纳所乘坐的小车撞在一块凸地上，车子翻出了公路，车里的人被甩了出来。宋美龄被摔在一个泥潭里，失去了知觉，弄得端纳惊恐万分，待宋美龄醒来后，又继续乘车前往前沿阵地，探望伤员。在《宋氏家族》一书中有一段形象的文字叙述：事故发生后，"端

① 《宋美龄传》，第 194 页。

纳感到自己飞了起来，而且看到美龄和副官的身体在他眼前飞掠过去，他摔倒在翻倒的小车旁，有些战栗，但却没受伤，端纳站起身，立即赶到美龄身边，她躺在一个泥潭里，失去了知觉。她脸上满是泥泞，四肢瘫软，但似乎没有擦伤，尽管脸色像纸一样白。端纳把美龄拖出泥潭，弯下身听她的呼吸，虽然她一动不动，但却还活着……‘夫人!’端纳叫道，‘夫人?’一群农民聚拢了来。第二辆车上的副官也赶到现场，端纳轻轻地摇着美龄瘫软的身体。‘喂，醒醒。’端纳粗声地说，‘你最好醒一醒，睁开眼看看。’然后他开始唱了起来，‘她轻松地飞向天空，秋千上那勇敢的少女……喂，夫人，醒醒！我希望你能现在看一看自己，你绝对是个美人!’仍旧没有反应，夫人还是昏迷，一种恐惧的疑惑向端纳袭来……‘你身上都是泥!’端纳吼叫道，‘你的脸上、裤子上和……哦，上帝，她没救了。’他自语道。这时，美龄微微动了动，呻吟了一声。端纳即刻站了起来，把手放在她的腋下，扶她站了起来。‘好啦’，她说道，嗓门很大，好像从没有想到过她不行了似的。‘你没事，你能走。来，咱们去找个住舍。’美龄摇摆地站了起来，似乎摸不清头脑。‘我恐怕不能走。’她反驳说。但端纳不容她考虑，搀着她朝一家最近的农舍走去。走到时，他还不停地对美龄说她如何像一个泥美人。端纳把美龄装有衣服的手提包交给她，劝她去换一条裤子。美龄单独一人时，又险些昏过去，多亏端纳使劲地敲门，催她动作快点。她再次坐到车里考虑下一步计划时，面色显得苍白。‘我们现在这里，’端纳说，手里挥着一张地图。‘如果你想回南京，我很高兴。但假如我们继续往前走的话，我们仍可以在进城之前视察一下伤兵，时间很充裕，你怎么想?’美龄考虑了一下，‘继续去上海。’她说道。轿车又启动了，这次开得慢了些。美龄静静地坐在车子里，听着自己的呼吸，想看看身体什么地方出了毛病。‘我不能呼吸，’她突然惊恐地说。‘一呼吸就疼。’‘那就别呼吸，’端纳不在乎地说，‘筋骨断了’她想到。‘可不呼吸我就会死……’然而夫人活了下来。尽管很痛苦，她当晚 10 点钟视察了伤兵。第二天一早安全到家，医生发现她确实摔折了筋骨，于是强迫她安静地卧床休养。”

第五件事，宋美龄参与了蒋介石的对日秘密和谈。

上海会战激战了近三个月，虽然日军占领了上海，但代价很大，不仅丢掉了有生力量四万多人，而且抽调了华北两个半师团，使华北战局起变化。在国际上也使对中国“观感一新”。为此，日本亦想在停战议和中迫使中国让步，想两国直接交涉；就蒋介石来说，当然想借国际联盟的压力，迫使日本停战。在这种形势下，日本通过德国驻日大使狄克逊，再由狄克逊通过德国驻华大使陶德曼，由陶德曼找蒋介石商量和谈。这就是所谓“陶德曼调停”。经过日本找狄克逊、狄克逊找德国外交部、德国外交部再找陶德曼，再按这个顺序往返。1937 年 11 月 5 日，蒋介石在南京第一次接见了陶德曼。陶德曼给德国外交部的特密电报中说：“我于今日将日本的和平条件通知了蒋介石，在座的仅有财政部长孔祥熙。”有的书上有这样一段文字叙述：“德国驻华大使陶德曼（Or. Oskar Tmann）立刻从汉口回到南京晋见委员长夫妇。这场未经官方证实的会面十分的著名。据说陶德曼大使被引入夫人的工作室，坐在书桌前的她热诚地接待这位多年老友。陶大使有些不自在地和夫人闲话片刻，然后将一张德国政府的意见书[①]放在她桌上。‘夫人，你了解这并非我个人的意见。’他说。夫人静静地将意见书放在一边，答道：‘我想也是，你的孩子都还好吧？’”[②] 在第一次接见中，蒋介石提出了中国方面的“和议的必要原则”，没有让步。12 月 2 日，蒋介石第二次接见陶德曼，蒋介石表示“对于那种认为日本已经从这次战争中成为胜利者

① 这个《意见书》是将日本提出的和谈条件告诉了蒋介石。这些条件是：1. 内蒙古在国际法下建立一个与外蒙古类似的自治政府；2. 在华北建立一个非军事区；3. 在上海建立一个更大的非军事区；4. 停止反日政府；5. 共同反共；6. 减低对日货物的关税；7. 尊重外侨权利。

② 《宋美龄传》，第 188—189 页。

的看法，他不能够接受”，“他也不能接受日本的最后通牒”。12 月 13 日日军攻占南京后，日本骤然间增加了和谈的条件，并且在手续上也增加了条件，限死蒋介石在年底答复。26 日，陶德曼将这些条件交给了宋美龄与孔祥熙（因蒋介石患病）。宋美龄与孔祥熙对此感到惊恐。陶德曼在当天给德国外交部的急电中说：“当我向他们宣读日本的条件的时候，孔和蒋介石夫人都极为惊恐。”蒋介石在这一天的日记中说：“日所提条件如此苛刻，决无接受余地。”这次秘密和谈，一直拖到 1938 年 1 月 16 日才宣告无结果而收场。上面提到的那本书上说：“陶德曼带着委员长决不妥协的回答回到汉口：只要日本对中国以武力相向，就绝无谈判的可能。”① 这显然是言过其实，最后秘密和谈未成这是事实，而为什么未成呢？并非蒋介石“决不妥协”，是买卖的价钱谈不下来，故此告吹。也就是说日本要求的条件较高，同蒋介石与宋美龄及其所代表的阶级利益有矛盾，蒋介石在日记中说：“倭寇此提条件，等于征服与灭亡我国；与其屈服灭亡，不如战败而亡，当即严词拒作答。”

怎么看宋美龄跟随蒋介石在抗战初期的活动呢？

从总体上看，抗战初期，蒋介石的抗日是“比较努力”的，在上海会战和南京保卫战中充分地显示出来。在这样一个大形势下，宋美龄跟随蒋介石在上海、南京的活动是有积极意义的，尤其是亲赴上海前线，还因车祸而受了伤。当然，宋美龄同蒋介石一样，投入抗日的目的不是为民族、为国家，而是为本阶级、集团的利益，为英美在华的利益，只能说是客观上有利于推进抗日民族革命战争的开展。也正因为如此，宋美龄跟随蒋介石所干的事也只是表面化的，而且抗战一开始就同日本进行了秘密和谈。

① 《宋美龄传》，第 189 页。

二、在武汉的活动

当上海失守、南京被日军围困的时候，1937年11月20日，蒋介石决定将国民政府由南京迁往重庆办公。12月1日，国民政府正式在重庆开张，重庆就成为“陪都”。这时，武汉成为一个过渡地带，是战时的军事和政治中心。宋美龄随蒋介石于12月7日搭飞机离开南京后就到了武汉，直到1938年10月武汉失守。宋美龄在武汉住了十个多月。正如《宋氏家族》一书中说的：“中国政府在武汉停留期间，自称为‘过渡政府’。尽管战争期间的官方首都是重庆，而且大多数部长往返于湖北和四川之间……蒋氏夫妇和他们的大部分支持者都在武汉逗留了十一个月。”当时，宋美龄同蒋介石住在武昌的一幢不大的房子里。当时的武汉，在外国人的眼里像上海一样“舒适”。“除了日本的空袭和一些商品短缺外，这里的生活在抗战后期之前一直十分文雅和都市化。”

宋美龄随蒋介石在武汉主要是忙于如何抵抗日军来犯，参与保卫武汉的战斗。蒋介石认为“此次保卫武汉战略，当取韧性，无论攻守进退，皆可立于自动地位，而决不致陷于被动形势也”。1938年7月31日，蒋介石召开保卫武汉的各部队官长会议，大讲了一番保卫武汉的理由和保卫武汉与争取最后胜利应有的决心及精神。8月27日，蒋介石又召开了部队将领会议，听取了几位师长的汇报，然后发表了《保卫武汉的责任和要务》的演说，大讲特讲：“武汉的得失直接关系于整个抗战的胜败和国家民族的生死存亡。因此，我们一定要拼死固守，誓必保卫到底!”但是，战局的发展，远非蒋介石所愿，虽然节节抵抗，但也节节败退。在1938年3月29日，国民党还在武汉召开了临时全国代表大会，发布了《抗战建国纲领》。7月，又召开了第一届国民参政会，通过了一系列有关抗战的提案，发表了抗日的宣言。

宋美龄在这个时期主要做了以下几件事：

一件是1938年5月下旬，宋美龄在庐山开了妇女谈话会，出席的有宋霭龄及冯玉祥、陈诚等人的夫人共50名“中国妇女界的知识分子”和“所谓妇女界的领袖”。召开这次谈话会的目的，按宋美龄说的，“我召集这一次会议的第一个目的，就是要使妇女界的领袖分子能够聚首一堂，大家认识。……要是我们女子能够表示合作，以团结的精神来感应全国，我敢相信全国同胞就更不得不和衷共济，为国家利益共同奋斗了。”“彼此听取报告，共同切磋，这是我召集这一次会议的第二个原因。”这次会议的议程有：“（一）战时妇女工作问题；（二）如何动员妇女民众；（三）如何鼓励妇女参加生产事业；（四）改善妇女生活问题；（五）妇女团体联络问题。”5月20日，宋美龄在谈话会上发表了演讲，谈了这次会议的目的与要求，把新生活运动在抗日战争期间继续展开，以训练全国的妇女工作人员，投入抗战。她说：“这一次会的目标在于订定一个试验性质的纲领，以训练全国的妇女工作人员。……我认为我们应该利用一种已经存在的组织，这组织须具全国性，并且，还要能够深入各阶层的民众。我指的就是新生活运动……”会上决定建立妇女咨询委员会常务委员会，下设九个部门：总务部、训练部、宣传部、生活部、生产部、战争救济部和战争地区服务团、难民儿童委员会①、协调委员会等。

另一件是救护因战争流离失所的儿童。救护难童是当时迫切的问题，当宋美龄随蒋介石到达武汉时，难童已经达到数千人。宋美龄始终忙于难童的衣、食、住等事务的张罗。虽然做了大量的工作，但在迁移难童时，日军飞机的滥炸，难童死伤惨重，宋美龄在给美国青年的一封信中控诉了一幕惨状：“我们过去乘轮船从汉口到下游港口。一天，日本飞机发现了一艘满载儿童的轮船。向它投弹，当场炸死了许多小生命，其他儿童则掉进了离大海六百里的滔滔江水。从此人们

① 有的书上称之为“难童委员会”。

再也没有见到他们，他们骑上龙王，到很远很远的地方去了。从此我们再也不乘轮船了。”为了安置与教育这批难童，宋美龄在重庆为他们准备了住房，同时搞了一个“收养”计划。“根据这一计划，世界上任何感兴趣的人都可以发誓将这些孤儿置于自己的庇护之下，数目不限，每个儿童每年的生活教育费是二十美元。收养者可以得到一张他的养子的照片，以及每年他在学校和孤儿院的情况报告。”在《史迪威与美国在华经验》一书中还有这样一段文字记录：“蒋夫人组织一个妇女委员会从各战区收容了一火车一火车饿得半死、破衣烂衫的孤儿，让他们吃得饱饱，洗得干干净净。换上整洁的蓝衣服，排着队登上船，撤向后方。”

为了呼吁社会救护难童，宋美龄还在《妇女生活》杂志上发表了《谨为难童请命》。她在文中说：“我们跟凶横残暴的敌人作殊死战已经有八个多月了。要支持这样的战争，最重要的一个原则，是全体民众在政府领导之下，团结奋斗；要民众能团结奋斗，必先让我们明了在这大时代中各自应负的责任，更应让他们知道国家所遭遇的是什么？他们的反响应怎样？所以我们希望在这短文里，说明民众应注意的是什么，应负的责任是什么。……我们应该做的事情实在多得很……可是目前最引起我个人注意的是难童的问题。”

“现在成千成万的儿童，有的父母死亡，成了流浪的孤儿，有的虽有父母，但他的家庭已经穷无立锥之地，衣食都成问题。这些儿童全要我们去照顾的，怎样解决他们的衣食住问题和教育问题，全是我们的责任。”又说：“现在战时儿童保育会正在进行募款运动”，“我们正计划着把这些儿童运送到后方最安全的几个中心，布置适当的房屋，派定负责的人去照顾他们。在他们的生活上和一切待遇上，要尽可能地使他们安适，给他们职业的训练，养成他们自力求生的本能；等他们到了可以工作的年龄，就按照他们的能力辅助他们，使他们到了适当时期，就可以照顾自己的生活。”

再一件是，出版《战争与和平通讯》[①] 一书。此书是将宋美龄的讲话、信件和其他有关抗日的文章搜集起来，用政府的名义予以出版。由于搜集仓促，几乎没有经过编辑加工和适当的校对，此书差错很多。宋美龄对此书“深感失望”，“对其中大多数段落都极为不满意”。然而，该书“在披露美龄的性格及其在危难中的发展方面，却胜过最正式的书籍”。

在其中的一些文稿中，宋美龄对西方国家不援助中国抗战的做法感到强烈的不满。她说，她无法相信她眼中所见的，这些国家自毁其诺。在书中描述了宋美龄对西方国家认识的过程：“最初夫人仅是拒绝接受这种现实，到最后不得不信时，她忍不住就要以苛责的言语相对了。”[②] 在这本书中，宋美龄讲了这样几方面的内容：第一，揭露了日本帝国主义妄图灭亡中国的野心。她说：“就日本军阀目前在华的行动来观察，诸君当能明了日本军阀居心的险恶和残忍，依照着预定计划，进行数年以来无日不在准备的，征服中国的企图，为了达到这目的，即使完全歼灭我中国人民，也无所顾惜。”第二，谴责西方国家对日本侵华熟视无睹。她说：“所奇怪的是，列强竟袖手旁观，完全没有考虑到制止的步骤，是不是日本军阀每日虚构事实的宣传，竟能使各国相信么？还是因为日本有催眠技术，麻醉了世界的政治家呢？‘这并非战争，只是一种事迹’的日本咒语，似乎赋有蛊惑的魔力，驱使世界保守缄默。甚至8月28日日本首相近卫的宣言，声称日本意欲‘鞭笞中国使之屈膝，不敢再有抗战精神’，似乎也不足惊醒世界，使他们感觉到这是正在进展中的漫天奇祸。”第三，揭穿了西方国家寄希望于用“国际法”来制裁日本帝国主义的侵略战争，这只是一种空想。她说：“列强的签订九国公约，原欲避此巨劫。也为

① 有的书说是《谈战争与和平》。
② 《宋美龄传》，第211页。

了特别保证中国的独立与完整，免受日本军阀的侵略。列强又曾订立巴黎非战公约，防遏战争，并且组设国联，用这双重的保障来制止侵略国家向弱国作无理的侵凌。奇怪的是，这些条约，今竟荡然不存，开历史未有的先例。更奇怪的是，积年累月逐渐形成的战时国际法，它复杂的结构，原是节制战时行为，保护非战斗人员的，竟也和这些条约同化了灰烬。所以我们今天重复回返到了弱肉强食的野蛮时代，不仅战士捐躯疆场，连他们的家属妇孺，也难幸免，这些都是日本军阀正在中国肆行无忌的行为。然而条约的崩溃，与夫二十世纪重复发现这种大规模残杀无辜的惨剧，文明各国也不能无咎。”第四，表明了中国人民已奋起抵抗日本帝国主义的侵华战争的决心。她说：“中国一向是被认为怯懦无能的，军事上也没有充分的准备，然而如今已决定放弃以前的容忍政策，不再忍受暴敌的侵略残杀和无理侮辱，全国奋起，为了国家的生存而从事抗战。”“我们历年来负着懦怯恶名，埋头苦干的中国人，将尽我们力之所至，抵抗到底，我们将奋斗到最后的胜利，或最后的惨败，纵使大好河山，悠久历史，都涂染了鲜红的血液，或毁灭在猛烈的火焰之中，亦所不惜。”第五，感谢华侨和海外人士对中国抗战的援助。她说：“在抗战中，我愿意特别称道海外爱国同胞的忠诚赞助，这将是我国最后胜利的一大因素。因此，我代表蒋委员长，向海外侨胞，申请他们的慷慨捐输，并保证我们将用所有的能力，来作捍卫疆土的奋斗，务求不辜负他们合作鼓励的美意，同时我还要感谢友邦人士同情的表示和精神的鼓舞，这实在给了我们无上的激励，这种同情是必要的，我们正须仰仗着世界各国的智慧与公平，使日本军阀朝夕孜孜所散播的荒诞流言，对于世界及中国，不致发生不良的影响；并且还希望我们的主张和努力，得到中国素所信守与维护的条约的援助。”宋美龄在这本书里，基本上是反映了蒋介石抗战初期的“不屈服不扩大之方针”。不过蒋介石对国联迷信多一点，请求国联采取适宜而又必要的行动来制裁日本；而宋美龄则对西方各国谴责多一点。蒋介石是“求救”多一点，宋美龄则是“感化”多一点，例如在上述这篇文章的最后有一段感人的话：“诸位，你们在无线电中，或许可以听到大炮的声音，然而这里垂死者弥留的呻吟，受伤者苦痛的叫喊，以及房屋倒塌的声响，我虽希望你们能想像得到，但是听不见的，那些流离无定，惊慌失措，无家可归的大批人民，他们的苦难，他们的饥饿，以及慈母悲悼她爱子的眼泪，家室被烧时的黑烟与火焰，种种凄绝人世的境况，你们又哪里看得见呢？再会罢，诸君。”

第四件是，举办训练班。当时武汉是抗日民主运动的中心，武汉民众的抗战情绪极为强烈，青年界尤为突出。宋美龄要利用这种形势，把她的那一套推向全国，于是就在武汉开办训练班，选自全国流入了武汉的女青年，分两批接受特别教师的训练。第一批 50 名，第二批 120 名。经过训练后，由 30 名组为一队，派往全国各地，利用当地的学校、寺庙和任何公共建筑物，建立教育中心，从事卫生、乡村经济、基本阅读、写作、算术、战争教育等教学活动，也有一些人在医院工作。

随着这项工作的发展，武汉成为训练的中心，班数也越来越多。核心工作仍在宋美龄身上。宋美龄以她的地位、身份，使得这些来自于中产阶级的少女成为当时服务于抗战的女战士。宋美龄每天必到各班级发表演说。她的语言与情绪热烈、激动、急切，使年轻的女学员们激发出一股英雄崇拜的热情和憧憬着所期待的她们的未来。虽然由于所花的精力太大，加上宋美龄身体问题，但她对这种“集合学校教育及政府政策于一体的方式”很有吸引力，十分自得于此一工作。她抓得十分细致，例如要求学员个人用自己的碗（不许公用），对碗盘的卫生要求也很高（用水冲洗三遍），外出居住营区的清洁要求更严格，当然这一些正如一些书评论：“任何清楚乡土中国情形的人，都会对这些成就感到不可思议。”因为这些要求脱离了当时中国的实际。

不过这批培训出来而撒向全国各地的女教师的工作效果如何呢?《宋氏家族》一书有一段文字叙述:“更深刻的东西是女孩子们的仪表以及她们上课的方式。这些老师并不是在大城市街道上闲散的脆弱、纤细的花朵,她们体格健壮、脸庞红润、步履矫捷。这是非由于美龄办的训练学校使她们成为这样,而是美龄将这些过去生活在富裕家庭樊笼中的妇女释放出来,让她们投身到工作中去。听她们当中的人上课,人们不禁会对采用旧的教学方法传授新思想的形式感到钦佩。在乡村中学的泥土地板课室里,或在自由中国到处可见的老式三面墙的大房子里,一群儿童和在地里劳动了一天,只有在黄昏才能腾出点儿空来的疲惫的农村妇女,跟在老师后面咿呀背诵着有关卫生、道德哲理和三除九的简单真理。”

随着战事的发展,1938 年 10 月 25 日,蒋介石离开武汉飞往湖南衡阳北面的南岳,国民党部队也开始从武汉撤退。有的书上说:“难民们跌跌撞撞地爬上飞机;飞行员第一次在黑暗中进行盲飞。城市中的火焰是飞机起飞的唯一照明。蒋氏夫妇也于当晚乘飞机离开汉口。他们起飞时机场已经布了雷。”有的书上说:“十月二十五日——军事委员会发言人宣布将自武汉地区撤军。……蒋委员长夫妇离开了汉口,但不知前往何地,根据未经证实,来自重庆的报道说,蒋夫人已抵达成都,而蒋委员长咸信已前往湖南。”“同一天晚上,蒋氏夫妇搭乘最后的班机离开了汉口。汉口的撤退显然是有计划的;因为数周之前,大多数人就已开始由水陆各线撤出。”

宋美龄随蒋介石在武汉为抗日所开展的这些活动是上海、南京活动的继续,不过偏重于舆论工作。这一些工作,对抗日民族革命战争的开展是起过一定的作用,较为突出的是对西方民主国家,尤其是美国,介绍中国的抗战情况,呼吁世界舆论支持中国的抗战,是起了一定的作用的。从大量的文稿中,反映日军侵略战争野蛮、残忍,呈现中国人民抗战的艰难困苦,也反映西方民主国家的袖手旁观和人民开始支持中国的抗战，同时在一定程度上指出了中国抗战在整个反法西斯战争中所处的伟大历史地位以及中国人民必胜的信心。不过，武汉时期是一个转折点，随着武汉的失守，国内外形势的变化，宋美龄随蒋介石投身抗战的积极性也日渐减弱，由积极抗战转为消极抗战。

第六章
在大后方

宋美龄在重庆前后待了五年多时间。性情急躁的她学会了忍耐，也习惯了日本飞机的轰炸，宋氏三姐妹的相聚香港和重庆，给紧张的战时生活带来了一种新的气氛，一时成为山城新闻的热点。战时的宋美龄更是达到了她政治生涯的高峰，有评论说："1943 年开罗首脑会议是宋美龄政治生涯的顶点，也是蒋介石走向末路的开端。"

武汉失守后，国民党政府的军队部门迁到长沙。1938 年 11 月初，第九战区司令部在长沙举行高级军事会议，检讨武汉作战的经过。会后，军政重心又暂时移到衡山。11 月 25 日至 28 日，蒋介石在湖南南岳召开了军事会议。蒋介石指出："自从去年七月七日我们和敌人开战，直到现在，已经 17 个月了；从卢沟桥事变起到武汉退军岳州沦陷为止，这是我们抗战第一时期。""从今以后的战争，才是第二时期。"蒋介石又指出："第二期抗战，就是我们转守为攻转败为胜的时期。"怎么个转呢？蒋介石只是提出"有限度之攻势与反攻"，而大部队则调去整训，保存实力。这样一来，日本和蒋介石各自从不同的意图和当时业已形成的客观态势出发，都把中国共产党领导的解放区战场摆在抗日战争主要战场的地位。宋美龄随蒋介石退到了重庆，在蒋介石制定的第二期抗战的总战略方针下，开展了有关活动。1939 年 1 月，国民党召开了五届五中全会，研究“如何与共产党作积极之斗争”。蒋介石在会上提出要“强化”国民党，因为党内有“许多重大的缺陷”，外有“华北各地共产党的竞起”。这是蒋介石国民党政府错误地由对外转移到对内，转移到反共反人民方面的重要标志。宋美龄在大后方的活动，也都转移到这一框架下，直至 1944 年 7 月离开重庆去巴西。

同抗战的前线（华北、华东及至华中）相比较而言，西南算作后方了，史称为“大后方”，重庆是中心地。

一、在重庆的活动

“到 1938 年底，日军不仅把蒋家王朝吓得逃出了南京（从而使 30 万失去保护的民众惨遭屠戮），而且穷追不舍，把委员长赶出武汉，一直沿长江上行五百英里，进入山峦重叠的四川省——从传统上看，最顽强的征服者也追不到那么远。蒋介石在长江畔之重庆的穷街陋巷之间建起了战时政府，并向世界宣称他仍统治着中国。”①

宋美龄随蒋介石到了重庆，并在山上租了一幢无人居住过的房子，虽然政府在离城较远的山上盖了一所房子，让他们去住，但他们拒绝了。宋美龄说：“我们已经有房子了。”

当时，国民党的军政机关、外国使节、企事业单位及逃难百姓，向重庆这座山城蜂拥压来，人口过多得令人难以置信。《宋氏家族》一书中有一段文字描述：“迁移的确为这座古城的居住设施带来了极大的压

① 《宋家王朝》，第 518 页。

力，一所空房不出几分钟就有人住上。将军、部长、副部长、大使、代办——这些人都需要安排住房。此外，蜂拥而来的百姓并未受到四川人的热诚欢迎。……不过即便如此，去四川的人并没有像去云南的难民那样遭到抵制。”

重庆是四川的中心，四川又是西南的中心。当时，四川有六千万人口，粮食产量比西南任何一省都多得多。蒋介石要乘抗日之机，把地方实力派控制的西南拿到手。早在 1935 年追击工农红军时，宋美龄随蒋介石到过西南，蒋介石还在四川峨眉山举办过军官训练团，进行所谓“精神教育”，企图乘追击红军的机会，来掌握西南。结果，这一次蒋介石既没有消灭红军，也没有将西南拿到手。现在抗战一起，蒋介石有了借口，将四川的军阀头子刘湘及其部队调出四川，不久刘湘病死在汉口。1938 年 1 月，蒋介石就任命张群为四川省主席，结果遭四川地方军人的一致反对，后来蒋介石自己兼任四川省主席。到了时机成熟，1941 年 11 月，蒋介石再次明令张群为成都行辕主任兼四川省政府主席。此前，1938 年底，国民政府从南京迁往重庆的工作基本完成。

山城重庆，“浓雾笼罩着江边的山脉，江水把这座山城隔成楔形半岛，每年 10 月到翌年 4 月，雾霭总是滞留在这里，浓淡不匀。重庆的太阳很长时间才从雾后面露出淡黄的面孔”。这样一来，日本空袭重庆是很困难的，日本的飞机一年内有八个月无法轰炸重庆。但是，入夏后，空袭不断，日益加剧，陈纳德在回忆中说：“为应蒋委员长的紧急召见，我急忙飞回重庆，恰好重庆遇着最厉害的轰炸；每天，日本人以一百五十架飞机来威胁这没有防御的陪都——重庆。他们想在南进开始之前，以此作为威迫中国投降的最后努力；同时他们也正利用重庆作最后的空军作战训练，——那些日本空军经此之后便从新加坡至夏威夷，横扫太平洋天空。”在 1939 年 5 月，重庆遭到一次空前的日本飞机的轰炸。“各个地方都把 5 月 4 日描绘成地狱，重庆还从未出现过这种事情，一夜之间成千上万的人领受了一次永生难忘的教训，数以千计的人糊里糊涂地就丧生了。”① 当时，宋美龄也参加了救难工作，“整个晚上蒋夫人马不停蹄地四处奔走，监督救难的工作，直到五月五日中午过后，她才有时间照料她自己的孤儿。”②“战争孤儿们分别由负责他们的妇女照看，并由她们向孤儿下达命令。清晨之前，一支六千儿童的队伍被送往农村，给他们的指示是行进，不停地行进，尽可能远地脱离死亡区，直到他们能得到进一步的援助。”③ 宋美龄下令正在空车回城的所有用来疏散重庆市民的卡车及私人车辆载运这些孤儿。当时“她站在路中，手中挥舞着旗子，召唤驶来的车子，车内的一听要载孩子往往立刻调头就走，而不知和他讲话的就是蒋夫人。这也难怪，因为此时夫人满脸尘垢，全身衣裳也不再整齐。其他的人也好不到哪里去；连她的侍从官都被派去为孩子们张罗吃的了。又有几辆车被拦了又走，司机们根本就不相信那会是蒋夫人。最后，总算勉强征召了足够的车辆，孩子们分别被送往有吃住可寻的目的地。”④

1939 年 10 月下旬，宋美龄在重庆召开了全国儿童保育院院长会议。宋美龄认为：这次会议“我们不但要交流工作经验，讨论改进办法，而且我认为如此聚首一堂，在我们本身，也不啻是一种实际的训练，人的才能发展是无止境的，工作的不断改良也是如此，我们要明了不进步就要退步的道理，我相信大家一定能以客观的态度和无我的精神检讨过去工作的缺点，尽量研究如何要求进步的办法，使我们今后能尽到更多的贡献。”10 月 20 日，宋美龄在会议上做了演讲，着重谈了对儿童保育的三条意见：一是“我们必须注意儿童的健康和生活习惯”；二是“我们要培养儿童的人格，和启发儿童的义务观念”；三是“我们要使儿童们知道国家困苦和物力艰难，要他们特别刻苦和俭约”。很显然，宋美龄

① 《宋氏家族》，第 312 页。
② 《宋美龄传》，第 213 页。
③ 《宋氏家族》，第 313 页。
④ 《宋美龄传》，第 214 页。

的这三条要求是非常不现实的，在当时也是无法做到的。不过，宋美龄在演讲中谈到的一点情况，还是有一定的积极意义。她说："我们现在保育了二万个儿童，每月经费二十五万元，除国家补助大约四分之一以外，大部分都是辛辛劳劳捐募得来的。这些捐款来自热心赞助我们的外国人士，来自我们在海外勤苦作工的侨胞，也有国外儿童们，以自己劳力和贩卖所得而捐助的，这中间出钱的多不是有钱的人，尽有许多可歌可泣的故事，我不必一一列举。我们主持保育院的同仁，必须使儿童们知一粥一饭来之不易，要他们能感激知恩，长大了必须努力图报。我们持久抗战，国家财政，一天天的艰难，而我们保育儿童的事业，仍必须维持下去，这就要院内儿童们能够特别刻苦，特别俭约，要爱惜公物，不要浪费公物，要自己能劳动来弥补缺乏，不要事事仰仗公家，依靠捐助，而视为当然应享的权利。要知道中国境内还有几十万几百万流离困苦的儿童，哪里能人人过保育院这样的生活，所以一切应该习于简陋，自知勤苦，一切设备能利用废物的就该尽量利用，能使自己劳力来生产的，就要尽量生产。世上唯有生在苦难之中，而不知国家民族同胞困苦的人，是最没有价值的人，唯有愈困苦愈奋斗，立志牺牲自己，爱护国家，救助同胞的人，才是有出息有希望的人；我们主持保育院的同仁们，必须使儿童认识这一个意义。"宋美龄在演讲的最后说："我们在国家遭受如此侵略蹂躏中间来保护国家未来生命的儿童，培养民族新生的幼苗，这个使命是最神圣的。"①

在参加救难工作的同时，宋美龄还参加了师范学校的教学工作。当时，重庆为了培育一批女教师，特地办了师范学校的女子班。宋美龄重视这项工作，因这一批女子正要培养成为全国各地学校的教师。她经常要连续数小时为师范学校女子班授课，"她不能让学生们在领受她的几番教诲之前就走入社会"。

① 蒋夫人思想言论集编辑委员会：《蒋夫人思想言论集》卷3，第67—70页。

宋美龄在重庆前后待了五年多时间。有的书评述：“美龄也许感到纳闷，不知在全中国是否还有另外一个地方比这座城市更使人精神压抑或者对一般人更不舒服的了。这个遥远的山城，当作政府所在地已有两年，当时美龄没有料到，她将不得不在这个凄凉的重庆忍受五年多时间。”又说：“在重庆，性情急躁的美龄学会了忍耐工夫，或者至少是表现出善于忍耐的样子。在蒋氏夫妇家中受到接见的外国官员和记者，对女主人的镇静感到惊讶。在日本飞机轰炸时，她能沉着地倒茶而不溅出一滴；或者在指引客人进入防空洞时，她谈话的声调还是像平时那样从容不迫、应对有致。”① 埃德那·布克在重庆访问了蒋介石与宋美龄，对宋美龄有一段描写：“她比我以前所见到的更美：身穿蓝色软缎中式旗袍，苗条、雅致、动人。她唯一的装饰品，是镶有宝石的空军徽章大扣花，这是总公司为感谢她从事‘航空部长’的工作而送给她的，她那又大又黑的眼睛，像熠熠生光的玉髓，白白的瓜子脸像木兰花瓣那样白皙。弯曲的黑发，松柔地从前额梳向后颈，一个光滑的发髻。在一间陈设简单的屋子里，我们在长桌的一端坐下，当服务员在千日红花细瓷杯里沏茶时，我觉得蒋夫人焕发着引人的魅力，在那罕见的美貌后面，蕴藏着魄力、才能和力量。”这是西方人眼里的宋美龄，在他们的笔下，难免有溢美之词和恭维之语。

二、三姐妹相聚香港和重庆之行

蒋介石没有像汪精卫那样投降日本当汉奸，但蒋介石在整个抗日战争期间始终没有断了同日本妥协的念头，而且也没有断过秘密和谈的活

① 《宋氏三姐妹》，第98—99页。

动。在发动反共高潮期间，蒋介石是一面对日密谈，一面积极反共。当时日本想用武力及谋略务使重庆的国民政府在1940年底屈服。因此，一面利用汪精卫作为威胁重庆讲和的手段；另一面更注意建立和重庆的直接接触的线索，以便了解重庆的动向，加强“和平”攻势。所以，从1939年秋季开始，日本“在与汪精卫建立和平政府的工作并行”，“努力开辟与重庆政府的联络路线”。1939年9月15日，日本参谋本部以《以建立中央政府为中心处理事变的最高方针》为题起草的文件中说：“建立新的中央政府的工作，其实质包括促成重庆停战的指导，吸收其武力、财力。”12月下旬，重庆派了军统特务曾广（有的说是军统香港站站长林新衡）打扮成宋子文的弟弟宋子良，在香港和日本驻香港武官铃木卓尔中佐会谈。就是在这样的背景下，宋美龄赴香港。

同时，由于抗日民族统一战线的建立，也给宋氏三姐妹走到一起来提供了一个大的前提。

1940年2月，宋美龄从重庆赴香港。她这次赴港是为了什么呢？一是由于健康原因。“虽然蒋夫人断言她的身体很好，并且不是那种称之为健康不佳的人，但她的健康状况并不令人满意。成年累月地生活在多雾的重庆，连续数小时为师范学校的女孩们讲课，失眠和过度操劳，使她颅穴发炎，遭受到最痛苦疾病的折磨。在12月①，香港来的塔尔伯特大夫为她动了手术，此后几天里，他守护在她身边，不让她去进行公共演讲，他还竭力地劝她到阳光充足的地方去。……但是到了翌年2月，情况表明手术没有完全成功，休养是绝对必要的。”② 二是促成蒋介石的代表在香港同日本秘密和谈。当时日本派铃木中佐具体参加“和谈”，铃木的实际身份，在《今井武夫回忆录》中说：“中国派遣军总司令部于1939年10月在南京设立后，11月底就起用参谋本部的铃木卓尔中佐

---

① 这里的12月是1939年12月。

② 《宋氏家族》，第316页。

驻在香港，命令他策划建立同重庆政府的联络路线。”1939年12月27日，曾广同铃木第一次会见，1940年1月22日和2月3日及10日、14日，曾广又先后多次同铃木会见。3月7日至10日，曾广等和铃木等在香港东肥洋行举行第一次预备会议；6月4日，在澳门举行了第二次预备会议。不久，由于德、意、日结成三国同盟，英、美加强了对蒋介石的援助和压力，这次蒋介石同日本的秘密“和谈”就中断了。在会谈期间，为确保这次会议的进行，蒋介石特派宋美龄赴港，一面治病，一面从侧面协助中国方面的代表。三是宋氏三姐妹要在香港聚一聚。蒋介石的南京政权建立后，宋美龄同姐姐宋庆龄就走上不同的道路：一个随蒋介石参加反共反人民；一个则坚持民主主义的革命立场，反对蒋介石的独裁统治。抗抗爆发后，国共第二次合作了，姐妹可以走在一起了，况且当时宋霭龄和宋庆龄都在香港居住，只要宋美龄一去，三姐妹就可以团聚了。

宋美龄同她的两个姐姐相聚在香港沙逊街的寓所。这里原是宋霭龄的住所，宋庆龄也离开了自己的住宅，搬了过来。这次，三姐妹相聚了六个星期。“在这些快活的日子里，三姐妹完全忘记了她们各自的公开作用，这是多年来她们第一次心安理得地抛除政治上的分歧，‘联合阵线’已在这所房子里成为事实。三姐妹一起闲聊，一起烹饪，一起开玩笑——这些都是外人无法理解的、昔日家中的笑话。她们互相试穿衣服，美龄要买一条便裤，并向孔夫人保证，去重庆时，她一定穿这条裤子。”①

社交活动也繁忙起来，不仅在自己家中举行会议，接受新闻界的采访，而且还出席了许多讨论会。在两个妹妹的推动下，宋霭龄还担任了伤兵之友协会的主席。她们三姐妹一起出现在香港饭店并在那里用餐。“这个举动令人感到惊奇有两个原因：首先因为她们三人中任何一人从

① 《宋氏家族》，第316页。

未在这种地方露面；其次是十年来人们从未见过她们团聚在一起。”“这一次，一切都变了，宋氏姐妹坐在舞厅里，背对墙壁，看着香港的名流、英国的洋行经理和官员、风流的英国女郎以及一些中国的百万富翁偕夫人在吃喝、跳舞。消息很快传开，不一会舞厅看起来像挤满人群的温布尔登闹市区[①]。当对对舞侣踏着舞步经过那张长桌时，他们的头转来转去，似乎人人都长了猫头鹰似的脖子。一双双眼睛按英国礼貌许可的限度目不转睛地盯着她们。千真万确，宋氏姐妹在那里，全都在一起——孔夫人温文尔雅，风采卓著。新近康复的蒋夫人容光焕发。孙夫人穿一身黑衣服，她头发平滑光亮，双眼流露出欢快的神情。”[②] 也有书评论她们坐在饭店里的神态是：气质沉静的孔夫人、容光焕发的蒋夫人和神情庄严愉悦的孙夫人。”在伊斯雷尔·爱泼斯坦写的《宋庆龄》一书中有这样一段综合性记述：“她们最初被人发现在一起是在香港一家旅馆里。消息传出后，人群聚集在这家旅馆门口（不只是为了满足对名人的好奇心，而是表达了绝大多数中国人对民族团结的热望）。后来，她们在一次集会上先后讲话，这次集会是为了成立宋美龄领导的全国性组织‘伤兵之友社’香港分社。最异乎寻常的是，宋美龄公开赞扬宋庆龄通过保卫中国同盟和中国工业合作协会为中国的战争灾胞所做的工作。据《保卫中国同盟新闻通讯》（以下简称《保盟通讯》，报道：‘在香港，保卫中国同盟被委托审计当地‘伤兵之友’运动的所有账目。保盟除了积极从事这一工作外，还首次捐款500元港币用于该运动的行政管理开支，用于救济目的之款项则不计在内。’更加令人惊奇的是，这一期封面刊登了宋美龄为该《通讯》撰写的专稿《‘伤兵之友’运动》。此文引述第一次世界大战后欧洲的经验教训，详细论述在这一次大战之后中国的伤兵安置工作（应该做什么，不应该做什么），对当前战场上

① 温布尔登位于英国南部，以举行全国性和国际性赛会闻名。

② 《宋氏家族》，第317、319页。

的需要则一笔带过。但引起人们注意的倒不在于文章的内容，而是文章发表的场合。保盟总算第一次得到了来自国民党权力圣殿的默许。还有，要求保盟审计‘伤兵之友’账目一事也是以一种含蓄的方式承认保盟正直无私的声誉。这些都是在救济工作及整个国家统一战线工作中解冻——即使是暂时的——迹象。（主要的冰块当然并未融化，对解放区的继续封锁即是其中之一。）”[①]

宋美龄和她的两位姐姐在香港活动了一番之后，决定回返重庆继续进行一些活动。“即将到来的旅行，被安排在汪精卫临近就职典礼的日子，这真是个绝妙的主意。”汪精卫在 1938 年 12 月 18 日私离重庆，28 日发表《艳电》，建议国民党中央应以日本提出的“善邻友好”、“共同防共”和“经济提携”三点为依据，“与日本政府交换诚意，以恢复和平”，1940 年 3 月 30 日在南京建立了伪政权。所以宋氏三姐妹特地想将这次重庆之行安排在汪精卫伪政权宣布建立的时候。有的书评述：“美龄的两个姐姐来到香港同她相聚，想必经过长时间的商讨和良心上的深思反省之后，她们决定一起返回重庆，她们的结论是，如果她们一起在中国的战时首都工作和生活一段时间，将有利于鼓舞士气。如果庆龄对此决定有些勉强，她仍然同意前往。”

1940 年 4 月 1 日[②]，宋美龄同她的两位姐姐离开香港赴重庆。这一天，香港的启德机场忙忙碌碌，还特地为宋霭龄准备了氧气瓶，送行的人不多。三姐妹是在秘密的气氛中搭乘中国民航公司的专机“D. C—3”号离去，但到达重庆时却受到热烈的公开欢迎。宋霭龄和宋庆龄是第一次赴重庆，对宋庆龄来说，这是她多年来第一次去重庆这个陪都会见蒋介石。

在重庆的第一天，蒋介石与宋美龄以主人的身份，在室外的草坪上

① 伊斯雷尔·爱泼斯坦：《宋庆龄——二十世纪的伟大女性》，人民出版社 1992 年版，第 364—365 页。

② 有的书说是 3 月 31 日。

举办欢迎宴会。重庆所有显要的中外女士应邀出席了这个宴会。

三姐妹的重庆之行，干了一些什么呢?

一是访问了工厂、农场、学校、医院、防空洞和孤儿院。

二是出席了一连串的讨论会、晚会和招待会。

三是发表了对美国的无线电广播。

历史有这样一些记录：

“三姐妹走遍了这座被围困的城，访问了学校和医院，进行了参观并且走访了成都城。她们视察防空洞和看望孤儿的活动被摄成电影”，她们“在防空洞的烛光下挤在一起，以及她们的脸温柔地紧贴着孤儿的脸”，“有一张令人难忘的照片，拍的是她们三人小心翼翼而仍然颇有风度地择路走过一片废墟瓦砾，那是当年一度引人注目的朱门大院的一切残余陈迹。”

“不知疲倦的宋氏姐妹，经常参加活动——向各团体讲话，出席各种会议”。“孙夫人虽然不喜欢公开演讲，但还是发表了许多讲话；孔夫人虽然害怕在会议上说不出话来，这次却显露出她应付这种讲演的不可否认的真正才能。”

在对美国广播演讲中，宋庆龄在“民主之友”专题广播时，谈到了占全人类五分之一的人民为抵抗军事上占优势的日本而进行生死存亡的斗争。对下一接话筒的宋蔼龄做了介绍。宋庆龄说：“她不仅是一位在困难中开辟道路，从而使中国妇女能同男子一起参与国家生活的先驱，而且作出了最宝贵的爱国贡献，又是‘中国工业合作社’、儿童福利工作和‘伤兵之友’等重要活动的卓越赞助人。”接着，宋蔼龄说：“当我向美国讲话时，我感到并且深知，我正在向真正同情中国的朋友们讲话。在不断捐赠我们最需要的救济金中，我们看到了这种同情。”又说，“妇女们已从与世隔绝的生活中解放出来，到处参加工作；在前线，同战士和伤员在一起；在后方，同受到战争震荡的同胞在一起；在大后方、在乡村、在医院、在战时孤儿院、在工业和公共事业机构里，我们正在掘壕据守，抗战到底。”接着，宋美龄说：“我只用几分钟的时间对孔夫人的话补充几句，我所说的话，是要请一切爱好自由的人们知道应该立刻得到正义的援助，这是中国的权利。中国为了正义，已经经过了将近三年之流血和困苦的奋斗，我们请你们制定美国法律的国会议员，对下列两件事，必须做到一件，或者是对于侵略不再表示恐惧，或者停止鼓励侵略的行为，也就是对日禁运汽油、煤油以及其他战争原料。”又说：“我们并不是没有放弃战斗的可能，但我们仍旧在这样困难艰苦的情形之下，不怕挫折，为着自由而继续抗战。我不知道贵国的国会议员，曾否想到，万一中国被日本军阀的武力征服了，将发生何等的情形？结果是很明显的。日本军阀将保有它完满的海陆空军实力，并且可以利用中国的领土、人力和资源，来和民主国家为难。日本军阀会给民主国家以强大的打击……若果美国继续帮助日本军阀，竟使日本军阀在东方逞它的野心，那么事态的发展，就不堪闻问了。”宋美龄在这次广播的最后说：“只要给我们以正义的同情，到相当时期，一定能使他们[①]完全失败，然后它就根本不能助长人类的祸患，摧残民主主义和人道主义来扰世界的安宁。那时节，世人将会公认我们的功绩对于整个人类是怎样珍贵的贡献，问题只在能不能对我们表示正义的同情，这个问题只能让美国人民、美国国会议员给我们一个答复，炸弹的爆炸声，虽使中国的同胞震耳欲聋，但是仍旧渴望听一听贵国方面的答复。”

对三姐妹这次重庆之行以及所干的事有什么反响呢？外国人有这样一些报道：

“欢迎夫人们的到来成了如此狂热的社会活动，以致不得不为此订立了一条规矩：她们任何一人都不许接受私人的邀请，仅仅各个协会和委员们才特许招待她们”，“重庆的居民紧张到了百无聊赖的地步，不在战争条件下生活的人是体验不到这点的，他们贪婪地观察宋氏三姐妹的

① 这里的“他们”是指日本帝国主义。

一举一动，眼睁睁地盯住她们，而宋氏姐妹也回看着这些人”，“三姐妹在重庆的数月间，人们跟在她们身后，尽可能地靠近她们，向她们招手，同她们说几句话，或者只是投以微笑”。

当然，三姐妹在重庆的活动是很辛苦的。“快速旅行、欢迎庆祝会、参观学校以及无数的讲演，一直困扰着三姐妹，她们四处奔忙，并感到操劳过度，但是，一种压倒一切的希望和活力使她们经受了这场考验。自从离开香港以来，所有报纸都报道了她们在四川的经历。自从轰炸期开始以来，三姐妹尤其受到了日本人的‘关照’，夜晚在月光下，她们从寝室里被唤起，沿着台阶走入防空洞，在洞中，她们秉烛商讨形势，一呆就是几个小时”。但是，三姐妹都感到很高兴，尤其是宋美龄，有两位姐姐陪伴她，情绪更高，且很得意。“从照片上看到她发自内心深处自豪的微笑，这是动人的微笑，因为当知名人士表明也有私人的感情时，不知是什么原因，我们总是对此产生一种亲切的感觉”。之所以很高兴，是因为她们“深深地为眼前发生的一切所震动，不管怎么打动人心的新闻报道和统计，也不能向人转达第一眼看见重庆时的那种感想。人们忙忙碌碌显得坚定而又快活，到处是千奇百怪的、经过改进临时凑合的设施。庆龄承认她从未看到过自己的同胞显示出这种卓绝的精神。尤其使霭龄感到高兴的是，她在奥柏林——山西纪念学校看到了用日本人的炮弹残片和飞机残骸制作的机器和武器，这所学校是孔博士得意的工程项目和机构，霭龄还是新娘子时，曾为学校工作过，如今学校的教师和学生都一起转移到成都”。

宋美龄和她的两位姐姐的香港相聚和重庆之行，有一个共同的志向即“打败日本”，也正是这一个共同的愿望把她们拉在一起，正如美国的罗比·尤恩森说的那样：“对这三位富有感情和教养的女士来说，这是一个狂乱的年代，一个恐惧的年代，一个悲伤的年代，但这也是她们共命运的年代，她们共同希望和祈求打败日本的年代。”她们的行动产生过积极的影响，即在汪伪政权建立的时刻，“人们就不再会相信宋家分裂以及政府分裂的谣言了”。但同时也不能不看到一个消极的后果，即处在蒋介石发动反共高潮的时刻，宋美龄拉了宋庆龄，在客观上是帮了蒋介石一个忙，虽然宋庆龄“要求孔夫人答应一个多月后陪她一同返回香港”。5月9日，宋庆龄回到香港，对中外记者说及大后方情况：总的说来，她是受到鼓舞的，人民的民族情绪高昂，坚信中国能坚持抗战下去，生产也有所增长。“我们能够胜利。”但在政治上，“虽然不可否认有若干进步……但不能适应要求。”《抗战建国纲领》尚有待贯彻，吏治中的恶习未获根除。对孙中山及其主义的遵行流于空言。“改善民主，缺乏具体步骤，深感遗憾。”不管怎么样，宋氏三姐妹的香港、重庆的集体行动是对当时的抗日起了积极作用的，作为这次活动的核心人物宋美龄是起了倡导、组织作用的。

三、邀请陈纳德来华办空军

宋美龄想要在中国建立一支强大的空军，早有动议，且得到蒋介石的大力支持。随着中日战争的逐步展开，宋美龄更加紧了这项工作。起初，她雇用了美国陆军航空队的驾驶员罗伊·霍勃鲁克作为顾问。霍勃鲁克就推荐克莱尔·李·陈纳德。1937年5月，陈纳德来华，在上海会见了宋美龄。陈纳德在他写的一本回忆录①中说：“一个炎热的午后，罗伊·霍勃鲁克来找我，把我带到法租界的一所大厦内，去见我的新的雇用者——蒋夫人，接见的人说蒋夫人已出去了，于是便邀我们到一间幽静凉爽的内室中去等待她回来。忽然之间，一个穿着流行的巴黎式长袍的年轻女子轻步跑了进来，这是一个洋溢着热情与活力的女子，照我

① 书名为*Way of A Fighter*，1947年初在美国出版。

当时推测，那是罗伊的一位年轻朋友吧，便仍安坐不动，可是，罗伊把我推了一把，随即向她说道：'夫人，我可以介绍陈纳德上校给你吗?'原来这比我想像中要年轻二十岁的女人就是蒋夫人！她讲的英语，带着南方尾音，这初次的见面印象使我至今尚在迷惑之中。那天晚上，我在日记上写道：'她将永远是我的女王。'”当时，宋美龄就同陈纳德交谈了几个小时。“他尽量将自己关于建立一支现代化空军的想法告诉她。她要他用书面报告形式写下他的想法。他答应在 3 个月内交给她。他们讨论了他如何当顾问一职的事。她表示如果陈纳德能致函航空委员会的高级秘书，说明他的职责，她将正式任命他担任这一职务。她建议他第一件要干的事是视察一下中国空军的设施，因为她想了解空军的现状和能力等情况。她要求他由南京开始。她拨给他两架 BT13 式教练机，并要他自己挑选视察组人员。”①

陈纳德一开始工作，见到当时的中国空军是很不令人满意的。这支空军害已胜于克敌，完全控制在意大利人手中，据说有五百架飞机，但能飞的还不足一百架，腐败之风太盛。陈纳德一针见血地指出：“意大利人简直是在竭尽全力危害中国。”他还笔录了一些细节，在后来的回忆录中又重新加以了整理。他说：“意大利人尽管在中国航空界掀起了一场很大的风浪，他们在加强中国空军实力方面，实际是一无所成。意大利人在洛阳创办的空军学校是独一无二的，每一个空军学生只要习完正式驾驶的训练课程，不问其能力如何，都可以毕业。……中国的空军学生，乃系由中国的上层阶级的家庭选拔出来的；当他们被美国人主持的杭州空军学校淘汰出来时，便引起他们的家长对蒋委员长的抗议，使他困恼万分。而现在意大利人的这种教育方针，刚好解决了这个中国的社会问题，却毁了中国的空军。”又说：“中国航空委员会的离奇古怪的办事方法，也是意大利人订下来的。从来没有一架飞机因任何原因而在

---

① 〔美〕杰克·萨姆森：《陈纳德》，东方出版社 1990 年版，第 15 页。

正式簿册上注销。有些飞机已经全毁，已经拆毁或者竟完全是废物，可是仍列在飞机的簿册上，因此在纸面上看来，空军的实力简直惊人。……其结果是当中国抗战开始时，航空委员会簿册上登记的飞机有五百架，但是只有九十一架可用以作战。”这是陈纳德在视察一周后所发现的情况。“他既厌恶又懊丧。‘我对这里的情况感到可怕。要是我不愿为中国服务，我会回家去的。’他在日记中写道，‘空军对战争一点也没准备，我会尽力而为，并助以一臂之力。’7月7日陈纳德去参观洛阳的意大利航校时听到日本人攻打北京附近卢沟桥的消息。后来的事态表明这是中日战争的开始。陈纳德立即致电蒋介石：他愿以任何身份为中央政府效劳。”① 端纳向陈纳德介绍了当时中国政治生活中的事实，“从孙中山创建共和国开始，谈到了蒋介石如何上台及其出身，详细介绍了宋查理一家……还介绍了各军阀以及其中一些可能忠于中央政府的军阀……还扼要介绍了少帅张学良绑架蒋介石、蒋的被释放和少帅的政治流放。”端纳对陈纳德说：“委员长是权欲熏心的，必要时，他会很狠心的，可他是一个爱国志士……至于夫人，尽管她是妇道人家……却像钢铁一样坚强。她像委员长一样，在政治上很有抱负，权欲极强。打赢战争对她来说是至高无上的事。你只跟委员长和夫人打交道，其他人都是听命于他们的。”据“飞虎队”成员回忆：“陈纳德在中国期间一直遵循这些忠告。”

接着，宋美龄邀请陈纳德赴江西庐山参加了会议，陈纳德第一次同蒋介石打交道。

陈纳德回忆说：“蒋委员长在他那座平房里挂着帘子的走廊上接见我们。这座平房，隐在松树丛的阴影之中，蒋夫人向他介绍了我。他微笑着以西方的礼节与我握手相见。”“牯岭这一会议，建立了我和蒋委员长之间的良好关系，以后不论遇着怎样棘手或者不愉快的问题，他总信

① 《陈纳德》，第18—19页。

赖我供给他坦白的事实；只要我能使他相信我的建议于抗战有益，他无不采纳。与他共处时，我似乎成了他衡量是否于抗战有助的唯一准则了——当我使他相信这对于美国驾驶员的救助和获得目标情报有必要的时候，他甚至让我和共党以及其他党派的领袖直接往来。”

“飞虎队”成员杰克·萨姆森在《陈纳德》一书中写道：“几天后他第一次同委员长打交道。他同翅膀不硬的、只有五年历史的中国空军司令毛邦初一起被召到牯岭避暑胜地去开会。……委员长在他平房的装有纱窗的平台上接见了两人。蒋夫人也在座。蒋开门见山，用中文向毛说得很快。蒋夫人翻译。”蒋介石要听听陈纳德的意见，“陈纳德开始谈了。他告诉委员长在最近视察中所见到的情况。他谈到意大利人所造成的损失和空军的糟糕情况。他说到应该按美国方式来训练驾驶员，需要用什么型号的飞机来对付日本人。他谈到要搞一个地面警报网和建立新的简易机场。他没有把眼睛从委员长的脸上移开。他说完后，委员长站起来望着他，慢条斯理地点了一下头，离开了平台，进入了小屋。夫人也点了一下头和笑了一下。……陈纳德赢得了蒋的尊重。在他以后同这个统治者的密切交往中从未丧失过这种尊重。”① 1937 年 7 月 26 日，陈纳德给宋美龄（当时为航空委员会秘书长）寄去了他任职的合同书。于是，陈纳德就在宋美龄的手下（当然亦是在蒋介石的手下）投身于中国的抗战。

第一，陈纳德参与上海、南京、武汉的对日空战。“八一三”淞沪战役爆发后，“蒋夫人问陈纳德该怎么办。空军的飞机已从开封调来保卫南京。陈纳德知道，炮弹是从停泊在黄浦江上的日本军舰上发出的。这些军舰向正在进攻的日军提供炮火支援。蒋夫人要中国空军拿出计划来，可是没有人知道该怎么组织战斗。在美国陆军航空队里搞了 20 年战术训练的陈纳德此时确是如鱼得水。”在《陈纳德》一书中有这样几段文字：

① 《陈纳德》，第 20—21 页。

“他决定将他的寇蒂斯鹰式飞机派去作战，对付日本轻型巡洋舰的俯冲轰炸机，把诺思格普的轻型轰炸机派去对付设在‘出云’号重型巡洋舰上的日本海军司令部。这些舰只都停泊在黄浦江上。

“陈纳德驾驶着一架鹰 75 式单翼战斗机——是蒋夫人为他买的——从南京沿江而下来观察这次空袭。

“那夜在南京，陈纳德在日记中写道：“空袭甚差。丁领导的第五组几乎炸沉了英国的‘坎伯兰号’。……第二组朝外国租界又扔了两颗炸弹。……第四组在杭州附近打下了几架日本轰炸机。日本人袭击时丧失了 12 架飞机。

“翌日，日本人首次空袭南京。……中国的追击机在云层上面嗡嗡作响，等待着来犯之敌。……这场不宣而战的战争已经打了起来。日本人开始升级并认真进行轰炸。……中国人使用其所拥有的有限空中力量尽力加以还击。尽管在飞机数量和型号方面存在极大的悬殊，中国战斗机驾驶员只要一息尚存，干得很好。

“陈纳德投身于保卫中国的机场和城市。他根据他的麦克斯韦尔空军基地的老计划在上海—杭州—南京这三角地带组织了一个地面电话警报网。……日本人在没有护航的情况下对南京接连三天进行袭击。他们一下子损失了 54 架轰炸机。……日本人第三次企图空袭南京时，中国驾驶员打掉了 13 架轰炸机中的 7 架。从此日本人再也不敢夜袭南京了。

“他沉湎于艰苦的战斗，连家都很少顾得上。他为年轻的中国驾驶员的损失感到难过。中国驾驶员不顾敌强我弱，成千上百地英勇献身。许多人不愿从打坏的飞机中跳伞，认为这样做有失面子。

“日本轰炸机一有机会就全力轰炸汉口。它们当时有第一流的战斗机护航，因此，中国战斗机驾驶员损失惨重。……冬末春初，日本人日益接近汉口，人心日益沮丧。中国空军几乎不复存在，只有让俄国人来从空中保卫城市了。……1938 年春，唯一使陈纳德感到汉口有一线光明的是 4 月 29 日天皇生日时的日本惨败。俄国人痛击日机已有几周。

陈纳德知道，日本人会在天皇生日那天进行空袭，所以他要有所准备。……陈纳德派了20名驾驶员用俄国战斗机巡逻城市南边上空，并命令他们拖住日本战斗机，使它们消耗大量汽油。在东边，40架俄国飞机埋伏在高空，等待日本人折回芜湖基地。……（日本）39架飞机中，有36架给打下……”

第二，陈纳德在昆明训练中国空军。武汉失守以后，“蒋夫人面对失败，仍想保存她的一部分空军。至少可在中国内地保持一个不断训练的计划以便与日本机群作战。她命令陈纳德驱车去湘西的芷江，用剩下的几架鹰式飞机成立一所航校。[①] 结果不得不放弃该地，陈纳德在那里呆了几周。“那里有三架鹰式飞机和几个中国士官生在受训。不能洗澡，没有电，只吃中国的乡下饭菜。但将军喜欢这样的饭食，所以他并不挨饿。他晚上靠着一盏油灯打牌。反正，除了吃睡，没多少事可做。”于是，陈纳德给正在香港的宋美龄打电话报告情况，宋要陈去昆明，“尽力把8月间已开始筹建的航校办起来。学校能招募多少年轻的中国士官生，就培养多少。她说，不管要付出多少代价，仗还是要打下去的。”[②] 陈纳德在昆明认真地训练中国的空军，并开始建立了一个复杂的地面空袭警报系统。陈纳德回忆说：“日本对于让中国在不受困扰之下孕育一支空军多少存点畏惧，天气良好，日本飞机似乎每日必空袭昆明。我们在昆明，机场仅有教练机及很少的短程高射炮。在昆明，我们的空军训练须在黎明或者下午四五点钟，因为这两个时间空袭较少，敌人轰炸机炸死军营中的受训学生，炸毁我的房子及炸毙数千市民，我的办公室几遭粉碎。”

第三，陈纳德组织和领导在中国的美国志愿空军“飞虎队”对日作战。1939年10月陈纳德回美国休假，1940年2月重返中国，宋美龄和端纳在香港启德机场迎接他，并向他介绍了他不在期间所发生的一切。

---

①② 《陈纳德》，第45页。

“（2月12日）晚上8时30分他遇到他们时，夫人还像以往那样美丽，穿着一件黑色大衣，围着一个貂皮领子。夫人在介绍空军训练计划时，端纳没有说话。计划进行得不妙，原因是缺乏驾驶员和飞机。好在中国空军已得到一批鹰式75飞机，并已部署在中国的各个空军基地。他们来接他因为他是他们的朋友，希望他能从美国带来一些令人鼓舞的消息，但是，陈纳德没有什么可告慰他们的。”① 1940年夏天开始，日军飞机对重庆实施轰炸，这一年10月中旬，蒋介石与宋美龄派陈纳德赴美国帮助宋子文（此时宋已以中国国防供应公司行政长官名义在美国力求为中国争取到尽可能多的各种物资），蒋、宋给陈纳德的任务是：“尽力弄到更多的美国飞机：战斗机和轰炸机以及驾驶这些飞机的驾驶员。”蒋介石对陈纳德说：“设法照你的意见去实现这个方案②，尽最大力量去买飞机及雇用美国驾驶员。”陈纳德一到华盛顿所办的第一件事是把他收集到有关日本战斗机的情报材料交给陆军情报部门。11月1日，他在华盛顿V街向宋子文的中国国防供应公司报到。1941年夏，陈纳德完成了蒋介石、宋美龄交给他的赴美使命而重返中国。这一年7月开始，美国空军志愿队（中国人把它称为“飞虎队”）赴中国参加抗日战争。“日本飞机对昆明和重庆轰炸了一年多，未曾遇到任何抵抗。1941年12月20日却大为吃惊，他们与保卫昆明的机头上涂有鲨鱼头的P—40飞机遭遇了。美国志愿航空队利用他们的重型飞机实施快速俯冲，使三菱Ki—21型双引擎轰炸机遭到灭顶之灾，日机仓皇逃回河内基地。……此后几个月时间内，美国志愿航空队战功赫赫，闻名世界”。③ 1942年初，宋美龄同蒋介石在昆明巡视，2月28日，宋美龄在欢迎自

① 《陈纳德》，第57—58页。

② 陈纳德的计划是：“在中国建设一小型装备良好的空军，这样可切断日军在大陆上的供应线及其前进部队，并且对其南进攻势亦可予以打击。”罗斯福和丘吉尔支持了这个计划。有的书上说：“正如陈纳德所估计的那样，要向在中国的日本人发动进攻就要有350架追击机和150架轰炸机，并由美国人来驾驶。”

③ 《宋家王朝》，第527—528页。

印缅归来的陈纳德及其“飞虎队”的宴会上发表了讲话。讲话一开头，她说：“在中国国运最严重的关头，你们带着希望和信仰飞越了太平洋来到中国。因为这个缘故，不仅我国空军，而且我们全国都展开双臂来欢迎各位。委员长适才曾道及你们光辉和英勇的事迹，他并且赞誉飞虎队为举世最勇敢的一支空军。”① 接着，宋美龄大加赞许陈纳德说：“陈纳德中校在五年来的抗战中已经作了积极的努力。各位很知道陈中校的为人。你们知道他是多么值得钦佩的一位司令官，他又是如何的大公无私。我对他唯一不满之处就是他对于个人的工作从未感到满意。我再冒昧地说一句，不管现在的工作是多么繁重，他还是以为你们要做得更多。”②最后，宋美龄说：“战争并不是端赖装备、枪炮、步兵或空军的；主要是靠精神或士气。当我一走进这间屋子时，我立即感觉到你们是多么精神抖擞。现在你们打了仅仅几个月的仗，就充满了热忱和血气。这是一种好现象，但是更要紧的便是一天天地更加坚强，同时不论情形怎样，不能消极下来。因为当你们翱翔天空时，你们无异是用火焰在空中写出一些永恒的真理，给全世界都看到：第一，中国人民大无畏的勇气，第二，中国军队不屈不挠的精神，以及第三，中华民族永存不灭的灵魂。因此不论你们做什么事，或到什么地方，永远记住这就是你们不惜远涉重洋来扶持的中华民国。”③珍珠港事件发生后，美国对日本正式宣战，在中国作战的美国空军志愿队编入美国陆军航空队。

第四，陈纳德任驻华空军指挥官，指挥美国驻中国空军特遣队对日作战。

1942 年 2 月 3 日，宋美龄拍电报给陈纳德说：“在美国志愿队编入美国陆军航空队后，你出任驻华空军指挥官，受委员长领导。④ 你的军衔是准将，任务是协助中国人训练中国空军。”之后，陈纳德率领驻中

①②③ 《蒋夫人思想言论集》卷 3。

④ 这时蒋介石已被盟军推举为中国战区最高统帅。

国空军特遣队，在滇缅路以及在缅北展开了对日军的激战，陈纳德同宋美龄的电文来回频繁。5月4日，日军空军为正在接近怒江的装甲部队开道，以50架轰炸机攻打保山。6日，陈纳德致电宋美龄求战："美国志愿队昨天在保山附近打下8架飞机。日本人炸城和机场。……日本人在怒江西岸。桥梁被毁。日本人未遇抵抗，因兵民惊恐，沿公路东撤。我认为，形势无望，日本人可乘卡车直驶昆明，除非将公路和桥梁炸毁，并坚决阻击。许多中国卡车仍在怒江西岸，有被日军缴获之虞，特请委员长核准进攻怒江与龙陵之间的目标。"7日，宋美龄复电陈纳德："委员长指示你派出一切可派出的志愿队袭击怒江与龙陵市之间的卡车和船只等。"8日，陈纳德报告宋美龄说："美国志愿队轰炸了怒江西岸。第二次出击有中国轰炸机支援，袭击了龙陵附近的卡车。敌人无空中活动，但发现大批敌人的空卡车向龙陵移动。今午将痛击卡车车队。未发现炮兵阵地。"9日，陈纳德又致电宋美龄："昨16时40分美志愿队在怒江桥以西5至10英里处进攻日军炮兵卡车队，用的是0.50机枪。许多卡车被焚。不少车辆中弹累累。我机全部返回，惟一架为地面炮火所击伤。未遇日机。今晨云层较低，不宜行动。请告地面形势变化。"12日，陈纳德再电告宋美龄有关战况："美国志愿队昨轰炸和扫射向南行驶的75—100辆日军卡车，车队的后端刚进入畹町市，而其车首在城南。有20辆被焚，不少车辆被击毁。我机受到车队中轻型坦克火力的还击。沿回到怒江的公路侦察时仅发现，隔了较长时间才偶尔有卡车出现。我认为，在畹町以北没有大于营一级的日军。今晨沿怒江西岸也未发现日军踪迹。"上述陈纳德给宋美龄的电报，基本上是一些侦察情况的报告，宋美龄还是感到不满足，一再电告陈纳德说："从周一起，请派美国志愿队在密支那与八莫之间以及英都和辛博之间飞行以保护我在辛博附近的地面部队从西向东横渡伊洛瓦底江，并使敌机无法攻击我军，如可能，请于三次在不同时间每次派3到6架飞机。委员长希望此计划能连续执行5日。"当晚，宋美龄又电告陈纳德："请派飞机了解密支那和八莫有否敌军，因日军声称它们已占领上述城市，还请派机去密支那与八莫之间的辛博了解我军是否已有单位抵达该处。请要求驾驶员观察敌我在上述城市的军队动向。请告美国志愿队，我感谢他们优异的工作。”对此，陈纳德在14日详细电告宋美龄，他无法执行她所交给的任务：“在对形势和各种有关因素进行了周密调查之后，我遗憾地告诉您，志愿队无法执行您5月12日927号来电中所述及的任务，理由如下：(1) 距离太远，从昆明经密支那到辛博再回到昆明共785英里路程，而从昆明去英都和去辛博再回到昆明的距离是897英里。这两段路程均超出了P—40的航程。如云南驿能用作基地，上述距离可缩减到500和600英里。在第一种情况下，P—40只能留在前方约20分钟。在第二种情况下，飞机几乎无法来回。(2) 从昆明到英都的飞行条件迅速恶化。低云和大雨成天不停。为此，我认为，在辛博地区的军队不需要战斗机保护，因为日机由于阴雨，无法经常运作。军队夜间行动或在多云的白天行动不会被日本空袭部队发现或遭其攻击。(3) 尽管可勉强从云南驿进行侦察，但利用云南驿作为基地不切实际。可要求整个志愿队执行来电所示任务，但云南驿无容纳一个中队的居住条件。那里的警报网很不可靠。它的运作原则是安全第一，也无人试图对情报进行估计。如将空军部队驻在该处，它将被迫成天执行预警任务，或者停在机场上，冒被突然轰炸之险。(4) 保山无法用作基地，尽管它位于上述地区的有效航程之内。保山周围的警报系统在该城被炸之前即已失灵。我的一个中队在那里地面上挨过打。自从保山被炸后，没有必要再在那里维持一个可以信得过的警报系统。(5) 美志愿队的飞机的设备均需大修，而飞机均未具备执行如此长久任务之条件。”陈纳德在叙述这五条理由之后，又综合说：“鉴于本地区天气日益不宜飞行，我谨建议，一俟重庆准备工作就绪，即执行迁往重庆的原计划。在此期间，我们可对设备进行大修，并由我驾驶员从印度运来新的飞机。我已开始将指挥部的无线电台和一些设备用卡车运到中部地区的新机场，为时约1周或10天，志愿队便能在该地有效运作。如在指定地区的地面部队的行动能与我空中行动相配合，我深信，将会取得令人十分满意的结果。恭候您进一步指示并重申我们愿给予最大援助的愿望。”虽然如此，陈纳德仍指挥志愿队从昆明基地起飞去进行巡逻、轰炸和扫射。6 月 23 日，陈纳德向宋美龄报告战绩：“昨日美国志愿队在汉口以南江上打坏了日军的炮艇，打毁了 3 只小艇。在与 21 架日本战斗机的战斗中，我们打下 1 架，也可能是 5 架。我方 1 架在衡阳机场被打坏，但可修复，无其他损失。今日天气不好。你可发表上述报道。”7 月 3 日，陈纳德接到了解散美国志愿队的正式命令，这个命令是蒋介石发的。7 月 4 日，“志愿队”在空中纪念它最末的一日，那天它在衡阳击落了敌战机 5 架，又护送着美空军的 B—25 型机去轰炸广州天河机场。这一天，宋霭龄和宋庆龄送给陈纳德一幅蒋介石与宋美龄同陈纳德合影的油画。之后，陈纳德在美驻华空军队任职，与史迪威发生了严重的分歧。陈纳德将他的意见写了十四条给罗斯福总统：

“（1）日本会在中国被打败。

（2）日本会被这样一支小小的空军打败，它在其他战区会被认为是可笑的。

（3）我深信，只要我有全权指挥这样一支空军，我能把日本人打垮。我相信我能拯救千千万万名美国军人和海员的生命，而美国将付出的代价很少。

（4）我想我所说的是有信心的，这不是带着个人考虑说的。我之所以有信心是基于下列事实：自 1923 年以来我一直坚信日本会对美发动战争。我将自己军事生涯中最美好的年华用于研究这一问题；我任中国空军的非官方顾问已有 5 年之久，同时，我以此身份，对日作战也有 5 年之久。去年，我先是指挥美国志愿队，之后是驻中国空军特遣队。我在中国期间，从来没有超过 50 架作战的飞机来对付日本的强大的战斗力量。作为美国志愿队和驻中国空军特遣队的指挥官，我们从来没有在与日本进行的空战中打败过。在我指挥下的这支小小的战斗力量经过核实已消灭了300多架日本战斗机，毁坏敌机约300架。我相信，一共约600架，而我们自己只损失12名美国志愿队飞行员和4名驻中国空军特遣队飞行员。驻中国空军特遣队的轰炸机力量最多由8架中型轰炸机组成。我使用这些飞机，对日本人的仓库、军队和船只进行过25次袭击，而自己从来没有因为敌人的活动而损失一人一机。

（5）我到中国前，中国空军是由意大利顾问指挥的。在美国参战前，我把意大利人请出了中国（因为我认为我们迟早会与轴心国和日本打仗的）。我自信，我得到了蒋委员长和中国高层领导人的信任。……

（6）我现在深信，只要我拥有作为一个美国驻华军事指挥官的全部权力，我不仅能打垮日本，且能使中国人变成美国持久的朋友。我相信，我能培植这种友谊，使中国世世代代成为一个大的友好的贸易市场。

……

（10）为了有效维持上述这支空军力量①，在印度与中国之间一定要建立一条空中补给线。

……”

1943年3月，陈纳德擢升为少将，接着第十四航空队由陈直接指挥。陈纳德说：“自从身为航空队指挥官，个人的工作和生活方式，便大大地起了跟飞虎队、美驻空军游击时期迥乎不同的变化。……我的昆明总部成了永久性质。于是我再作云南的居民。”陈还提及宋美龄和她的两位姐姐经常送一些他所喜欢的食品给他。1944年10月19日，史迪威离华返美，由魏德迈（从锡兰调来）接任中国战区总司令。陈纳德认为：“魏德迈人格完美，待人公正。他觉得在一个坦白而不失尊严的基

① 陈纳德说：“为了打垮日本，我只需要一支很小的美国空军：105架新式设计的战斗机，30架中型轰炸机。在最后阶段（今后几个月内），再要几架重型轰炸机。”

础上来有效地应付蒋主席和其他中国领袖们是可能的，既不能野蛮无礼，也不能百依百顺。”很显然，陈纳德是有极大的偏见。不过，魏德迈支持了陈纳德在华的对日军事行动（如嘉许第十四航空队大肆炸击在汉口的巨大日军基地），“十四航空队自一九四四年十一月被日本人认为无力再战的时候起，至一九四五年五月十五日止，共击毁敌机一千六百三十四架，美机在空战中的损失只十六架而已。在中国上空的日本空军可说已被消灭了”。①

宋美龄邀请陈纳德来华参加主持中国的空军建设与作战。中途虽回国一趟，但他在中国的抗日战争期间基本在中国服务，为中国的抗战尽了一份力。他对宋美龄是有相当好感与信任的。陈纳德在回忆中说：“从此之后，②，我便随她一道工作，经过了那悠长的惨淡的抗战的岁月，其间曾有多少次失败，及至现在抗战胜利，由于和平尚未完成，只令人感到更加痛苦与失望。由于与她共事多年的经验，使我相信，她是世界上最完美杰出和有决断的女人之一。她虽然仪态万方，具有十足的女性美，而在那战争爆发的沉闷的日子里，她却以全力从事工作。她担负起沉重的责任，对于当时空军所有的麻烦问题，沉着应付，她希望空军能赶快成立起来，成为一个真正能有所行动的中国空军。”

由于马歇尔（美军参谋总长）的反对，陈纳德被召回国。1945 年 8 月当中国抗战胜利的前夕，陈纳德离开中国的大后方。陈纳德在回忆中说：“我辞别重庆的那一天是我永远不会忘记的。在我抵达后，蒋主席请我跟他一起住在他的乡间别墅里，我婉却了。”“那天晚上，在一个宴会上，蒋主席把中国最高的青天白日勋章授给我，魏德迈在我的特殊功勋勋章上还加上第二个橡叶丛。在散会之前，蒋主席拉开我，作私人谈

---

① 《陈纳德将军与中国》，第 363 页。

② “从此之后”就是指 1937 年 5 月陈纳德来华会见宋美龄。

话。蒋主席极可看出是很忧愁的。当他像要摸索一个开始的话题的时候，我们漫无目的闲谈一会。最后，他突然说：‘对于这，我真觉得抱歉，倘若蒋夫人在这儿的话（那时她在巴西），她会能够把事情弄得清楚些，我希望你能够明白。’我明白，我告诉蒋主席说，我绝对没有因已发生的种种而对他和他的人民有半点意见。而且，倘若再用得着我的话我甚愿考虑再来中国。”8日，陈纳德离开昆明。陈纳德说：“我带着十二分的愤怒和失意离开中国。”

陈纳德在蒋介石发动了一场新的内战后，还在与联合国善后救济署署长拉加弟亚（Fiorello La Guardia）会谈后，建立了一个“行总空运大队”（CNRRA Air Tillauer）给中国运送救济物资，实际上这是为蒋介石发动的反共反人民的新内战服务。陈纳德虽然也否认了说他“已计划着再组织一个美志愿队，去替政府军打共党”。陈纳德说这是“无中不能生有”，但在事实上，他在大帮蒋介石的忙。正因如此，陈纳德在中国人民的心目中留下一个不太完美的形象。

陈纳德于1958年7月27日在美国去世，只活了67个年头。去世前，宋美龄到医院看望了他，并用熟悉的老军衔称呼陈纳德：“上校，不要说话，这次由我说。”去世后，宋美龄参加葬礼。墓碑后面是用中文写的“陈纳德将军之墓”，这是阿林顿公墓中唯一的中文字。

四、与史迪威相处

史迪威是蒋介石请来担任中国战区的参谋长。

1941年12月7日珍珠港事变发生后，9日，中国正式对日宣战，同时宣布对德、意两国立于战争地位。蒋介石说：“本日发表宣战文告。此种大事，必须从大者远者着想。此次世界大战，必为一整个总解决，断不容分别各个媾和；否则，虽成亦败矣。”美国总统罗斯福致电蒋介石，为中国抗战四年半而重申敬意，并呼吁共同努力打倒日本。同一天，蒋介石致电罗斯福、丘吉尔和斯大林。建议立即在反轴心各国间组织某种联合军事会议。23 日，在蒋介石的主持下，关于东亚的联合军事会议在中国的重庆召开。中、美、英三国的联合作战迈出了第一步。1942 年元旦，在华盛顿发表了由美、中、英、苏领衔的二十六国签署的《联合国共同宣言》，约定“加盟诸国应尽其兵力与资源以打击共同之敌人，且不得与任何敌人单独媾和”。1 月 3 日，蒋介石因罗斯福的提议被正式推举为中国战区最高统帅，担负起中国及泰国、越南地区联军部队的总指挥任务。还有另外一种说法：“为了让蒋介石具有正式地位，盟国单独辟出中国战区，请他担任中国战区盟军最高司令。但是，到目前为止还不打算派盟军到中国作战，这等于是告诉蒋介石他指挥的范围仅限于他本国的军队。”① 蒋介石对此在元月份的《反省录》上写道：“二十六国共同宣言发表后，中、美、英、苏四国已成为反侵略之中心。于是我国遂列为四强之一；再自我充任中国战区最高统帅之后，越南、泰国列入本区内。国家之声誉及地位，实为有史以来空前未有之提高，甚恐受虚名之害，能不戒惧乎哉。”关于中国战区的设立是华盛顿美、英参谋长联席会议的建议，最初计划的战区范围是中国、泰国、越南和缅甸北部，最后决定将缅甸北部划入南太平洋战区，后又划入东南亚战区，其统帅与中国战区统帅地位不同。东南亚战区统帅受美、英参谋长联席会议的管制，中国战区统帅的权责是独立的。蒋介石担任中国战区的统帅后，就电示宋子文（当时宋作为中国代表在华盛顿参加《联合国共同宣言》签字），请罗斯福指定一位亲信的高级将领来担任中国战区统帅部参谋长。蒋介石要求这个人“不必是个远东问题专家，相反，对

① 〔美〕巴巴拉·塔奇曼：《史迪威与美国在华经验》，陆增平译，商务印书馆 1985 年版，第 335 页。

军阀统治时期中国军队情况十分了解的军界人士，如果他们还是按照老观点看待目前的国民军，那是不利指挥作战的”。美国人评论说：“蒋介石的电报的含义是很明显的。他希望给他派一位顺从但在国内有很高地位和很大影响的人，不希望给他派一位卓有见识以致会对中国的要求提出批评的人。简单地说，就是想要像德鲁姆将军这样的人。”①

1942年1月29日，美国陆军部根据美国参谋总长马歇尔的推荐，发表了史迪威担任此职。史迪威受命后，忙于研究有关中国的文件，凑集参谋班子，拟写申领清单，长时间与宋子文（宋是1941年12月23日被任命为外交部长）和中国国际物资供应小组人员交谈。2月11日，史迪威及其随行人员飞往迈阿密，飞机两次起飞都未成功，他们第三次终于在13日那一天离开了美国，经过加勒比海到南美洲，越过大西洋到非洲，北上抵开罗，然后向东经过巴勒斯坦、伊拉克和波斯湾，于25日到达印度的新德里。当时战争形势是：“如果德军突破中东，日本突破印度，德日军队会师的可怕景象不是不可能出现的，缅甸成了至关重要的地方。”在史迪威到达印度之前，蒋介石为了联合印度共同抗日，访问了印度。3月3日，史迪威等人踏上了他们的旅途的最后一段，离开加尔各答前往重庆。途中在腊戌，史迪威住在“传教士建造的，专供外国人聚会的“酒馆”大饭店里”。② 此时，宋美龄随蒋介石也住在这里，蒋介石是专为指挥缅甸战役而来的。蒋介石与宋美龄接见了史迪威。蒋介石的态度诚恳而又友好，严峻得像一块磨光的石头，脸上挂着与他眼神不一致的强装出来的笑容，看不出他有没有苦恼和焦虑。史迪威在腊戌还见到了他的老朋友商震（当时任总参谋部外事局局长，负责和盟军的联络工作，据说是中国唯一能说一口流利英语的高级将领），紧接着，史迪威又踏上前往中国的旅程，在昆明见了陈纳德，谈了关于

① 《史迪威与美国在华经验》，第342页。

② 称其为“波特酒家。”

把美国航空志愿队编入空军部队的问题。然后飞达重庆，住进了拉铁摩尔曾住过的宋子文建造的一座西式房子里。

宋美龄与蒋介石要史迪威在中国干一些什么?

首先，“授权”史迪威指挥缅甸战役。

1942年3月6日，“史迪威带着指挥权问题上的‘巨大精神负担’去向蒋介石报到”。几天后，蒋介石在黄山别墅举行宴会招待史迪威，并讨论了缅甸战役问题。史迪威认为，发动攻势能够拯救缅甸，而且能使中国人恢复自信心。11日，蒋介石向史迪威保证说：“今天早上，我已下了命令，要第五军和第六军听你指挥。”他还说已经告诉那两个军的军长杜聿明和甘丽初以及总参谋部林蔚“绝对服从你的命令”。于是，史迪威就到了缅甸，结果这两个军无动于衷。17日，史迪威又返回重庆说服蒋介石派出中国部队。这样，使战机失去，史迪威说：“仅说服委员长派出军队就耽搁了那么多时间，以至我们本来可以在缅甸得到的机会已经无可挽回地失去了。”史迪威不仅受杜聿明、林蔚的牵制，连军需署署长也不全听他的。宋美龄写信给史迪威，转达蒋介石的“希望”：“他希望再次向你强调应该实施‘纵深配合战术’。”有一天，史迪威竟收到了三封信①，其中主意几经变化。史迪威感叹地说：“主啊，被绳索拴着的指挥官，其精神负担该有多重啊!”于是，史迪威又到了重庆同蒋介石会谈，宋美龄建议蒋介石亲赴腊戍一趟。4月1日，宋美龄随同蒋介石和史迪威一起回到缅甸。“英国人用标准的礼仪欢迎委员长夫妇，缅甸步兵队吹奏起风笛。蒋介石在眉苗向亚历山大保证说‘史迪威将军全权指挥中国军队’。次日，他召集中国指挥官，当着史迪威的面要他们必须绝对服从史迪威的命令，并说‘我②完全有权提升、任免和惩处中国远征军的任何军官（上帝!)，这是中国历史上的一个新调

---

① 信是放在一个专用信箱内，由重庆至腊戍的班机送到缅甸。

② 这里的“我”是指史迪威。

门’。史迪威同蒋委员长夫妇手挽着手，满面笑容地合影，以供报界发表。”① 当宋美龄与蒋介石离开缅甸时，宋美龄给史迪威留下一罐果酱和一封信。信中说：罐中的食品代表着生活的甘和苦。她向史迪威保证：“我支持你……我在线的另一端……你前面摆着一项男人的事业，而你是一个男子汉。我要补充说，你是一名多么出色的男子汉啊!”最终，缅甸战役还是盟军失败。败因是多方面的，有“日军的空军优势最有破坏力”、“日军的主动精神”，有“英国人早已把缅甸勾销了”，当然，也有“愚蠢的毫无生气的指挥”、蒋介石的“插手”。4 月 16 日，史迪威在给妻子的信中说：“我想，我们很快会在日军的进攻面前败北。”5 月 24 日，史迪威对一群记者说：“我声明，我们遭到了一次沉重打击，我们撤出缅甸，这是一个奇耻大辱。我认为，我们必须找出失败的原因，重整旗鼓，胜利地返回缅甸。”6 月 3 日，史迪威到了重庆，宋美龄与蒋介石并不因为缅甸战役的失败而冷淡了史迪威，还是非常热诚地接待了他。蒋介石还邀请他到黄山过周末。史迪威把缅甸战役的“全部”事实告诉了蒋介石与宋美龄，史迪威指名道姓地提到一些人（史在给美国陆军部长史汀生的信中说“很多中国高级指挥官应该枪毙”，建议枪决第六军军长甘丽初和两名师长、一名团长），提出整编军队。

其次，指使史迪威去争取美援。

缅甸失陷后，1942 年 5 月 25 日，蒋介石向美国警告说，除非中国亲眼看见了盟国援助，否则“他对盟国的信心将彻底动摇”，这可能预示着“中国的抗战会彻底崩溃”。事先，在 23 日，宋美龄已经写信给美国租借物资管理局局长劳克林·柯里，说中国的士气“从来没有像现在这样低过”，还说蒋介石也是“第一次”感到悲观。于是蒋介石与宋美龄就要史迪威去争取美援。蒋介石认为：史迪威作为他的参谋长，其职

---

① 〔美〕巴巴拉·塔奇曼：《史迪威与美国在华经验》，陆增平译，商务印书馆 1985 年版，第 398 页。

责就是为他搞到他所需要的物资。具体要求是：提供一支有五百架战斗机的空军部队，和通过驼峰航线保证这支部队得到作战所需要的一切物资和装备。当美国认为无法兑现时，蒋介石十分恼火地认为："身为参谋长的史迪威这样做简直是玩忽职守"，"一个外国人不能从自己的国家获得所需的物资，显然是没有向国内施加影响的结果"。对此，宋美龄也曾怒不可遏地说："每次英国人吃败仗，都把中国人的装备拿去抵挡，如果总是这样，中国没必要再打下去了！"最后，她以一种最后通牒的口吻说："委员长要盟国就中国战区有无存在和支持的必要作出'是'或'不是'的明确回答。"过了三天，宋美龄又同蒋介石正式提出带有截止期限的"三项要求"："一、美国于八、九月间调陆军三师到印度。重新打通经缅甸到中国的交通线；二、自八月起美国从中国出动作战的飞机要达五百架，而且以后需要一直保持在这个数目上；三、自八月起，空运队每月保持五千吨之运输量。"蒋介石与宋美龄又说，如果这几项"最低要求"得不到满足，中国只好"取消"中国战区，"重新调整"自己的立场，"另作安排"。史迪威表示"非常愿意"将这些意见向美国政府报告，但宋美龄还要史迪威在这些意见上"附上他赞同的意见"。这时，史迪威拒绝了，因为他"不愿意支持一个向他本国政府发出的最后通牒"。宋美龄十分恼火，指责史迪威，还把秘书叫来，要记下史迪威的每一句话。史迪威当然不吃这一套，他向宋美龄解释了当时运输条件的不具备，她才明白了一点儿。后来，罗斯福给蒋介石写了一封信，答应在不远的将来给予解决，美国陆军部在史迪威的强烈要求下，赞成在向中国提供租借物资时提出交换条件。罗斯福不喜欢这样讨价还价，认为向一被围困的盟国提出条件是不慷慨、不大方的举动。陆军部向总统建议在翌年发动缅甸战役和按照史迪威的提议，以中国参战和整编军队为条件，向中国提供租借物资。不管怎么样，美国还是答应了蒋介石与宋美龄提出的三项要求，只是未同意美国派部队参战的内容。罗斯福于 10 月通知蒋介石，自 1943 年起，将派出一百架运输机，每月经驼峰航线空运5000吨物资，另外还将向中国战区调拨265架作战飞机。罗斯福没有提出什么“交换条件”，只是强调说要“改组军队”。同时，罗斯福认为史迪威与蒋介石的关系“非常紧张”，建议马歇尔把史迪威撤换，“他在其他地方会比在中国更加有用”。马歇尔不同意罗斯福的意见，认为：“找不到比史迪威更合适的人选了”，“担负重新打通缅甸重任的人必须是一个美国人和一个能够率领部队作战的统帅，而不是一个‘只会与重庆发展和谐关系的’协调者和物资供应者”。

第三，要史迪威指挥夺回缅甸的战役。

在缅甸失败的时候，史迪威已经在制订收复缅甸的战役计划了，因为他认为“缅甸仍然是中国与外界联系的主要走廊”。他深信“中国必将成为对日作战的最后战场”。这一计划的要点是：“把中国部队运往印度，由美国训练和配备武器，使之成为收复缅甸的特遣部队。”“主力部队从印度发动进攻，其他中国部队从云南采取辅助行动。”中间经过几多周折，1943年12月20日，史迪威前往缅甸前线，他看到“只有他亲自出马，中国人才会发起进攻，这次战役才有可能取得胜利”。这次，史迪威这位年逾60岁的老将在缅甸前线呆了七个月，中间只到德里和重庆作过一两天短暂旅行，他把全部精力都投入了这场夺回缅甸的战役。由英美参谋长联席会议批准的代号为“首都”的作战计划规定：丫军[①]越过萨尔温江，在东面与敌人作战；英国第四军前进至钦敦江，在西南与日本人交战。这样就可以控制住缅甸北部，防止日本人干扰史迪威部队的行动。与此同时，史迪威部像一把尖刀直插缅北地区，作为开辟中印公路的先头部队。史迪威又克服种种困难、阻挠与周折（例如缅甸战役正激烈进行的时候，丫军却按兵不动，连罗斯福都敦促蒋介石立即行动）。1944年5月17日，盟军部队夺取密支那机场，这是日本在东南亚的一个重要据点。正如有的书上评述：“这一仗是史迪威两年来屡

① 丫军是中国的军队。

遭挫折后取得的第一个胜利。这对于他焦虑不安的心灵犹如甘露。”①蒋介石受到密支那之役的鼓舞，也加强了在缅甸的行动，6 月 16 日攻下加迈。十天后，史迪威的部队和第七十七钦迪突击旅同时从南面发起进攻，攻占了孟拱。除了孟拱和密支那之间一小块地区外，一直到伊洛瓦底江的整个北缅都处于盟军控制下。8 月 3 日，经过 75 天的围攻，盟军终于攻克了密支那。史迪威感叹地说：“在这个世界上我可以无忧无虑了，终于能享受几分钟的平静。”

这样一位出色的忠于中国抗战事业的将领，最后蒋介石为什么要逼走他呢？罗斯福曾对此作出了“此地无银三百两”的解释：“这完全是由于性格不合的缘故。蒋介石和史迪威将军‘有过一些争吵’——哦，已好久了——前几天，争吵终于结束了，这不涉及到政治，甚至未涉及到中国的政治。这与战略与政策、与租借物资，或通过驼峰航线运送的物资，与赫尔利、纳尔逊、与高斯的辞职，与‘所谓的共产党’都没有关系。这完全是‘个性问题’。”实际上，史迪威在中国抗日战争紧要关头离华正是罗斯福说的“都没有关系”的问题所致。首先，史迪威的确看透了蒋介石，向他指出问题所在，催他采取行动并强迫他改革。史迪威说：“我把真实情况告诉了他，我向他提出各种各样的弊病。我就军队的情况向他提出警告。我告诉过他，这一切应如何改正。这一切他都不予理睬，对他的军队的可悲状况视而不见。这是对他本人、他的军政部和总参谋部的严肃的起诉。”史迪威认为：“不除掉蒋介石，美国在中国就什么事都办不成。”其次，史迪威的确发现中国共产党及其领导的抗日武装是积极抗日的，应该支持他们，史迪威在给赫尔利的一份备忘录中直截了当地说：“第十八集团军（红军）是能发挥作用的，对这一点不能有半点的误解，他们可以调到不会与中央政府军发生冲突的地方去执行任务。”史迪威给马歇尔的电报中说：“如果让蒋介石和共产党控

① 《史迪威与美国在华经验》，第 649 页。

制物资，谁会得到，你是很清楚的；谁得不到，你也是很清楚的。但我们必须让共产党得到援助，因为他们愿意抗日。”当时美国援华的军用物资，大量地被蒋介石藏起来准备将来反共之用。美国战略情报局人员在桂林以西二百英里处的独山周围的山里，发现了一个隐藏武器的山洞，洞内有二十多个仓库，每个仓库约有二百英尺长，洞内储存的武器弹药有五万吨，其中有五十门崭新的野战炮和炮弹。最后，蒋介石在9月25日以备忘录一份送请赫尔利转电罗斯福：“今事实证明史迪威非但无意合作，且以为余反为伊所指挥，故此事（任史迪威为前敌总指挥事）因而停止。……如果罗斯福总统指派任何美国将领富于友谊合作精神者，以指接替史迪威将军，余必竭诚欢迎，且将以全力支持其作战。”由于上述这些原因，史迪威依恋不舍地离开了他为之战斗过的中国。

1944年10月，史迪威离开了中国抗战的大后方。10月20日下午五时，史迪威由赫尔利（原美国陆军部长、时为罗斯福总统的个人代表来华协商史迪威指挥权问题）陪同向蒋介石辞行。蒋介石对史迪威说：“余不能与君共事到底，殊为无上之遗憾。但我二人之性格各有所长，不如分地工作，互展其长，继续为打倒共同之敌人而努力也。”史迪威回答很简练。他只请蒋介石记住他的所作所为完全是为了中国的利益，“祝你们取得最后胜利”。事先，蒋介石派人见史迪威，提出授予他青天白日特别勋章。这是中国授予外国人的最高荣誉勋章，史迪威婉言谢绝了。21日，史迪威离华，赫尔利、宋子文和何应钦到机场送行。蒋介石在这一天记的上周反省录上说：“史迪威已得美政府之撤回，此为本年来对外各种困难之症结；且对此事之隐痛，可谓极人生之所未有也。……中、美国交不因史迪威而败，中国抗战亦不因史迪威而败者，殊为莫大之幸运。中、美已误之国交，抗战已颓之形势，皆得由此启其机枪；此后军事、外交与内政各要务，乃可按计划实施矣！”

但中国抗日战争历史上对史迪威的功绩的评价与蒋介石对他的评价大相径庭。卫立煌回忆说，政府为奖赏他“剿共”的胜利给了他四个县的税收，他说：“对于像史迪威将军这样的人，嗨，他们肯定至少会给十个县的。”有的国民党将领给史迪威的信中说：“三年来你办成了不可能办到的事。”甚至有人认为：“许多伟人如果有意识地早死一点的话，他们就更伟大了，例如蒋介石就应该死在史迪威被召回美国之前。”这是含义多么深刻的一个历史的假设，恰恰高度地评价了史迪威的功绩，也指责了蒋介石的错误举动。

五、参加开罗会议

1943年7月至8月间，苏联红军在打击德国法西斯的战争中掌握了主动权并转入了战略总进攻，英美联军也先后取得了北非战役的胜利，击垮了意大利法西斯。德国占领下的法、比、荷、波、捷、挪威、丹麦、希腊、阿尔巴尼亚等国的民族解放运动有了发展。这一年8月，美军在瓜达卡纳耳岛消灭了日本的全部守军，日军丧失了作战主动权，美军转入战略总反攻。在这样的历史背景下，同盟国召开三国（中、美、英）首脑会议，讨论与中国和亚洲有关的重大军事、政治问题，包括联合对日作战计划和战后处置日本问题。这是第二次世界大战期间，同盟国召开的十几次最高级会议中唯一有中国参加的一次。

罗斯福的本意是召开有斯大林参加的美英苏中四国首脑会议。可是斯大林拒绝参加有蒋介石参加的国际会议，因苏联对太平洋战争持“中立”态度，他不愿参加对日作战的国际会议。因此，罗斯福和丘吉尔就决定把一个会分成两个来举行：中国人参加，苏联人不参加的开罗会议，然后苏联人参加，中国人不参加的德黑兰会议。

1943年10月28日、11月1日和11月9日，罗斯福先后三次致电蒋介石，建议在埃及的开罗召开中、美、英三国首脑会议，史称“开罗会议”。为此，11 月 12 日，赫尔利以罗斯福特使身份，为就开罗会议预先交换意见而来到重庆，赫尔利除解释罗斯福的用意之外，并说明：关于亚洲问题，中英两国如有分歧，罗斯福可以第三者的地位从中调解。蒋介石对开罗会议的态度是，一方面，抱“无所求、无所予”。在 11 月 13 日和 17 日两天的日记中，蒋介石说：“余此去与罗、丘会谈，本‘无所求、无所予’之精神，与之开诚交换军事、政治、经济之各种意见，勿存一毫得失之见则几矣。”又说：“余此去与罗、丘会谈，应以淡泊自得、无求于人为唯一方针，总使不辱其身也。对日处置提案与赔偿损失等事，当待英、美先提，切勿由我主动自提；英、美当知敬我毫无私心于世界大战也。”另一方面，就中国方面对于将在开罗会议中提出的问题整理了一个意见：“甲，战略方面之主要提案：(1) 反攻缅甸海陆军同时出动之总计划。(2) 成立中、美、英三国联合参谋会议。乙，政治方面之提案：(1) 东北四省与台湾、澎湖应归还我国。(2) 保证朝鲜战后独立。(3) 保证泰国独立及中南半岛各国与华侨之地位。丙，筹建战后有力之国际和平机构。丁，对日本投降后处置之方案。戊，中、美经济合作之提议。己，对美租借物资之提案。”11 月 18 日，宋美龄随同蒋介石和王宠惠（国防最高委员会秘书长）、商震（军事委员会办公厅主任）、林蔚（侍从室第一处主任）、周至柔（航空委员会主任）、董显光（中宣部副部长）、俞济时（侍卫长）等 16 人，自重庆乘飞机启程，飞往开罗，途经阿格拉、喀拉蚩各留宿一夜后，于 21 日在开罗郊外的培因机场着陆，旋即乘车穿越开罗市区，抵达设在金字塔旁边的会场——米内饭店。在该饭店附近新设有高射炮阵地及雷达基地，并驻有英军一旅，戒备森严。史迪威和陈纳德都参加了这次会议，蒋介石是希望史迪威在开罗会议上“力陈中国在战胜日本过程中的军事作用，说服大会接受中国所提出的要求”。为此，蒋介石一面接受了史迪威替中国起草的计划，准备在开罗会议上拿出来。这份计划分两个部分，先是介绍蒋介石的一些打算，然后是向盟国提出的一些要求，“史迪威的抱负在这份计划中得到了充分体现”。另一方面派宋美龄拉上宋霭龄去做史迪威的工作，希望他在即将举行的开罗同盟国会议上能为中国多多美言，请他出面“帮助协调好中国和其他大国的关系”，宋美龄姐妹俩还向史迪威保证，她们将努力使他在中国的所有建议都能实现。

11月23日，开罗会议开幕。罗斯福满怀热情，丘吉尔半心半意，蒋介石则是抱着讨价还价的目的要求罗斯福增加军用物资和贷款（会后提出了10亿美元的要求），整个会议是关于远东战略问题的辩论。这是一次规模空前的聚会，所有知名的英美军官都参加了。据史迪威记载，因为会议人数太多，以至于“浴室都紧张起来了”。会上，在这些都穿着军装的出席者中，宋美龄是唯一不穿军服的女性。史迪威描绘说：“宋美龄穿着一件绣着金色菊花的紧身黑缎旗袍。她的头发上和露出脚趾的高跟鞋上，用黑色丝带打着蝴蝶结，她尽力以她那优雅举止和旗袍开衩处一闪一闪地露出的匀称的腿来吸引与会者的注意力。”会议一开场，首先由罗斯福致词。继之，由蒙巴顿（东南亚盟军最高统帅）报告英国方面在拟议中的反攻缅甸计划。英国的计划是：“在1944年元月中旬，中国军向缅甸北部、英军向缅甸西部同时进攻，预期在四月间收复北缅。”但中国方面，早就主张应夺回包括仰光在内的缅甸全境，以恢复滇缅路，确保对中国的补给路线。因此，蒋介石向丘吉尔提出：在陆军反攻缅甸的同时，英国宜采用向孟加拉湾出动海军，夺得制海权，切断日军补给线，自南北两面夹攻缅甸的陆海协同作战。丘吉尔当即以积极态度答称：“英国海军集中时期，当在春夏之间。”接着又说：“海军集中，事关机密，不便在此宣示，其详细内容，容俟面告。”会后，蒋介石三度与丘吉尔晤谈，以谋早日见诸实现。

当晚，宋美龄随蒋介石同罗斯福会谈，罗的秘书霍普金斯在场。会谈的主要议题有三个：一是关于日本的天皇制应予保持还是废除，蒋介石认为：“不能再让其起来预闻日本政治以外，至于他国体如何，最好待日本新进的觉悟分子自己来解决。”关于日本的占领问题，蒋介石认为："此应由美国主持，如需要中国派兵协助亦可。"二是关于东北与台澎应归还中国，蒋介石认为："东北四省与台湾、澎湖群岛，应该归还中国；惟琉球可由国际机构委托中、美共管。"关于朝鲜问题，蒋介石认为："使朝鲜人民达成独立之目的。"三是关于国、共问题及香港问题、罗斯福建议组织"国共统一政府"；香港之归还中国，也以"组织国、共统一政府为条件，允为努力促其实现"。

蒋介石同罗斯福的这次会谈未作正式记录。根据1957年台湾向美国国务院外交文件编纂处提供中方记录英译文："关于中国的国际地位：罗斯福表示，中国应取得四强之一的地位，并平等地参加四强机构，参与制定该机构的一切决定，蒋介石答称，中国将欣然参加四强的一切机构和参与制订决定。关于中国的领土；蒋罗双方同意，日本用武力从中国夺去的中国东北四省、台湾和澎湖列岛，战后必须归还中国。经谅解，辽东半岛及其两个港口，即旅顺和大连必须包括在内。罗斯福一再问，中国是否想要琉球群岛。蒋介石答称：中国愿由中美两国共同占领该群岛，最后，在一个国际组织的托管下由两国共管，罗斯福还提出香港问题，蒋介石建议，在进一步考虑之前，请罗斯福跟英国当局讨论一下这个问题。"

在开罗会议上，宋美龄嫌官方译员未能把蒋介石的看法准确地表达出来，于是她亲自把蒋介石所说或马歇尔对蒋介石所说的每一句话都重新翻译一番。

26日，《开罗宣言》定稿，蒋介石在这一天的日记中写道："与罗斯福会谈至四时半，丘吉尔、艾登（英国外相）、贾德干（外次）、哈里曼（美驻苏大使）及王秘书长宠惠（国防最高委员会秘书长）皆到会。""彼等已将公报（宣言）草案商讨修正，乃即由艾登在会中朗诵一遍，余与罗、丘二氏皆同意，遂作为定稿，惟须待罗、丘与斯大林于德黑兰会谈完毕后，再约期公布；余允之。"12月3日，《开罗宣言》正式发表，蒋介石在4日的日记上说："昨日发表开罗会议公报以后，中外舆情无不称颂为中国外交史上空前之胜利。寸衷唯有忧惧而已。"

从总体来看，此次开罗会谈，是有利于中国和亚洲殖民地人民的。在此基础上发表的《开罗宣言》也是有积极意义的。

关于会议的经过，蒋介石的日记上记下了有关宋美龄的活动：

“十一月二十一日（星期日）上午七时零五分开罗时间，乘飞机自喀拉岂抵开罗市外之培因机场（Pa－YneField）来迓者陈纳德将军及美国第九航空队军官等，美空军站长备汽车，由陈纳德将军前导，经开罗市区至尼罗河西岸十五公里之米纳饭店议场，由该议场英军人员迎接，引导至第一号别墅官邸驻节。……十时，英国中东事务大臣加塞（Casey，Richard G.）来访，表示未曾预知到达时间之歉意，又因蒋夫人目疾未愈，欲代约医生来诊，由王秘书长宠惠婉谢之。……十一月二十二日（星期一）……下午一时，霍普金斯来访，谓罗斯福总统早间已抵开罗，约主席及夫人，下午在罗斯福别墅相见。……十一月二十三日（星期二）……九时，赫尔利大使来，谈中英美在缅军事合作事，夫人同见，蒋主席以斯大林是否到此与罗、丘相见为问，赫尔利以斯大林不来开罗对。十一时，偕夫人率商震、林蔚、朱世明出席罗斯福官邸第一次高峰会议。……（下午）七时半，偕夫人同王宠惠赶罗斯福总统晚宴，十时半归，并约明日续谈[①]，霍普金在座。……十一月二十四日（星期三）……十午四时半，霍普金来，谒蒋夫人后与王宠惠会商开罗宣言内容，王秘书长译后呈阅，经奉指示，修改后始核定。……十一月二十五日（星期四）……上午九时半……丘吉尔首相偕蒙巴顿将军及艾登外相来访续商反攻缅甸问题，委员长劝丘吉尔提早海军登陆之时间，未获具体结果。上午十一时四十五分索谟威尔来，迎往罗斯福官邸，参加三国领袖摄影，蒋夫人、王宠惠、林蔚同往摄影时，罗氏让蒋主席坐中位者至再，蒋主席坚辞，乃自坐其右侧，丘吉尔坐左侧，最后，邀蒋夫人同坐。（英国幕僚霍立斯将军叹曰：惜无人让我首相中坐。见James Lea-

① 有的材料说当晚就谈话，有董显光之记录10项。

sor. The Clock With Four Hands，p. 263）摄影后王宠惠再访霍普金斯，讨论开罗宣言稿。……下午四时，偕夫人赴罗斯福官邸会议。罗斯福次公子在座。……十一月二十六日（星期五）……上午十一时十分，蒋夫人赴罗斯福官邸商谈。午十二时，约金上将午餐，夫人在座，商震、林蔚、周至柔、杨宣诚、朱世明均作陪，金上将对于派遣学生赴美研习海军，表示欢迎，并愿负责教育。……下午三时，偕夫人赴罗斯福官邸会议。……十一月二十七日（星期六）……晚十一时，偕夫人乘机起飞，三小时后（二十八日晨二时）第二批随从人员起飞。……”①

罗斯福的日记上也简单地记下了宋美龄的活动：

“十一月二十二日（星期一）上午九时三十五分，自突尼斯飞抵开罗英空军机场，比预定时间迟一小时半。……下午，丘吉尔首相、蒋主席及夫人相继来访。……十一月二十三日（星期二）十一时，苏俄外次长维辛斯基来谒，丘吉尔偕女公子来，蒋介石夫妇及随员商震、林蔚、朱世明同来。……（下午）八时至十一时，宴蒋介石夫妇②。……十一月二十五日（星期四）……（下午）四时，蒋主席夫妇来会谈并茶叙③。……十一月二十六日（星期五）上午，蒋夫人来，蒙巴顿来。……（下午）四时半，丘吉尔、蒋主席、蒋夫人、哈里曼、艾登、贾德干等来，开罗宣言定稿。”④

应该说，宋美龄是开罗会议上中国方面仅次于蒋介石的主要参加者，她的作用从某些方面讲是超过了蒋介石。

评论说：“1943 年开罗首脑会议是宋美龄政治生涯的顶点，也是蒋介石走向末路的开端。”在开罗会议期间的一张首脑们的合影照片，的确留下了一段历史的纪念。“尼罗河畔，礼宾官员安排四位著名领袖坐

① 转引自梁敬錞：《开罗会议》，第 81—93 页。

② 有的书上说霍普金在座作陪。

③ 有的书上说罗斯福次公子、王宠惠在座。

④ 《开罗会议》，第 94—97 页。

在一排拍照，意在提高蒋在历史上的历史地位。同样的画面有许多不同的镜头，委员长在照片的左方，依次，第二个是罗斯福总统，第三个是丘吉尔首相，右边是蒋夫人。丘吉尔穿着白色三件头服装，脚着黑袜，口中叼着雪茄，丰满的腿上放着一顶灰色汉堡帽。在他身旁，美龄穿着普通的旗袍，外罩白色短大衣，脚上的鞋子扣着网眼蝴蝶结。（看得出丘吉尔故意不理会她，他似乎正在与镜头外某人打趣交谈；大不列颠从来不认真对蒋氏夫妇，在那里有一出受人欢迎的战时广播喜剧，其中主角叫'捞钱将军'。）最左端的委员长穿一身利落的军服，高高的衣领佩着三星领章；戴手套的双手拿着一顶军帽，上面缀有国民党青天白日的帽徽。在他的身旁，罗斯福穿着双排纽的华达呢服，看上去身体虚胖精神困倦，他的跛腿为拍照摆出不受拘束的角度。他具有老练自如的外交才能，把上身侧向委员长，表情上似乎与对方在某一桩事情上有同样不满的看法。蒋露生硬的笑容，好像在表示完全理解，可是他事实上并不理解。据说，不论罗斯福装着说些什么，只不过是为了给美国人民看的小骗局，而这骗局的影响比他自己想像到的要大得多。"①

在开罗会议之后，史迪威和陈纳德先后离华之前，宋美龄于1944年7月1日离开中国去巴西看望宋霭龄。9月间又转达美国，一直住到1945年9月中国的抗日战争取得了胜利才回国。

① 《宋家王朝》，第562—563页。

第七章
一九四二年风靡美国

"蒋夫人在这次直到 1943 年 5 月才结束的长期访问过程中公开露面时，博得了人们极大的钦佩和欢迎，这是自从林德伯格成功飞越大西洋以来，任何人都没有受到过的待遇，正如威尔基预计的那样，美国人对她'洗耳恭听'。"

珍珠港事变后，反法西斯国家结盟，宣告要"打击共同之敌人"。日本帝国主义在发动太平洋战争后的半年内，先后占领了菲律宾、马来西亚、缅甸、印度尼西亚，一直推进到澳大利亚附近。直到 1942 年 5 月上旬中途岛海战，日军大败，美军才由守势转为攻势。而中国战场上的中国军队却打得很好，沉重地打击了侵华日军。但是，到了 1942 年下半年，盟军在太平洋上展开了正面反击，日军开始节节败退，而中国战场上的中国军队亦节节败退。就在这样的形势下，宋美龄赴美国乞援。

一、 她为什么要赴美？

1942年11月[①]，宋美龄乘坐美国陆军部提供的飞机赴美。

宋美龄为什么在这个时候要赴美呢？一方面是因公，一方面是因私。

因公：

首先是，反法西斯战争中的阵势起了有利于中国抗战的变化。中国战区的建立，对于反法西斯阵营是有相当大意义的。罗斯福对他的儿子埃利奥特说："你想想看，如果中国屈服，会有多少日本军队脱身出来？那些部队会干什么呢？会占领澳大利亚，占领印度，会像摘熟梅子一样轻而易举地占领那些地方，然后长驱直入，直捣中东……那将是日本和纳粹的大规模钳形攻势，在近东某处会合，完全切断俄国同外界的联系，瓜分埃及，切断经过地中海的所有交通线，难道不会这样吗？"作为世界著名资产阶级政治家的罗斯福正确地分析了当时的形势，看到了中国在这场世界性的反法西斯战争中的地位与作用。的确，当时三个法西斯（德、意、日），中国基本上抗击着一个法西斯（日本帝国主义）。更深一层，罗斯福的主要想法是："中国战后应成为一个大国，以填补日本留下的真空。他并不是不知道中国的缺陷，因为他曾向他的儿子承认中国"仍处在18世纪"。尽管如此，这个拥有五亿吃苦耐劳的人民的古老大国是个地理政治事实，虽然它因长期治理失当而蒙受了挫折。罗斯福希望中国将来站到美国一边。"[②] 这就是罗斯福从长远打算，要将中国处于美国的控制之下，让中国依附于美国。所以罗斯福比较聪明地提出，如果中国将来起大国作用，就必须以大国待之。

---

① 有的书上却说：1942年"9月间，宋美龄在成都搭乘美国开来的波音307专机飞往美国"。

② 《史迪威与美国在华经验》，第335页。

尤其是，1941 年底，日本为了牵制国民党军队策应盟军在广州香港方面的作战，并企图打通粤汉铁路解除太平洋西岸陆空威胁，纠集三个半师团七万多人围攻长沙。蒋介石在 12 月 19 日明确指出："敌在湖北集中兵力，此为其牵制我援港作用必然之举也。"24 日，日军分八路渡新墙河，南犯来势凶猛。26 日，蒋介石认为"敌军在湖北进攻，应加注意，彼此后若要保守南洋各地，则打通粤汉路为其战略所必取之举也。"31 日，日军各路先头部队到达捞刀河、浏阳河中间地带，并以其左翼的第四十师团向浏阳河畔金潭渡仙人市各地推进，其第六、第三师团向右旋回对长沙外围攻击。当时蒋介石还有信心地认为："敌寇在湘北发动攻势，且月杪已逼近长沙，如能照余在南岳指出者切实遵行，则此次或可予敌以大打击也。"1942 年 1 月 1 日起，日军向长沙猛扑，国民党守城部队按预定计划始终沉着应战，同时岳麓山炮兵适时以火力支援，予日军以重创。鏖战四天，阵地屹然不动，此时日军攻势顿挫，国民党军队以十个军的兵力，由四面八方，实行总反攻。日军死伤惨重，后路断绝，士气颓丧，乃于 4 日晚突围北窜。日军急调的鄂南援军又遭国民党军队狙击而几全部被歼。13 日，日军残部由长乐街、新开市各处渡过汨罗江，至 15 日晚，新塘河以南日军残部即告肃清，恢复战前态势，是役打死日军五万六千多人。这一次会战是中国军队在日军突袭珍珠港后在中国战场上的第一次攻势，也是盟国在太平洋战争初期一连串失败中首开胜利的纪录。当时英国的《泰晤士报》发表评论说："十二月七日以来，同盟军唯一决定性之胜利系华军之长沙大捷。"伦敦《每日电讯报》也说："际此远东阴雾密布中，惟长沙上空之云彩确见光辉夺目。"蒋介石也十分得意地说："此次长沙胜利，实为'七七'以来最确实而得意之作。"

1942 年 5 至 6 月间，国民党军队在浙赣线上抗击日军的来犯，消耗了敌军的有生力量。"敌军以十余万之众，企图永占我东部沿海各地，以掩饰其败征而削弱其本土空中之威胁，卒至，损兵折将败相益彰，计划被我完全粉碎，且敌此次使用部队达十余单位之多，其东拼西凑力量枯竭之情形可以想见，其崩溃期实已不远”。①

1941 和 1942 两年，中国共产党领导的抗日根据地军民进行无比英勇坚忍的斗争，用鲜血写下了壮丽的诗篇。1941 年作战 1.4 万多次，敌伤亡 13 万，1942 年作战 2.7 万多次，敌伤亡近 20 万。

正是在中国抗战处在僵持而出现有利的形势下，宋美龄抓住这个时机，亲赴美国争取美国政府与美国人民对中国抗战的支援。原先，宋美龄对美国等盟国对中国抗战所采取的观望态度是十分不满的。她曾谴责过美国，也呼吁过美国，她说：“若是大家还是对现在横行中国的罪行视若无睹，这些灾难就不是不可预料的了”，“恕我直言，依我们的浅见，只要是签约国，就该在道义及法律上遵守义务，和其他缔约国一同抵制背约国。中国人也不明白，为什么有人会花这么大的功夫陈述其重要性，而真正的试练来临时，却又认为那算不了什么?”② 宋美龄这些活动并没有使美国的态度起变化，正如有人评论说：“蒋夫人在首次梦幻破灭的震惊之余，指出美国牺牲的不只是理想主义；但是还是无人理睬。”现在机会来了，不仅中国抗战的地位而且中国抗战的威力充分显示出来了。宋美龄就抓住这个有利的时机，赴美呼吁，争取支援。

因私：

由于战争年代的四处颠簸，尤其是 1937 年“八一三”淞沪抗战爆发后，宋美龄仍在火线上服务。一次她在巡视战地时，遇到日军炮火轰击，座车于疾驰中翻车，造成肋骨与脊髓部受伤，以致长久以来，腰背骨头常因气候变化而酸痛。《宋氏家族》一书中有一句有趣的文字：“外国人心目中所创造的这一新的偶像，或者说一对偶像，由于一位粗心的司机的缘故，险些在 10 月 23 日消逝。”这就是指宋

① 何应钦：《对五届十中全会军事报告》。

② 该文发表在美国《纽约先驱论坛报》，有的书翻译为《致美国妇女》（Message to the women of America）。

美龄赴上海前线时由于汽车出了事故，受了伤。到 1942 年，宋美龄因操劳过度，尤其是她的皮肤因长久在外奔波，慢性荨麻疹又复发，在四川那种多雾的天气下，使她苦不堪言。鉴于这种身体状况，宋美龄决定赴美就医。

宋美龄的决定，当时许多人包括她的家人，都加以劝阻。不过，她毅然决然地坚持原来的决定。宋子文（任外交部长）在 11 月 2 日“通过海底电报向霍普金斯要求拨一架专机给蒋介石夫人使用。据宋说，她病情严重，人家极力劝她到美国就医。宋说，如果这一次的飞行可以安排成功，中国政府想请欧文·拉铁摩尔陪她去，并就，蒋夫人一到美国就应立刻进医院，一切官方访问都要推延到她得到医疗之后。霍普金斯马上回电宋子文说，总统听到蒋夫人有病感到极大的不安。目前正在采取办法，以便马上腾出一架飞机把她从重庆接到纽约”。[①] 霍普金斯把这件事转给马歇尔，马歇尔在 11 月 5 日告诉霍普金斯说：“有一架同温层客机将经过卡拉奇飞往中国成都，预定 11 月 12 日或以前到达，以便把蒋介石夫人接到我国。如果不受气候的干扰，飞机返回华盛顿的时间大约是 11 月 18 日。蒋介石夫人在机上有一位医生和护士照顾。机上座位可以允许蒋介石等一共八个人同行，如有新的发展我将随时通知你。”[②] 宋子文为这种迅速的安排向霍普金斯表示感谢，并说“蒋夫人将随带自己的医生和护士”。蒋介石是这一着棋的制定者又是支持者。1942 年 11 月 16 日，蒋介石自重庆致函美国总统罗斯福说：“此次内子之病，承蒙鼎力协助，得以提前赴美早日就医，私衷至为感谢。并得乘此访问阁下与贵夫人，代中亲致敬意，使中更觉无上愉快，一若与贵大总统及贵夫人晤聚一堂也。内子非仅为中之妻室，且为中过去十五年中，共生死、同患难之同志，彼对中意志之了解，并非他人所能及，故

① 〔美〕舍伍德：《罗斯福与霍普金斯》（下册），商务印书馆 1980 年版，第 252 页。

② 《罗斯福与霍普金斯》（下册），第 253 页。

请阁下坦率畅谈，有如对中之面罄者也。余深信内子此行更能增进余两人私交及扩展我两大民国之睦谊也。”①

宋美龄赴美，有点儿相似于“西安事变”时亲赴西安救蒋的行动。目的是为了她那个阶级、那个集团的利益，为了蒋介石的利益；风险是不仅要克服晕机带来的难熬，而且要排除许多人的劝阻。

宋美龄走的时候的情形是这样的：“1942 年 11 月某日清晨四时，一架从美国环球航空公司来的波音 307 型同温层客机‘阿帕切’号，在成都机场检修完毕，待命升空。机头灯光照见一队轿车驶上跑道，后边跟着一辆护车。轿车中出来的有蒋委员长、美国第十航空大队司令莱顿·比塞尔将军，以及其他 15 名中美将校。从救护车中抬出一副担架，上面躺着蒋夫人，被小心翼翼地抬上了飞机。客机的机长科内尔·纽顿·谢尔顿过去曾在中美洲丛林地带飞行。这次为了一名神秘的旅客，他专程从美国飞来，但此时仍不知道乘者是谁。两名美国护士和美龄的 18 岁的外甥女孔令伟也上了飞机。于是机长谢尔顿奉命起飞。这架飞机从美国飞来的时候，越过南大西洋，穿过非洲和印度，一路上发动机常出毛病；南飞越过驼峰时，发动机在寒风中运转得却很平稳。这是第一架没有密封舱的四引擎飞机，而这次机上除蒋夫人一行和机组人员外，再无他人。因此，这是一次很舒适的飞行，然而，平时极为活跃的蒋夫人由于身体状况太差，整个旅途竟没有同谢尔顿交谈一句话。事先他得到命令不要跟夫人说话，原因不明。”②

这架飞机在美国的佛罗里达州降落，宋美龄的身体已有恢复，便坚持要就地过夜。第二天，谢尔顿为了安全起见，换了一架 C—54 型飞机直飞纽约米切尔基地。美国驻华贺恩准将函告蒋介石说：“顷接华盛顿

① 录自总统府机要档案，转引自中国国民党中央委员会党史委员会编印：《中华民国重要史料初编——对日抗战时期》（第三编：战时外交——一、中美关系），1981 年版，第 781 页。

② 《宋家王朝》，第 543—544 页。

来电示知，尊夫人已于十一月二十六日星期四晨抵达佛罗里达州之West palm Beacn。”当时宋子良与宋子安两先生均到机场欢迎，一行预定于当日下午前赴纽约。

二、她在美国干了些什么？

宋美龄到达纽约，罗斯福总统派代表霍普金斯到机场迎接，并随即安排宋美龄住进了哥伦比亚长老教会医学中心哈克尼斯医院。霍普金斯关于这件事写道：“蒋介石夫人否定1942年11月26日星期四上午9时到达米切尔飞机场。我事先安排要飞机只在军用飞机场降落，以便她的到达不易被人觉察，因为中国方面迫切希望不要在她进医院之前走漏消息。她的飞机实际上在1942年11月27日星期五下午2时到达。我迎接了蒋介石夫人，同她一道乘车到哈克尼斯分区医院，那里已替她包了整个第十二层的房间。”（当时为了保密而这样安排，但也足见其侈奢与排场！）“在去医院的路上，她告诉我，她想向总统清楚表明，她到这里除了医疗和休息之外没有其他的目的。然而，接着她就谈起许多关于中国和美国的问题。她首先告诉我，中国人听到日美双方在珍珠港事变前夜还在举行谈判的消息时，他们是多么地不安。每个中国人都害怕我们要把他们出卖，而她本人至少认为多亏我们几个人的干预，才防止了这件事情的发生，因此她对我们这些在政府中主张对日本采取强硬路线并无论如何不要损害中国立场的人士表示深深的感谢。”“她比任何人都有力地表明了自己的信念：对德国的战争和对日本的战争都可以取胜，但取胜之道在于尽我们的一切力量把日本打败。据我的推测，她十分愿意我们能去掉对德的压力。我不去同她作无益的争辩，只是告诉她，我想这样的战略是行不通的。她对于我们海军在所罗门群岛作战似乎表示异常冷淡，显然只关心我们在中国本部的行动。她十分强调要维持中国人民继续作战的情绪。她认为他们的情绪有两次达到过低潮，即珍珠港事变的前夕和缅甸崩溃的时候。”“关于缅甸的事，她明显地对英国人和我们都颇有批评，虽然她并没有讲得那样肯定。她认为，史迪威不了解中国人民，犯了一个可悲的错误，就是强迫蒋介石把他的一个最精锐的师派到缅甸去，结果不久在那里惨遭覆灭。她说，蒋介石是违背自己的最后判断而做这件事的。”“很清楚，她不喜欢史迪威，而对陈纳德表示极端的钦佩。她用了很多时间解释《生活》杂志登载的一篇严厉抨击英国政府的文章。她要我特别读一读这篇文章，以便了解她的观点。”“我告诉她，罗斯福夫人希望看看她，因此安排第二天早晨在医院里和罗斯福夫人会面。由于报界必定会得到消息，倒不如马上发布一条新闻。”①

28 日，宋美龄自纽约致电宋霭龄译转蒋介石说：“妹感（二十七日）由机场进入 Harkness Pavilon 医院，当在机场迎迓有罗总代表 Harry Hopkins（霍普金斯）陪至医院。彼即告罗夫人拟妹下榻后来访，并谓罗氏派伊招待，如有任何效劳之处，直接告知彼，当为办理一切。除表示申谢外，及告因航途辛劳，约罗夫人翌晨十时来谈。”

这件事的具体安排都是由在美国经营的宋家广东银行负责，经办人为宋子安的夫人吴继芸（系宋家广东省银行旧金山分行的 Y·C·吴的女儿，有的翻译为纪容）。

宋美龄在美国干了一些什么呢？

第一件事，她抱病急忙会见美国的一些头面人物。

她虽然患病在身，而且表过态，到美国“除了医疗和休息之外没有其他的目的”。宋子文给霍普金斯的电报中也说“蒋夫人一到美国就应立刻进医院，一切官方访问都要推延到她得到医疗之后”。但是为了赶

① 《罗斯福与霍普金斯》（下册），第 273—274 页。

快打开场面，她急忙会见美国总统罗斯福的夫人，会见霍普金斯，会见罗斯福总统。

到达纽约的第二天（28日），宋美龄就会见了美国总统罗斯福的夫人。这个会见是由霍普金斯安排的。霍普金斯在27日的纪事中提及已安排宋美龄次晨在医院与罗斯福夫人会面。当时，宋美龄虽然身带重病，但依然衣着典雅、华丽，维持她平常最优美的仪态。由于宋美龄高雅的风度和谨慎适度的言谈，立刻赢得罗斯福夫人的欢心。事后，罗斯福夫人对人表示："我很想帮她任何的忙，我要照顾她，说就好像她是我的女儿一样。"这初次会见所交谈的情况，宋美龄在28日给蒋介石的电报中说："今晨罗夫人准时到院，妹表示此次来美尽以私人看病，对美国政府并无任何要求。彼即谓美国朝野人民异口同声对妹极为仰慕，均认妹为全世界女界中第一人物，即彼与罗总统亦素钦羡，此次能有机会相昭，窃心庆幸。魏刚对远东问题完全欠有认识，但对兄、妹二人则颂扬满载。彼续谓罗氏正苦无法与兄讨论各种战后问题，故今钧座如此机会，对诸关系方案均可透彻作谈，尽量交换意见，况现正其时，若妹在战后来美，明日黄花，尤嫌太晚。彼又询我对英态度，妹不作表示，反询彼对英印象。据告此次赴英观察，英国人民之努力实可赞美，若无英国之一阶段的抗战，美情况或较现在必差。彼对丘吉尔则认为彼可为英战时领袖，战后恐不是在领导地位。妹随即向丘吉尔曾谓彼决不作帝国　解最强首相，则当作何解。罗夫人则谓彼对英守旧派之不能随世界趋势进化已作定见。Bevin（倍文）曾告彼，战后英仍不放弃帝国政府，但罗夫人则认为战后民族思想定布全球，任何一民族亦决不甘受他人来支配。彼继即询印度问题并告彼曾有意去印作就地考察，但罗斯福提出要求，不期误会，乃就作罢。继即询印度问题，并谓印度之困难尤为宗教及阶级。妹告此固为其最大问题，但英在中作祟，尤增其严重性也。又告在甘地及尼赫鲁未入狱前数日，我驻印交涉使来电报告，印已准备接受克利浦斯条件，惟只要求兄与罗氏作担保，但因甘禁事寝，兄亦则未电罗氏。罗夫人遂谓应如何改变美人态度，而使美人感激我抗战对美之贡献。妹即谓中国之抗战，乃为全人类而牺牲，今罗夫人既与余不谋而合，真亦称忠。彼闻后极感动，即自动来亲妹颊，并谓希能做妹私人朋友。最后告罗总统拟派现在共和党之主席 Edward Flynn（爱德华·富林）为美驻华大使。彼与罗已有二十五年之历史，且罗对彼甚是信任，虽 Flynn（富林）氏对远东问题完全不谙，但此人尚属可教。例如彼以前对妇女工作之重要毫无关及，今已能体会其重要。临行又允下星期再来访，并拟带 Flynn（富林）来见，请彼酌定。惟妹因医生不准见客，故纽约最重要之诈欺家（似有错误）欲来访问，恐均不能见。今日共谈一小时半左右，所谈极洽。"①

从上述电文可见，宋美龄同罗斯福夫人的第一次会昭，所交谈的归纳起来为五个问题：第一，宋美龄表白了这次赴美的目的，罗斯福夫人表示了美国对宋美龄的称赞。宋美龄说："此次来美尽以私人看病，对美国政府并无任何要求。"罗斯福夫人对宋美龄说："美国朝野人民异口同声对你极为仰慕，均认为你为世界女界第一人物，我与罗斯福总统亦素钦羡。"第二，对英国在反法西斯战争中表现的看法。宋美龄对此"不作表示"或只是询问，罗斯福夫人认为"若无英国之一阶段抗战，美情况或较现在必差"，称赞丘吉尔为"英战时领袖"。第三，对战后世界的看法。罗斯福夫人认为"战后民族思想定布全球，任何一民族亦不甘受他人来支配"。第四，对印度的看法。罗斯福夫人认为"印度之困难尤为宗教及阶级"；宋美龄认为罗斯福夫人说的"固为其最大问题"，但英国"在中作祟，尤增其严重性"，又说："在甘地及尼赫鲁未入狱前数日，我驻印交涉使来电报告，印已准备接受克利浦斯条件，惟只要求蒋介石与罗斯福作担保，但因甘禁事寝，蒋介石亦则未电罗斯福。"第

① 录自总统府机要档案，转引自《中华民国重要史料初编——对日抗战时期》（第三编：战时外交——一、中美关系），第 782、783 页。

五，美国对中国抗战的态度。罗斯福夫人提出了“如何改变美人态度，而使美人感激中国抗战对美之贡献”。宋美龄说：“中国之抗战乃为全人类而牺牲，今罗夫人既与余不谋而合，真亦称忠。”罗斯福夫人听后，“极为感动”。还亲了宋美龄的脸颊，表示希望能做宋美龄的“私人朋友”。

12月4日，宋美龄第二次会见了罗斯福夫人，这次所交谈的情况，宋美龄在当天给蒋介石的电报中说：“今晨罗夫人又来晤谈，其谈话约分四点：（一）在此次战事结束之后，妇女界对世界建设工作实占有更重地位，因妇女负有领导教育青年之责任。并告美国以往之教育诚太广泛，对诸问题大概取怀疑态度，结果大多数者均无最高中心信仰，故极愿与妹协作战后世界妇女工作，并盼妹对彼能有完全信任。谈话中，屡谓如何对妹钦佩，真令妹忸怩异常。妹当答以在未来美之前，虽未亲聆，但对彼之纯洁人格已有认识，故定能予以[①]。（二）彼又告罗总统忽忆及似有一熊姓中国军人在美，托其夫人一询有无接谈之必要。妹因熊式辉为兄特别遴选来美者，并闻熊式辉对美国政府置之不理，极感痛苦，故告罗夫人熊式辉为日本军校毕业生，对日本问题颇有研究，虽不谙英文，但文字障碍可由翻译解决。（三）据罗又告，丘吉尔对俄极为防范，但据彼观察，英人民并无畏苏之心理，即罗本人亦觉苏联已无赤化全世界之野心。（四）罗夫人告，罗总统日前与其通话，为沙罗门岛战争极为焦急，今日予彼之电话兴致似已恢复矣。”[②] 从电文看，主要谈了三个问题，即：第一，关于战后妇女工作问题。她们认为“妇女界对世界建设工作定占有重要地位，因妇女负有领导教育青年之责任”。第二，关于罗斯福有无必要同熊式辉“接谈”。宋美龄向罗斯福夫人提出，“熊式辉为日本军校毕业生，对日本问题颇有研究”，请罗斯福同熊“接谈”。第三，对苏联的看法。罗斯福夫人转告了罗斯福的看法：“苏联已无赤化全世界之野心”。

---

① 原文注明“似有脱漏”。

② 录自总统府机要档案，转引自《中华民国重要史料初编——对日抗战时期》（第三编：战时外交——一、中美关系），第783—784页。

12 月 17 日，宋美龄第三次会见了罗斯福夫人，交谈“甚洽”。

接着，12 月 23 日，宋美龄会见了霍普金斯，“泛谈关于非洲战事及苏联战后之期望等问题”。24 日，宋美龄致电宋霭龄译转蒋介石说：“昨日霍普金斯特由华盛顿飞纽约来见妹，当询从美国内政作谈话要旨，其可注意者如下：（一）妹询以美在非洲出征军械弹契约，彼云非洲联军人数约二十五万，其武器不较德军为劣，且罗总统对非洲事极抱乐观，据美参谋本部预计，定能在一月中将德军在非者完全驱逐或歼灭。妹又询欧洲第二战场何时开辟。霍普金斯云罗总统曾与斯大林多次电讯检讨，斯大林表示只要美在欧开辟第二战场，则不拘任何地点。美参谋本部认为侵欧战略有二：一由意大利进攻；另一取道在土耳其。罗总统以为土国团结一致，可以金钱取得，故在战略上比较直接攻意大利为上策。（二）妹询俄国对于战后有期望否。答俄国拟割据立陶宛、拉特维亚，爱沙尼亚，而对于巴尔干半岛、波兰、南斯拉夫等国，则要求经济优先权，即对非洲及远东，斯大林表示要求善后问题。霍普金斯谓战后即俄进其邻邦领土，罗总统亦决不因之而与俄开战也。但罗总统颇有自信，认为对斯大林定有方法约束与应付之道，深信战后俄国内部必有种种问题，即使抱有野心亦当无力赤化全球。惟斯大林认为战后之德国，必定变为趋向苏俄之国家社会主义。妹认为以上谈话之关键，尽系于此一点，故询以美不愿因他国领土完整而与俄一战，斯大林是否加之。霍普金斯告斯大林为现实主义者，必定取此。并告日、苏双方均不愿起衅，故彼此均极敷衍，近日订立商约，西伯利亚俄运输量每月吨位变本加厉，故美极怕俄将美供给之租借军火输送日本也。（三）霍普金斯再告德近来拉拢日本甚力，其原动力在德。妹乘机探询德国普鲁士之军官可否利用，以图结束战争，使其他各国暂时忍痛。据称罗总统绝不愿为此期有任何谈判。霍普金斯既以此言告妹，亦不与续谈。妹称英、美以前责达尔郎为卖国殃民之罪人，今非洲事件亦已此转变论调，将来未始不可同样利用普鲁士军官也。（四）妹询罗总统与参谋本部认为战争何时可结束。据称 1944 年战事当可结束，若运用得法，1943

年亦有可能。在罗总统判断中，最困难之时期当为胜利后之六个月，并谓最可怕者并非英，而反为美国本身，届时美国内部意见分歧，不听中枢领导。而在霍普金斯之估计中，现能领导者惟罗氏一人。霍普金斯既说至此，妹即谓如此则将来作何准备。据称罗总统对四四年竞选尚未考虑及之。妹继询英国对诸问题取如何态度。霍普金斯告丘吉尔对此种种问题完全不谈。妹询其果完全未曾谈及乎。霍普金斯称丘吉尔屡次对罗总统表示，彼全副精神完全对于战争种种问题，至战后则彼拟退休著书，故毫不闻问。妹综合霍普金斯谈话之印象，妹恐战后英、美、俄又将忙于己身利益，将置我国于不顾。妹意如善为准备，仍可在和议席上争得重要地位也。哀我国家民族徒赤手空拳，亦为兄所怅叹者，惟凭应付得当，或有所成。罗总统周围多智囊，显有准备，妹则单枪匹马，毫无后援，故务须请大姐来助，望兄促其早日成行。”①

1943 年 1 月 2 日，宋美龄又会见了霍普金斯，交谈了中国国内抗日战争的情况。宋美龄在当天给蒋介石的电报中说：“（一）霍普金斯前来访，询中国方面有何消息，妹告云南战线我缺乏飞机侦察敌人动态及轰炸敌军，故未能作反攻。乖谬（似有错误）只能做两国工作，俟有充量飞机后，始能开始反攻。并告兄同盟国在东亚开始反攻，综合缅甸先决条件为：陆、空联军同时由中国及印度反攻；海上由英海军作有效之封锁，三面围攻使敌无转息之暇。若暂不反攻则已，若我同盟国决先反攻，则兄坚决主张非有充分准备，然后须至完成目的方毕，决不能轻举妄动也。妹将此意告霍普金斯，彼当感觉有始有终之精神毅力，及透彻法论之卓济（似有错误）。（二）妹此间对中国战事消息报载所见极鲜，不若在国内想像之多。且妹在报上所见者，彼等谅亦见及，反之，国内认为普通之战息，此间往往完全未闻，如霍普金斯所提者，将来定多，

① 录自总统府机要档案，转引自《中华民国重要史料初编——对日抗战时期》（第三编：战时外交——一、中美关系），第 784—785 页。

若由妹酌告美当局各种较重要之我军事动态，在此一举则已做到我在此宣传机关虽费九牛二虎之力而不能做到者，故为消息正确而免遗笑密切关系计，惟有请兄亲自命所欲告彼等者，饬属不时电妹。（三）霍普金斯又告，英、美参谋部拟在3月1日在缅开始反攻。并告美已派数千技术工兵赴缅矣。罗总统对近来航船损沉数目锐减，极抱乐观。”

宋美龄此次赴美国要会见的最主要的对象是罗斯福总统。事先，宋美龄电告蒋介石，要宋子文一同参与会见。1943年3月5日，宋美龄致电蒋介石说：“妹此次与罗斯福接洽各问题，拟交文兄负责，但其中一部分，罗斯福仍欲经妹直接与兄商量也。详细情形，俟妹返国后面告。为使子文作事容易起见，俟妹西部返来时，应罗斯福之招再赴华盛顿，邀子文加入妹与罗斯福谈话，兄意如何?”5月3日，宋美龄拜会了罗斯福。这次会谈的情况，宋美龄在7日给蒋介石的电报中详细作了报告。电报一开头，宋美龄先谈及：“关于空军总攻计划，兄嘱文兄在华府会议提出各项，文兄无法与罗斯福见面，请妹再赴白宫与罗谈判。事前文兄曾将兄意见告霍普金斯，托其转罗。据复我方要三个月以内空运吨位完全运输空军所需汽油及机件一节，美陆军部不通过，罗不愿反对陆军部意见，故感为难等语。”接着，宋美龄说：“妹于3日早抵白宫，罗夫人亲至门外迎迓，罗夫人对妹身体至为关怀。当晚开始谈判，妹当将兄意转告。据罗复我兄筹划反攻缅甸主张，无法进行，美国军队时向物质往往参加（似有错漏）。盖美军赴缅甸须经英政府应允始可。查在欧美军队均不能进入缅甸，故请妹转请兄负责宣布放弃攻缅甸计划，尽力维持吉大港、利都、阿萨密空军根据地，其他不成问题。妹窥其用意在骗中国上当，但其口气甚为坚决，故当时不与争辩，以免弄成僵局。4日继续谈话，妹当谓如照彼之意见电告，兄决不能赞同。盖缅甸为中国之生命线，我兄对缅甸之重视，不在领土而在运输及经济。况英、美以前屡次公开宣称，决以中国为反攻日本之根据地。北非会议，英、美发表宣言，主张反攻缅甸，若不重开滇缅公路，安能大量军械以接济我军?

倘若变更约诺，兄将何以答复中国人民、军队及舆论？故吾说以利弊，其谈判结果如下：一、既往每月空运吨位分配陈纳德三千吨、史迪威四千吨，希望上述总吨数增至一万吨。二、妹要求供给空军二大队，罗已允照办。据告陈纳德只要四个中队。三、罗允在利都至两部尖纳路线造成时，美方当助我设法打到腊戌、曼德勒，使此路线不再为敌切断。此次谈判之一大收获，即英、美本拟将反攻缅甸计划完全放弃，经妹交涉，现美已允助我维持新路线，虽将来作战并不包括仰光为作战，目下惟为宋罗之诺言，须有人在此善为运用。至详细交涉情形，候妹返国后当再面告，方能有效也。据告美运卡车一千五百辆，现在赴阿富汗途中。四、兄要美派三师赴缅，继谓须俟联合参谋会议席上允诺。妹意因须使美对华发生更多切身关系，故再三竭力交涉，并谓无论英人答应与否，我可允美军赴陪。罗始答应派一师海军陆战队协助抗敌，并允竭力与陆军部洽商其余二师等语。妹乃指出该师所需食料，不能由每月一万吨中拿吨位，罗亦答应。再，妹由马歇尔据悉，英人拟退出反攻缅甸计划，故可断定，罗未奉政府训令，不拟反攻缅甸之说法，尽是英人在中作祟。五、文兄计划要求由美国空运总处拨给运输机数架，供给国内之用，妹认为此种进行方式在心理上不妥。盖罗以前有令所有运输机全部集中美国空运总处，现如请其划拨，岂非使其前后自相矛盾。故妹主张，国内所需运输机，可另由美国供给五架，罗应允照办。总观文兄以前计划，略嫌太过散漫。又据罗称，曾吹嘘哈立法克斯，彼不希望妹至欧，盖恐使妹身体更坏，且德人闻妹在英必派机轰炸，亦属问题也。彼告妹赴英之议，现赴似非时候也，妹已定取消赴英之意矣。罗并请妹于离美国之前再赴华盛顿，俾得继续谈话也。”① 8日，宋美龄又电告蒋介石说：“关于反攻缅甸计划，经妹与罗斯福洽妥，所有反攻时空中堡垒

① 录自总统政府机要档案，转引自《中华民国重要史料初编——对日抗战时期》（第三编：战时外交——一、中美关系），第834—836页。

均归陈纳德指挥，史迪威仅负责陆军防守职务，不参加反攻事宜。此事罗请保守秘密，敬请勿告文兄及其他任何人员为盼。”① 6月25日，宋美龄再致电蒋介石说：“顷晤罗斯福洽商结果如下：（一）罗允洽商二师赴缅甸作战，于九月准备完毕。（二）据告丘②对缅南海、陆、空总攻事仍未热心赞同，虽亦能口答应，但觉其无诚意，届时未必履行。然缅甸原系英属地，中、英、美又为联盟国，罗谓不便迫英实行也。（三）丘心目中仅有英、美、俄三强国，将与中国摒于门外，答询将来与兄会晤时，是否约丘参加，妹答可由罗与兄直接商谈。（四）关于大连、旅顺、台湾，中美海军共用事，罗对兄意表示（似有脱漏），并谓俟中国准备完妥之后，美即可退出。（五）罗意高丽可暂由中、美、俄共管。（六）前国联交日本保管之太平洋各岛，罗意战后可由联盟国接收组织暂时共管之。”③

对宋美龄同罗斯福总统会谈的情况，霍普金斯写了一份备忘录：“蒋介石夫人请我在星期六下午去看她，我同她谈了一个半小时。她说，她同总统的谈话很顺利，她认为她明天同总统的讨论就将圆满地结束她的会谈了，然而我觉得她对这次访问一点也不觉得愉快。她一直坚持应为那里的第十五航空队及时地弄到飞机，并对我说：‘我们不要无法兑现的诺言。总统已经告诉我飞机派到那里去的，他不能使我和委员长失望。’她接着纵谈了她对战后世界的看法，其中的首要重点是我们可以确信，中国将在和平会议上同我们站在一道。这是由于中国信任罗斯福同他的政策，并愿意出于这种信任而预先作出许诺。”备忘录还提及宋美龄“竭力要求”霍普金斯到中国去访问。备忘录又说：“星期天上午，

① 录自总统机要档案，转引自《中华民国重要史料初编》——对日抗战时期》（第三编：战时外交——一、中美关系），第837页。
② 此处丘为英国首相丘吉尔。
③ 录自总统机要档案，转引自《中华民国重要史料初编——对日抗战时期》（第三编：战时外交——一、中美关系），第855页。

我把我同蒋介石夫人的谈话情况告诉了总统，并说她希望当天能对总统推心置腹，把一切都告诉他。”待罗斯福再次同宋美龄会谈后，霍普金斯去问罗斯福，罗斯福告诉霍普金斯，这次会谈“没有什么新的东西”，宋美龄对这次访问“总的情况感到颇为满意”。

第二件事，她在美国发表一系列演讲。

宋美龄在身体稍有好转的情况下，就在美国各地巡游，呼吁对中国抗战的支持。1943年2月9日，她将自己的行程电告宋霭龄说：“妹决定于本月十七日赴白宫。十八日美国国会演讲后赴美国阿灵顿国家公墓向美国无名士兵纪念碑献花，当晚由我大使馆接待。三月一日返纽约，由纽约市长至站迎迓，即赴市政府接受纽约市赠予荣誉公民。二日由我纽约总领事馆公宴，是晚十时半在麦狄生花园向美国民众演讲，美东部八省主席均准备莅席，四日在加乃奇厅向华侨演讲，六至八日赴威尔斯来演讲，十二日到芝加哥演讲。十八日赴旧金山，由市长赴站迎迓，并赴市政府接受该市金锁匙后，检阅海、陆、空军及民众游行及宴会等。二十一日向我华侨演讲，皆往洛杉矶赴宴。拟于三月底或四月初，或赴加拿大以增国光。”宋美龄自我评论说：“妹演讲、宴会之程序当极辛劳，当经为国家加强邦交而增光荣计，当尽为之，惟默祷上苍予我精神及体力耳。”① 并请宋霭龄将电报内容转告蒋介石。蒋介石在12日对宋美龄准备在美国国会的演讲特地电示她说：“对美国国会讲演，照来电所述之意甚妥。此外应注意各点，略述如下：一、中美两国传统友谊过去一百六十年间，毫无隔阂之处，是世界各国历史所未有之先例。二、代表中国感谢美国朝野援助中国抗战之热忱。三、今后世界重心将由大西洋移于太平洋，如欲获得太平洋永久和平，必须使侵略成性之日本，不能再为太平洋上之祸患。若欲达成此目的，必须太平洋东西两大国家

---

① 录自总统机要档案，转引自《中华民国重要史料初编——对日抗战时期》（第三编：战时外交——一、中美关系），第789页。

之中、美两国有共同之主义与长期合作，否则步骤不一，宗旨不明，必授侵略者以隙，如此不惟二十年后，日本侵略者仍将为害于中、美，而且太平洋上永无和平之希望。四、战后太平洋各国应以开发西太平洋沿岸之亚洲未开发之物资与解放其被压迫民族，使世界人类得到总解放为第一要务，盖如此方不辜负此次大战中所牺牲之军民同胞，乃能达到此次大战之目的。五、中、美两国乃为太平洋上东西两岸唯一之大国，亦为太平洋永久和平之两大柱石，此两国同为民主主义之国家，且同为爱好和平之民族，将来太平洋能否永久和平与全人类能否获得真正幸福，其前途如何，实以此二大民主国家之主义与政策如何而定，而其责任则全在吾辈，即此一时代两国国民共同之肩上也。”① 这份电报不能不说是对问题的考虑已经相当周全了，而蒋介石仍不放心，也说明他对宋美龄的演讲十分重视，于是在 13 日又连续给宋美龄拍了三个电报。第一份电报提出了“对美国国会讲演可供参考之点”二点：一是“美国会对于中美平等新约及其撤销在华特权之议案，于十一日一致通过，表示此为中、美两国友爱之基础，无任感慰之意。此点应否提及请再酌”；二是“深信华盛顿总统今日如尚在世，则必主张美国须与东方被压迫之民族共同奋斗，又如林肯总统如果生于今日，亦必如今日罗斯福总统以解放被压迫人类为己任，此乃美国立国平等、自由之精神，亦即耶稣基督博爱、和平之教义，而我中国孔子大同世界与国父孙博士三民主义立国之基本原理也。”② 第二份电报提出了“对美国会讲演之态度及应强调太平洋问题与战后亚洲经济地位之重要”。电报指出宋美龄在演讲中应持不亢不卑的态度：“对国会讲演，语意切不可使听者觉有训示之感，亦不宜有请求之意，只以友邦地位陈述意见，以备其检讨与采择之态

① 录自总统府机要档案，转引自《中华民国重要史料初编——对日抗战时期》（第三编：战时外交——一、中美关系），第 791 页。

② 录自总统机要档案，转引自《中华民国重要史料初编——对日抗战时期》（第三编：战时外交——一、中美关系），第 791—792 页。

度。”同时，电报指出：“应使听众能移其目光，留心于太平洋问题之重要”，“认定日本为中、美两国共同之敌人，非根本打倒不可”。电报一再强调说：“战后亚洲经济地位之重要，若不准备大量开发亚洲，尤其是中国之资源，则战时之机器与资本及技术将无所施用，必致废弃。若能以中国之物资与美国之机器，以中国之人力与美国之资本配合，则中、美两国百年内之经济皆无虑其泛，而世界全人类生活亦必能长足进步，增进其无穷之幸福矣。最好去年一月丘吉尔在美国议会演说全文，嘱董显光兄检查，一加研究其当时之谨态为要。”① 第三份电报是蒋介石将“近百年来美国对华之态度”告示宋美龄。电报说：“自 1842 年鸦片战争以来，在此百年间，中国之领土与主权几被世界上每一国家所剥夺，唯有美国对中国不但无侵略我领土之行动，而且时时领导各国表现其恢复中国之权之事实。”宋美龄接到这些电报后，于 16 日密电蒋介石说：“文、元各电均悉，所告卓见非常感佩。妹向国会及各地演词，当予分别遵照电示，总以维持我国家尊严，宣扬抗战对全世界之贡献，及阐明中美传统友好关系为原则。私人谈判，当晓谕美国当局以我国抗战之重要性；公开演讲，则避免细节，专从大处着眼，以世界眼光说明战后合作之必要。”②宋美龄对她日后的每次演讲的确作了充分准备，《宋家王朝》一书中说：“美龄的每篇讲稿和文章都要改写七八遍，使白宫秘书处的工作人员大为恼火。”

从 2 月 18 日至 4 月 4 日，宋美龄先后在美国众议院、参议院、纽约市政厅、纽约麦迪逊广场、魏斯里大学、芝加哥运动场、旧金山市政厅和洛杉矶好莱坞等处正式发表了七次演讲。“她在国会的演讲，是她最重要的一次公开声明，其内容要点在这次闪电式的访问期间曾多次复述。”③

---

①② 录自总统府机要档案，转引自《中华民国重要史料初编——对日抗战时期》(第三编：战时外交——一、中美关系)，第 792—793 页。

③ 《宋家王朝》，第 548 页。

2月18日，宋美龄用流利的英语、丰富的知识和亲身经历，在美国众议院发表了热情洋溢的演说。她说：

无论何时，余得向贵国国会致词，实属荣幸，尤在今日，余得向一庄严伟大之团体，对于世界命运之形成有绝大影响如贵院者致词，尤属特别荣幸。余向贵国国会演说，实际上即系向美国人民演说。贵国第七十七届国会，从代表美国人民之资格，对侵略者宣战，已尽其人民所信托之义务与责任。此为人民代表之一部分职责，早已在1941年履行。诸君当前之要务，乃系协助争取胜利，并创建与维护一种永久之和平，俾此次遭受侵略者之一切牺牲与痛苦，具有意义。

在未申论本题以前，愿将关于余此次行程略述一二。余自祖国来至贵邦，长途跋涉，观感深切，趣味浓厚。以言余之祖国，则流血牺牲，肩荷抗战之负担，不屈不挠，已逾五年有半。显然，余并不拟申述中国对于共同努力，从残酷与暴行中解放人类所尽之贡献。余试将此行所得之印象，略向诸君陈述。

余首愿确告诸君，美国人民对于分布全球各地之美国作战壮士实足以自豪。余尤念及远处异域偏僻区站，生活至感寂寥之贵国壮士。盖此辈任务，既不能有显赫之表演，亦无振作精神之战事，而系日复一日，仅奉命担负其例行任务，如守卫防御工事，并准备抵抗敌方可能之蠢动而已。有人会谓，亲临阵地，出生入死，犹易于日复一日担任低微单调之工作，余之经验亦复证实此言。然而后一种工作，对于抗战之获胜，正与前一种同属为要。贵国若干部队，驻扎在遥远隔绝地点，非平常交通所能到达。贵国若干壮士，必须用临时赶筑之机场，飞行海面，经数百小时之久，以搜寻敌方之潜艇，往往一无所遇，废然而返。

贵国此辈健儿，以及其他壮士，均系作单调乏味之守候，日复一日之守候，但余曾告彼等，真正之爱国心乃在具有能忠诚执行日常任务之士气与体力，庶使在最后结果中最弱之一环，亦即为最强之一环。

贵国士兵，已确实表现，能沉着坚毅忍受思乡之苦，忍受热带之干燥与酷热，并能保持其准备随时作战之强健身体与精神。彼辈亦属此次战争中无名英雄之列。凡足减轻其烦闷，振奋其精神之一切可能措施均应一一采取。此项神圣责任，自在诸君。就美国军队之饮食而言，固较任何他国军队之饮食为优，但此非谓彼等可长此专恃罐头食物，而健康上不至感受任何影响也。以上所举，殆为战争中之轻微困若；若一念及世界上许多地方尚有饥馑流行，则更觉上述困苦之为轻微。虽然，天下事亦有难言者。扰人心灵使人烦闷者，往往并非为生存之主要问题，而系琐细之刺激，尤其是在单调无聊生活中所受之琐细刺激，足以令人性情暴躁，心魂欲裂。

余在此次行程中所获之第二印象，即美国不仅为民主制度之烘炉，而且为民主主义之胚胎。余参观各地时，曾于数处晤见贵国空军根据地飞行服务人员，在此辈人员中余即发现有为德、意、法、波、捷及其他国籍人民迁往美国后所生之第一代后裔。其中数人，乡音之重，殊难言喻。然而彼辈因共同远征在外，悉数为美国人，悉数忠心于共同之理想，悉数为同一目的而奋斗，悉数为同一崇高宗旨而精诚团结，既不彼此猜疑，亦不互相争竞。此一事实，益加强余向所抱持之信念与信仰；即对于共同原则之忠心，可以泯灭种族之差异，而且各种理想之相同，乃是对于种族分歧最强之溶解剂。

因是之故，余此次抵达贵国，不特衷心毫无惴虑，而且具有一种信心，即美国人民正在建立与实施一种确系其祖先所怀抱之立国典型。此种信心，益见加强而证实。诸君为美国人民之代表，目前有一光荣机会，使汝祖先之开国工作，发扬光大，超越物体与地理限制之疆界。诸君之祖先曾以大无畏之精神，冒不可思议之困难，筚路蓝缕以开发一新大陆。现代人士，无不赞美其精力过人，宗旨坚定，以及成功卓著。诸君今日，当前正有一更无限伟大之机会，可以赓续发挥汝祖先所怀抱之理想，并协助完成解放全球各地人类之精神。为求完成此项目的计，吾侪身属联合国家，必须尽力加强作战，俾联合国早日获得最后彻底之胜利。

中国著名兵家孙子有言，“知彼知己，胜乃不殆”。吾人另有一谚语云：“看人挑担不吃力”。此等名言，来自明哲久远之古代，实乃每一民族所共有，然而仍有一种轻视吾敌人力量之趋势。当1937年日本军阀发动其全面对华战争时，各国军事专家，咸认中国无一线之希望。但日本并不能如其所曾夸称，迫使中国屈膝；于是举世人士，对此现象，深感慰藉，并谓当初对于日本武力，估计过高。虽然，自日本对珍珠港（Pearl Harbor）、马来亚（Malaya），以及南洋一带加以背信无耻之袭击后，战争之贪狂火焰，弥漫太平洋上，而各该地域，相继失守，一时观感，遂又趋向另一极端。于是怀疑忧惧之狰狞面目乃大暴露。世界人士由此遂视日本人为尼采（Nietzchean）所称之超人，在智力上与体力上均超越于其他国人。其实此项信念，乃古皮诺（Gobineaus）派豪斯敦、张伯伦（Houston Chamberlains）派，以及其得意门徒纳粹种族主义派，对于诺逖克族（Nordircs）所发挥者。不宁惟是，就现时流行之意见而言，则又似认为击败日本，为目前比较次要之事，而吾人首应对付者，则为希特勒。但事实证明，并不如此。且即为联合国家整个利益着想，吾人亦不宜继续纵容日本使其不独为一主要之潜伏威胁，且为德玛克利斯（Damocles）头上之悬剑，随时可以降落。吾人慎勿忘日本今日在其占领区内所掌握之资源，较诸德国所掌握者更为丰富。吾人慎勿忘如果听任日本占有此种资源而不争抗，则为时愈久，其力量亦必愈大。多迁延一日，即多牺牲若干美国人与中国人之生命。吾人慎勿忘日本乃一顽强之民族。吾人慎勿忘在全国侵略最初之四年半中，中国孤独无援，抵抗日本军阀之淫虐狂暴。美国海军在中途岛（Midway）及珊瑚岛（Coral Sea）所获得之胜利，其为向正确方向之前进步骤，显然无疑，惟亦仅为向正确方向之前进步骤而已。盖过去六个月在瓜达康纳尔（Guadalcanal）之英勇作战，已证明一项事实，即凶恶势力之溃败，虽尚需时而费力，最后必将到来。吾人站在正义与公道方面岂无英、苏与其他英勇不屈之民族为吾人忠实之盟邦乎？惟是日本侵略恶魔继续为祸之可能，依然存在。日本之武力，必须予以彻底摧毁，使其不复能作战，始可解除日本对于文明之威胁。

贵国第七十七届国会，向日、德、意三国宣战。就其在当时而言，贵国国会确已完成其工作。就今日而论，则有待于诸君。诸君为贵国人民之代表。当有以指示取得胜利之途径，并协助建立一新世界，使一切民族此后得相处于融洽与和平之中。余岂不可希望，美国国会之决心，乃在尽力于创立战后新世界，乃在尽力于准备水深火热之世界所殷切期待之较光明前途乎？

吾人生于今世，有为吾人自身以及子子孙孙建立一较美满世界之光荣机会。所应牢记不忘者，即一方面固不可抱持过高理想，另一方面却亦必须具有相当理想，庶几未来之和平，在精神上不至成为专对战败者之惩罚，在概念上不至以一区域或一国家甚或一大陆为对象，而以全世界为范围，而其行动亦必须合乎人道主义。盖现代科学，已将距离缩短至如此程度，以致凡影响一民族之事物，势必同时影响其他一切民族。

“手足”一词，用中国恒用以表示兄弟间之关系。国际间之相互依赖，今既已如此普遍承认，吾人岂不能亦谓一切国家应成为一集合体之分子乎？吾中、美两大民族间一百六十年来之传统友谊，从未染有误会之污痕，此在世界历史中，诚无出其右者。余亦能确告诸君，吾人渴望并准备与诸君及其他民族合作，共同奠定一种真实与持久之基础，以建设一合理而进步之世界社会，使任何恣肆骄狂或劫掠成性之邻国，不复能使后世之人，再遭流血之惨剧。中国虽明知人力一项，乃一国之真正富源，并需累代之久始能成长，然中国在其反侵略战争中，从未计及其在人力方面所受之损失。中国对于其本身所负之各种责任，深切明了；对于如何而可在原则方面妥协让步以获得种种权益，则从未顾及。中国对于其本身，对于其所珍爱尊重之一切，亦决不稍降品格，而循商场中市侩之行径。

我中国国民，正与诸君相同，不仅为吾个人本身，且更为人类全体，希望有一较佳之世界；实则必须有此较佳之世界。然仅宣布人之理想，甚或确信吾人具有此种理想，尚嫌不足。盖欲保存、支撑，并维持此等理想，有时必须不惜牺牲一切，甚至甘冒失败之危险，以努力促其实现。吾人已故领袖孙逸仙博士所示之训范，已给予吾国人民奋斗前进之毅力。我中国人民根据五年又半之经验，确信光明正大之甘冒失败，较诸卑鄙可耻之接受失败，更为明智。吾人将有一项信念，即在订立和议之时，美国以及其他英勇之盟友，将不致为一时种种权宜理由所迷惑。

这次演说的结束语也十分富有诗意与哲理，并非俗套。她说：

“个人之品德，于困厄中验之，亦于成功中验之。以言一国之精神，倍加真确。”①

同日，宋美龄又在美国参议院作了演说。前一天（即2月17日），美国参议院议员甘纳第自华盛顿致函宋美龄说：“吾人对中国之杰出女性，亦即世界公认之伟大妇女蒋夫人竭诚予以欢迎。中国人民英勇克己，勤劳诚实应可钦敬。在吾人昔日移殖西部之困难期间，即有华工输入，彼时曾引起一部分国人之惊疑与嫉忌，致华工迄未取得合法地位。自1930年，吾国户籍上亦只有华人46129人，而数月之间则有更多数之欧洲人避难来美。余兹趁蒋夫人光临之吉日提出此案，畀华人以进入美国及加入美国国籍之权利。凡与吾人共危难者，亦将与吾人共享胜利之果；凡与吾人交好博得爱敬者，必将取得吾国公民之资格，藉作是项友谊之表征，祝中华民国万岁。并向蒋夫人致敬。”宋美龄在演说的一开头说：“余不知今日将在参议院对诸君致词，初以为仅向诸君问好，略说余乐与诸君相晤，并为我国人民向贵国人民致意而已。不意适值来此之前，副总统临时表示，希望余能向诸君略致数语。”接着她说，“余本非善于致词之演说家，其实余并非演说家；然余亦非绝无勇气。盖数日前，余在海德公园（Hyde park）时，曾参观总统之图书室，其中所见，于余有所鼓励，使余感觉诸君对于余之临时发言，或不至期望过奢。诸君试思余在该处所见者，究为何物？余所见之物颇多，其最令发生兴趣者，即玻璃橱内有一总统一篇演词之初稿，第二次稿，直至第六次稿。昨日偶与总统提及此事，谓知名而公认为优良之演说家如阁下者，其演说草稿之次数，尚须如此之多，殊使余有以自慰。总统答称，彼演说词草稿有多至十二次者。准此而论，余今日在此临时发言，诸君当能谅我。”读了这一段话，不能不感到宋美龄演说的开场白很自然，很吸引人。在谈到正题时，她说：

① 《蒋夫人思想言论集》卷3，第149—157页，以下演讲均引自此书。

贵我两国之传统友谊，有一百六十年之历史，余感觉贵我两民族所具相似之点甚多；余并相信具此感觉者，不仅余一人。此种相似之点，即为吾人友谊之基础。今欲为诸君述一小故事，以表明是项信念。当杜立特将军（General Doolittle）率队轰炸东京归来时，贵国之壮士有不得不跳伞降落我国内地者。其中一人事后告余，彼不得不自机上跳伞而下，及降落中国陆地，即见民众向彼奔趋，彼乃扬臂高呼其所仅知之中国语曰："美国，美国。"若就其字面解释，即为美国之国。该壮士言：中国民众当时高声欢笑，几欲与余拥抱，欢迎状态，有如重睹其久已失踪之昆仲然。彼复告余，彼见我国民众不啻见其家人；而彼之来华，此尚系第一次。余在幼时曾来贵国，认识贵国人民，并曾与之相处。余在贵国度过余身心长育之时期。余操诸君之语言，不但操诸君内心之语言，且操诸君口头之语言。故今兹来此，亦有如见家人之感。然余相信有如见家人之感者，非余一人而已。余感觉中国人民倘能操诸君之语言，向诸君致词，或诸君倘能了解吾国之语言，则彼等常告诸君曰：吾人在基本原则上实为同一目的而作战，吾人具有相同理想，而贵国总统，向世界所宣告之四大自由，已遍传于吾广大国土，而成为自由之钟声，联合国自由之钟声，同时亦即为侵略者之丧音。

余向诸君保证，我国人民切愿与诸君合作，以实现此种共同理想；盖吾人确欲求其勿成空言而成为吾人本身、吾人之子子孙孙，以及全人类所能享受之具体现实。

然此种理想果将如何实现耶？余可向诸君述一适所忆及之小故事。诸君知中国为一极古老之国家，具有五千年之历史，当吾人不得不退出汉口，撤至内地继续抵抗侵略时，委员长与余曾道经长沙战区某前方。一日余等至衡山，山中有两千年前所建磨镜台之古迹。诸君闻此磨镜台之历史，或感兴趣。二千年前，此地附近有一古庙，有一小沙弥，辄至此地，终日盘坐，合手祈祷，日念“阿弥陀佛”，“阿弥陀佛”，“阿弥陀佛”，日复一日，期得福祉。同时庙中住持以一砖在石上磨琢不息，日复一日，周复一周。小沙弥有时举首四顾，以窥住持之所为，但年老之住持依然进行其磨砖工作如故。一日，小沙弥问曰：“住持师父，以砖磨石，究何为乎？”住持答曰：“余欲磨砖成镜。”小沙弥曰：“住持师父，磨砖成镜不可能也。”住持曰：“诚然。此与汝日复一日，自朝至暮无所事事，只知诵‘阿弥陀佛’，以祈福祉者，同为不可能之事也。”诸位友人，余因此感觉吾人不但应有理想并应宣布此种理想，而且应以行动实现此种理想。余今日对贵参议院诸位参议员，以及对旁听席上诸位女士与先生，愿更进一言：吾人之诸领袖，倘无吾人全体积极协助，不能实现此种共同理想。此磨镜台故事之教训，乃诸君与余所宜深切领会者也。

3月1日，宋美龄在纽约市政厅发表了演讲，参加的人有纽约市长与纽约市民代表。宋美龄说：“今日诸君所加予余之光荣，使余感动极深，已毋庸赘述。当拉加第亚市长言及中国时，余极愿我全国同胞四万万五千万人咸能倾聆，因余知渠所言者，非为其一人之情感，而为全纽约人民之情感，而纽约尤为全美国之代表，故彼所言者，非仅为纽约，且为全美国人民之情感。市人倾述及中国谓，国土遭人侵占已五年又半，此诚为事实，但余愿奉告诸君，吾人虽感痛苦，但依然能忍受，盖吾知美国人民与吾人站在同一阵线，吾人皆了解美国之同情善意及友谊。如吾人认为仅孤独作战，而作战之目的仅为中国，则余愿坦白承认中国或已非复今日面目，而已被征服矣。吾人感觉正义必能存在，且知美国必认识并感觉其危险性。或则最好之解释方法，乃将市长演说时余突然忆及之小故事一则，奉告诸位：二千年以前，正当建筑长城之秦始皇时代，广西省内有河流两条，不时泛滥，人民被灾惨死者达数千人。秦始皇派高级官员一人前往筑堤防灾，固未能成功，被罚处死。秦始皇于是另派一官，结果亦相同，迨派至第三人时，筑堤成功，而受殊荣。去年余与蒋委员长旅行某地，发现三墓，余怪问其故，所得答复为：'三者皆为筑堤防灾人之墓，其中二人失败，一人成功。'余因又问成功者何以与失败者同葬。答者当谓：第三人成功，身获厚赏，但渠拒绝受赏，而竟自尽，并谓，渠不欲以旁人之失败，而使己身获利也；易言之，即彼不愿他人所付之生命代价，以裨益其本身也。余感觉美国人民亦有同样之正直德性。彼等不肯以他人所付之自由代价，而本身享受其利，我言然乎？此种高尚正直及愿为共同目标而共同忍苦工作奋斗之感觉，即为中美两国人民共同之立场。"

2日，宋美龄在纽约麦迪逊广场发表了演说。她首先表示感谢美国各处友人给她数千函电的"亲切慰问"。接着借题发挥说："余亦固愿应诸君之请，参观贵国各州、各城、各学校教堂及其他组织，所憾者，即诸医士不许余依本人所深愿而应诸君之敦请。在六年长期战争中，余所遭之紧张情绪，欲于十一周内，求健康复原，为时不久，且余尚须尽量保存精力，以便返国继续工作，诸君一念及此，必知医士所嘱之为明智也。"接着，讲到了正题，她说：

> 吾人生于今世，幻想未来，但可自过去求得永久之真理。以一国而自信能自给自足，其为不合理，正犹以一人而自夸能无求于社会，独自有其成就。国家以及个人，均仅为过去与未来之连锁。故吾人于努力避免以往各种文化各个王朝与各代制度所由覆没之陷阱时，倘能体会中国古谚"前车之鉴"之深奥意义，当觉其饶有趣味与价值。此种陷阱为数甚多。惟最深最广之陷阱厥为自豪。多少人骄傲自恣，自以为可无所顾忌，永

远蔑视人类根深蒂固之正义感与公道感，率被此自豪之陷阱所吞没，不啻昨日，希特勒尚言，“在斯大林格勒之德军，决非人力所能击退。”试问此批德军，今果安在哉？复次，1937 年 7 月，近卫文麿尝言：“吾人将于三个月内，使中国屈膝。”然自近卫作出此语以至今日，试问有多少三个月已成过去，而中国固仍抗战如故也。此二人为侵略色彩最浓厚者，其所发之言，盖即基于其不正当且疯狂之自豪。惟另有一种正当之自豪，而我国人民所具有者，即此种自豪也。余忆及重庆两事，足为余所称正当自豪之证明，重庆第一次惨受空袭后，（其后空袭日益猛烈）曾有若干施粥所之设立，以救济家室被毁而无力自炊者。惟难民中谢绝救济者颇不乏人，自谓所受之痛苦并非甚于他人，理应自行设法。经告以彼辈对于全国反侵略之工作，业已有所贡献，故接受施粥，为应得而无愧者，彼等始允领受。复次，委员长与余因敌机之轰炸，曾将自用汽车数辆交疏散人口机构作疏散之用。但被疏散者一知此汽车之谁属，即认为领袖及余对国家之重大责任，不容因之有所滞阻，故谢绝乘坐。

今日我国人民，对美国之态度，实为此种自豪所支配。美国人民对于吾人努力于共同作战所畀予之援助，吾人具有真诚与热烈之感激。吾人并非于余此次访问美丽之贵国后，始明了贵国人民对我国人民情谊之深切。吾人日受被侵略国人民所必须忍受之艰难困苦。在此触目伤心之数年中，吾人知贵国之同情于我，而更努力前进。余曾收到贵国人民自大城市及小村镇所发之函电，不可胜数。发函电者有商人、有农民、有工人、有教授、有教工、有大中学生、有勤劳而为人母者，甚至有幼小儿童。又曾收到捐款多少不一，源源而来，有捐助一二元或少于一二元者，且往往附述其愿望，希能作更多之捐助。此项赠款，在捐助者固属真正之牺牲，而在吾国人民视之，则每一款项，不啻值千百倍，且因捐赠者之美意而益见珍贵。诸君过去与今兹对吾国身受痛苦之人民所予之援助，吾人实不胜感谢。尤以在此次世界战争中，吾人正不惜牺牲吾民族之精华，并牺牲吾人所有之一切，以期有所贡献于此次大战争而建立一自由正义之世界。余为此言，实因余感觉应将今日中国人民之思想，与此思想所依据之民族性奉告诸君。

吾人不必深究世界历史，即可从罗马与波斯（Persian）两帝国以及拿破仑（Napoleon）所创昙花一现制度之命运中，获得教训。……轴心国家之所为，已证明其只知尊重暴力，不知尊重其他。……联合国家所代表之世界，其普遍趋势，实为明显而不可遏抑，有如哈得逊河（Hudson River）冬季顺流而下之巨大冰块。巨大而急进之时代潮流，现在趋于世界之正义与自由。为求促进此趋势，吾辈身在中国者，曾在过去长久之六年中，以流血证明吾人弃绝一种不抵抗之屈辱哲学，即以徐徐之绞杀，较为仁慈之哲学。然世界其他部分亦有若干人民认为如果毫无希望，不如不战而避免战败之痛苦，并不妨漠然不问，一切听任上帝之安排。但吾人却将坚持此一项信念，即除灭种外，任何事物均不能阻止一民族抵抗经济上政治上外来之强暴控制。……

为使此次战争真能结束一切时代之一切战争，使一切国家，不论大小，均能于未来世代中彼此生存于和平安全与自由之中，国际间必须实行真正与最高意义之合作。余深信联合国家真正伟大之领袖，即具有远见与先见之人士，均正努力于此一理想之实现。然诸君与余如不贡献一切以求此理想成为现实，则诸领袖亦将无能为力。……

二千余年前，中国在封建时代，有若干小国同时并存。当时流行两种互相冲突之理论，一为帝国主义之理论，即‘连横’，一为协力合作之理论，即“合纵”是也。……不幸六国对此协同努力之见解，殊乏热诚，且未曾竭力予以支持，结果则较弱之六国，一一被强秦灭亡，吾人其愿见历史之重演乎？……吾联合国家，既系出于自愿而联合，必须决心建立一种以正义共存合作与互尊为四大柱石之世界。

宋美龄在演讲的最后说：

此次战争结束以后，吾人共同奋斗之目标，应为建设一未来世界，使“吾人不得不以全世界为一切神灵、一切人类共有之一大国家”。

7日，宋美龄在其母校威尔斯利（魏斯里）学院（大学）发表了演说。宋美龄的心情正如她自己所表述：“强烈之情绪，往往使人讷于言词。故余今日立于诸君之前，欲充分道达余之种种心情，自属非易。”在这个演说中，她着重讲了妇女的历史地位与作用，最后她说：“今日之世界斗争，乃光明对黑暗之斗争，乃公道与正义对自私与贪婪之斗争。无发展之精神，抱怨天尤人之态度，皆不能使吾人在生命过程中具有战斗之工具。瞻念前途，尚多艰苦，所幸此一学院，为学问之渊薮。加强诸君之能力，其在斯乎！其在斯乎！”

22日，宋美龄在芝加哥运动场发表了演说。一开场，她富有诗意地说：“余来此繁庶大城途中，若干感想随火车车轮旋转之音节，起伏胸次，其中之一，即今日所称美利坚合众国之立国，乃近之奇迹也。”接着，她叙述了美国立国、发展的历史，谈及：“战争为人类最狂谬之事，为确保一切民族将来之和平与繁荣计，不应容许战争之再度发生。唯有联合国家以及今后能遵守‘自存共存’各原则之其他国家，采取共同戒备与行动，始能使世界永享和平。……以往国际间之联合，虽无成就，然共同努力之可能与必要，并不能因此而抹煞。且就此而论，吾人于战胜之后，继续合作，积极维持和平，以防止强盗国家之串通作恶，亦不能因此而认为失计。”她又联系中国的抗战说：“吾人必须以中国之痛苦经验为前车之鉴，一九三一年我东北横被侵略者所显示之教训，吾人诚应镂骨铭心。其教训为何，即约文本身，虽有辉煌而郑重之所鉴，徒属具文，一如机器人，终无生气耳。签订条约各国，其所以负之信义与责任，必须超出仅仅遵守条文字句以外。欲求和平，而曲解真理，且因共同惩罚之责任，难于实行，而遂以事实上不加惩罚为自慰，夫岂可得？当日倘能对东北事件采取明智之主张，当日倘能阻遏侵略于萌芽，则今日全世界当不致遭受战争之惨祸矣。”“有若干人士之主张，对于战后各民族更密切之合作，不啻树立樴障，而犹自以为高明。一国之文化，固为一国之所特有。故凡模仿他国之事物，若不能融化于人民日常生活之中，终不免呈现其外来之痕迹。中国六年来之抗战与痛苦，乃以事实，而不以空言，证明中国人民认为本国文化之保存，即所以辅助世界文明之维持。正因吾人不以吾国文化单独存在而自满，吾国正在努力奋斗，以协助建造色彩丰富之世界文明，以永葆人类不容推翻不容放弃之各项共同誓守原则，目前如何艰苦，在所不计也。中国人民坚信此等原则，乃人类所固有，人类一日生存前进，一日不能稍有迁就。”她又把话引申开来说：“惟时至今日，犹有若干民族与国家，以蹂躏人类固有之权利与尊严为务。彼等不能想见炸弹横飞，余烬未熄之时，一新世界之景象，已隐然在望；而此一新世界，系以实行人类正义与平等为基础也。”

27 日，宋美龄在旧金山市政厅发表了演说。她说：“余今日对诸君发言，自觉与祖国相距极近，因中国与旧金山仅一水之隔，且有余之同胞多人，与诸君同居此处也。”她赞美美国的自然环境并同中国比较说：“余对于贵国天工巧妙之美丽山河，叹为观止。密布贵国北部，有若干大湖，其面积约六万英方里，闪烁发光，一若嵌于大陆之宝石然。贯穿贵国中部之密西西比河（Mississippi River），蜿蜒千里；此全部流域，有千余英里之起伏草原，与膏腴平原，北自贵国之寒冷地带，南至温暖之墨西哥海湾，自东至西，地形倾斜。在密西西比河之西，有科罗拉多河（Colorado River），倾泻而下，直达加利福尼亚海湾（Gulf California）。贵我两国，同享有温带之广大土地，但亦同有极冷与极热之地区。吾国东北之大平原；各大沙漠及蒙古平原上峻峭巍峨、峰峦积雪之高山；以及吾国之富饶原野，伸延至广州及附近之半热带草木翠绿各岛；其风景之美丽与地形之参差，与贵国无异。波涛汹涌，山峡重叠之长江，与自西而东蜿蜒曲折之黄河，其所经流域中，土地之各异，资源矿藏之丰富，亦一若贵国之广大平原与草原也。长江山峡，高耸入云，其庄严雄伟之状，可比于贵国洛矶山之嵯峨；而贵国之萨克拉门托(Sacramento)，与圣约昆(San Josguin)流域，则亦类似我国杭州、奉化一带之起伏山景，总之，天高地广，使余对于贵我两国有所比拟者也。”从大自然的景色联系到眼前的反法西斯战争，她说：“今日中、美两国，同为凶恶势力所威胁。此种凶恶势力如能得逞，将不仅侵夺吾人所珍爱之土地，且将消灭吾人所宝贵之传统精神，与抹煞吾人所抱持之主义。欲护卫与保存吾人所爱好之一切，同无须人人荷戈；盖人人荷戈既不切实际，亦复不可能也。在后方工作者之任务，与彼武装部队效命疆场之任何任务，正同为重要，同为基本。吾人之任务盖在确使此次作战奋斗所求之正义与自由诸理想，能在当前及在和平安宁之日，见诸事实。……余认为当前纳粹主义与神道主义之各种虚伪与斯骗邪说，乃系歪曲心理乖谬离奇之论调，决不能维持久远，盖惟有真理及认定人类原理为真理之信念，始能经时代与暴力之磨折而不消灭。……战后世界之万应灵药，以及愚人亦能了解之简明方案，犹诸完善无缺之宪法，固邈不可得；然而吾人对于当前之危机，亦不应置而不顾。此一危机不在胜利之能否获得，而在战后和平之能否获得也。”最后，宋美龄借中国历史上“桃园结义”刘备、关羽、张飞的故事说：“此三人者，实表现为国服务之精神。吾人身属联合国家者，当前具有更大之目标，即谋人类之进步。为此更大目标，吾人应以自动之服务，为最大荣誉；并应以所受之痛苦，为最高之奖章。”

4月4日，宋美龄在洛杉矶好莱坞发表了演说。在这个长篇的演说中，她集中介绍了中国的抗日战争。她说：“中国抵抗日本侵略，即将进入第七年度。兹拟概述余所忆及最深刻显著之若干事件，且在人所能为范围之内，尽量采取超然与客观之立场，以检讨余所获得若干信念之心理程序。诸君或可从此洞悉一个民族，多年以来忍受侵略暴行，其生活与意向，果为何如。……向诸君陈述中国境内战事，余曾踌躇，盖恐有故意过分侧重我国人民所受痛苦之嫌。继经考虑，相信诸君当能明了，余之动机，在求使余本人以及诸君，能从过去数年所予吾人之教训，获得裨益。”接着，她就涉及正题说：“日人对华弃信背义之历史，兹不拟向诸君赘述。我人可就珍珠港（Pearl Harbor）被袭以前，来栖（Kurusu）使节与贵国国务院之会谈，发现同样之弃信背义。盖此项会谈，论其作风，显似在卢沟桥事变以后，日本一面佯与中国政府谈判，一面则调集重兵，以从事全面之侵略。”再接着，她介绍了中国空战的情况及“八一三”淞沪战役、日寇南京大屠杀。她一面痛斥日寇暴行。她说：“日本军阀于占领南京及其他区域之后，如何实行其有计划之残暴手段；如何从事劫掠，并剥夺受惊民众之一切谋生工具；污辱吾人之妇女，逮捕所有壮丁，将其捆缚一处，如捆缚禽兽然；并强其自掘坟墓，最后则将其踢入墓穴，予以活埋。”另一面她肯定我国的持久抗战。她说：“吾人之用意与战略，乃使敌人所夺取之每一寸土地，必须付代价且付重大之代价，庶几吾人可在时间方面，消耗敌人，使其趋于衰竭。惟争取胜利之意志，必须能对抗钢铁与高度爆炸弹之猛烈打击耳。中国在重大困难下之长期抗战，证明吾人对于局势之观察，在心理上与军事上均属正确。”“吾人皆知敌人之企图，乃使吾人体力因极度疲乏而丧失抗战意志。以故，吾人心志坚定，决不屈服。我历尽磨难之人民，虽已饱尝苦痛，对在上者，决无怨言，此真最足称道也。吾人誓将敌人驱出国境之决心，从未稍有动摇。”她引申中国抗战的意义说："吾国人民信仰美国与其他民主国家，最后必能确认吾人之所以作战，并非只为吾人本身。而所以与敌人继续作战者，在使各民主国家有从容准备防御之时间。于此余有所欲言，当罗斯福总统洞悉正义与强权对抗之意义与结果，而毅然采行措施，使美国成为'民主国家之兵工厂'，其卓越远见与经世宏才，实为吾人以及后世所不能不钦仰不置者。历史与后世对贵国总统坚定不移之信念，以及努力实现此种信念之道德勇气，将颂扬不已。"最后她表示："中国人民于应付战时迫切与频繁之需求中，同时准备奠定一公正永久之和平，及努力从事建设一新世界，此则吾人所可引为自豪者。诸君现亦采取同样步骤，且正复如吾人对于组织一比较美满之新社会秩序，决心尽其贡献，不亚于努力作战。我中国人民虽忍受多年苦难，但对敌国人民，并非皂白不分，一概深恶痛恨，吾人不求减免在获得共同胜利以前，所必须经过之崎岖险道。但吾人正如诸君以及其他联合国家，不论最后胜利，如何迟迟来临，必尽力之所及，使四大自由不致仅为道德规律上之空洞具文。吾人勿为所谓允之和平所欺骗。吾人弗许侵略主义重招其魔首，以威胁人类代代相传之最大宝物，即各民族所应享受之生命、自由与康乐也。"

7 日，宋美龄特地向美国飞机工人致意。她说："余以健康不佳之故，未能如余之希望来访贵厂，深以为憾。然余已请顾维钧博士为代表，来访问诸君矣。然余至少能利用电话，亲对诸君略致数语，对诸君说明诸君所从事之工作如何重要，此乃余所深感快慰者。吾人如欲使战事进行顺利，则大部分须视海陆空军能获得何种装备，以故诸君所从事之工作，与战事之进行，实具有一种直接关系，余深知诸君在统一工厂工作者，大部分均为妇女，此种情形，在美国之其他国防工业方面亦属一致，此足以证明美国之妇女，亦如中国以及其他联合国家之妇女，在维护正义与自由之伟大斗争中，正各尽其责。吾人或可藉联合努力达到同盟国之胜利，且藉此等努力建立一种新世界，俾各地之人类均能享受永久和平与繁荣之后果。"

上述宋美龄的演说，可归纳为以下几个内容：

第一，赞扬美国和中美两国的友谊。

她赞美美国的山河说："余对于贵国天工巧妙之美丽山河，叹为观止。密布贵国北部，有若干大湖，其面积约六万英方里，闪烁发光，一若嵌于大陆之宝石然。贯穿贵国中部之密西西比河（Mississippi River），蜿蜒千里；此全部流域，有千余英里之起伏草原，与膏腴平原。北自贵国北部之寒冷地带，南至温暖之墨西哥海湾，自东至西，地形倾斜。在密西西比河之西，有科罗拉多河（Colorado River），倾泻而下，直达加利福尼亚海湾（Gult of California）。"她称赞美国人民说："吾人之见解，以为最初移居美洲人民。未尝自认为一民族，此则已为历史所纪实。彼等自称为新英格兰人，弗吉尼亚人（Virginian）或宾夕法尼亚人，盖皆仅为若干人民集团，具有坚定不移之意志，再接再厉之毅力，与不屈不挠之精神，分隶于十三个仅不同之政府而已。"她吹嘘美国制度说："美国不仅为民主制度之烘炉，而且为民主主义之胚胎。"对中美两国的友谊，她一再说："贵我两国之传统友谊，有一百六十年之历史，余感觉贵我民族所具相似之点甚多；余并相信此感觉者，不仅余一人，此点相似之点，即为吾人友谊之基础。""吾中、美两大民族间一百六十年来之传统友谊，从未染有误会之污痕，此在世界历史中，诚无出其右者。"

第二，宣传了中国的历史文化。

她向美国人民宣传了中国"为一极古老之国家，具有五千年之历史"。它"具有广大富饶、尚待工业化之腹地"。她说古道今，用中国的历史典故，来影射当时的世界现实。潜台词是，必须掌握德、意、日法西斯的侵略意图，才能战胜法西斯；盟国必须团结一致，互相支持，才能打败法西斯。她引用了中国著名兵家孙子说的"知彼知己，胜乃不殆"的名句，评论说："此等名言，来自明哲久远之古代，实乃每一民族所共有，然而仍有一种轻视吾敌人力量之趋势。"她引用了战国时期的"连横"与"合纵"的历史，评论说："首倡帝国主义或'连横'者，意在使秦国吞并较弱之六国。在另一方面首倡协力合作或‘合纵’者，即主张六国联合，互相保护，对抗强秦。‘合纵’之主旨盖在六国约定苟其任何一国一旦被秦国侵略时，其余各国负有援助之道义责任，不幸六国对此协同努力之见解，殊乏热诚，且未曾竭力予以支持，结果则较弱之六国，一一被强秦灭，吾人其愿见历史之重演乎?”她引用了三国演义中的“桃园结义”的故事，评论说：“此三人者，实表现为国服务之精神，吾人身属联合国家者，当前具有更大之目标，即谋人类之进步，为此更大目标，吾人应以自动之服务，为最大荣誉，并应以所受之痛苦，为最高之奖章。”

第三，控诉了日寇侵华的暴行。

她向美国人民揭露侵华日军所犯下的罪行说：“盖时至今日，举世皆知日本军阀于占领南京及其他区域之后，如何实行其有计划之残暴手段；如何从事劫掠，并剥夺受惊民众之一切谋生工具；污辱吾之妇女，逮捕所有壮丁，捆缚一处，如捆缚禽兽然；并强其自掘坟墓，最后则将其踢入墓穴，予以活埋。”又说：“在居留汉口之际，委员长与余时赴各前线视察，往往目击数十万本来生活安乐之同胞，今已顿成难民，流离载道，遭受敌机轰炸扫射，道旁则有累千盈万之待埋尸体，此真令人触目惊心，永难忘怀。试问吾人被炸之城市，被毁之村庄，以及无数横遭残杀之男女与孩童，其幽灵将于何日而可得安慰乎?”

第四，歌颂了中美两国人民的抗日业绩。

她在首场的国会演讲中就说：“以言余之祖国，则流血牺牲，肩荷抗战之负担，不屈不挠，已逾五年有半。”同时说：“余首愿确告诸君，美国人民对于分布全球各地之美国作战壮士实是以自豪。余尤念及远处异域偏僻区站，生活至感寂寞之贵国壮士，盖此辈任务，既不能有显赫之表演，亦无振作精神之战事，而系日复一日，谨奉命担负其例行任务，如守卫防御工事，并准备抵抗敌方可能之蠢动而已。有人曾谓，亲临阵地，出生入死，犹易于日复一日担任低微单调之工作，余之经验亦复证实此言。然后一种工作，对于抗战之获胜，正与前一种同属必要。贵国若干部队，驻扎在遥远隔绝地点，非平常交通所能到达。贵国壮士，必须用临时赶筑之机场，飞行海面，经数百小时之久，以搜寻敌方之潜艇，往往一无所遇，废然而返。”宋美龄评论说：“真正之爱国心乃在具有能忠诚执行日常任务之士气与体力，庶使在最后结果中最弱之一环，亦即为最强之一环。”她还着重讲了中国人民的抗日业绩。她说：“在全面侵略最初的四年半中，中国孤独无援，抵抗日本军阀之淫虐狂暴。”“空战之第一日，我青年之空军学生，即击落敌方轰炸机十四架，而我方并未遭受无可修理之损失，盖我方飞机，虽弹痕累累，犹能飞行也。”“我军以极不充分之机械化装配，又毫无空军之掩护，与彼同时使用重炮、海军大炮，及不断以飞机轰炸之日军在上海外围展开激战，几至寸土必争。而日军之进展，每日平均尚不及一英里，我军在此一战场，保持信心，奋勇抗战，凡三阅月，而气不稍衰，竟不知战争以何时为败，日本军人因此抱怨中国实非易与。我方士兵之精神，坚忍不拔发扬光辉，其无我精神之表现，益得吾遭遇苦难与困扰之民众，益增勇气与决心。当时我军当局不得不命令部队，在战壕坚守，但彼等咸愿与敌人作肉搏战，明知主义攸关，千钧一发，对于敌人，又如此深恶痛绝，故不免有擅自跳出战壕，向敌阵冲击者。”她就后勤工作说：“一次，余等适于运兵之列车进站后，抵达苏州，车站更番被炸，直若屠场，而铁路人员，虽疲倦不堪，复少睡眠，但仍坚苦支持，工作不懈。担架人员默然工作，状如自动机，期将站上伤兵悉数舁开，而车上伤兵又源源卸下。”她就大后方人民的表现说：“凡稍知重庆地形者，即可明了吾民众不能不忍受悲痛之困苦。……全城繁盛之商业区，渐次悉被毁坏，站立市中，可纵览两面江流，而了无阻障，幸赖我人民之复兴精神不为稍妥，每次轰炸后，解除警报之尾声，尚未停止，而未经炸死之居民，即回至其被焚之店铺与住宅，以抢救其可能抢救之物品。数日后，临时盖造之茅舍与建筑，又出现于旧址之上矣。”“我历尽磨难之人民，虽已饱尝苦痛，对在上者，决无怨言，此真最足称道也。吾人誓将敌人驱出国境之决心，从未稍有动摇。”宋美龄在这里所歌颂的中国抗战的业绩只是讲了由国民党领导的军队所承担的正面战场的情况，而对中国共产党领导的八路军、新四军和其他人民军队开辟的敌后战场的情况只字未提。实际上，这两个战场相互配合作战，才给了侵华日军以沉重的打击。尤其在武汉失守后，中国共产党领导的敌后战场抗击了大量侵华日军和几乎全部伪军，作出了最大的牺牲和卓越贡献，成为全民族抗战的中流砥柱。

第五，阐述了正义战争必胜。

她在阐述正义战争必胜这一问题时，有的做了具体的叙述，有的是做了抽象的哲理的叙述。她说：“美国海军在中途岛（Midwsy）及珊瑚海（Coral Sea）所获得之胜利，其为向正确方向之前进步骤，显然无疑。惟亦仅为向正确方向之前进步骤而已。盖过去六个月在瓜达康纳尔（GuadaIcanal）之英勇作战，已证明一项事实，即凶恶势力之溃败，虽尚需时而费力，最后必将到来。吾人站在正义与公道方面，岂无英、苏与其他英勇不屈之民族为吾人忠实之盟邦乎？”她引了希特勒说过“在斯大林格勒之德军，决非人力所能击退”，近卫文麿说过“吾人将于三个月内，使中国屈膝”，结局怎么样呢？宋美龄讥笑说：“试问此批德军，今果安在哉？”“然自近卫作此语以至今日，试问有多少三个月已成为过去，而中国固仍抗战如故也。”她又作了对照说：“联合国家所代表之世界，其普遍趋势，实为明显而不可遏抑，有如哈得逊河（Hudson River）冬季顺流而下之巨大冰块，巨大而急进之时代潮流，现在趋于世界之正义与自由。”“余认为当前纳粹主义与神道主义之各种虚伪与欺骗邪说，乃系歪曲心埋乖廖离奇之论调，决不能维持久远；盖唯有真理及认定人类原理为真理之信念，始能经时代与暴力之磨折而不消灭。”

第六，呼吁各国联合，以求世界和平。

她在许多次的演讲中，从不同的角度，呼吁各国联合起来，求得一个和平的世界。她说："为使此次战争真能结束一切时代之一切战争，使一切国家，不论大小，均能于未来世代中彼此生存于和平、安全与自由之中，国际间必须实行真正与最高意义之合作。""战争为人类最狂谬之事，为确保一切民族将来之和平与繁荣计，不应容许战争之再度发生。惟有联合国家以及今后能遵守'自存共存'各原则之其他国家，采取共同戒备与行动，始能使世界永享和平。"她又评述了过去国际联合国间的问题："过去每一共同努力之失败，在其固有之弱点，即袭用老套把戏，互相妒忌，各谋私利，以琐细之故，彼此猜疑，而犹往往美其名曰'均势'。国际联盟较以前其他组织，诚稍有进步；但因其侧重于应付极少数国家间不相协调之政策，故其破绽即逐渐显露，国际盟约之裂缝与缺点，至危急多事之际，始真相暴露，盖当和平无事之日，其缺点尚不明显。一旦风雨袭来，此一机构，遂不能自支以抵御紧张之冲击矣。"她又把话说回来："以往国际间之联合，虽无成就，然共同努力之可能与必要，并不能因此而抹煞，且就此而论，吾人于战胜之后，继续合作，积极维持和平，以防止强盗国家之串通作恶，亦不能因此而认为失计。"她又把两者结合起来说："过去之自私与自满，已令吾人在困难与痛苦方面，付出重大代价，欲不因蒙受侵略者所加之损害而感觉怨恨，此固不易，但愿切勿忘记，憎恨与报复，均非吾人之出路，而应使用吾人之精力于另一较佳之目的，俾每一国家均能应用其本有之智慧与能力，建设永远进步之世界，在此世界中一切国家均未公平与正义之基础，参加合作。此次战争结束以后，吾人共同奋斗之目标，应为建设一未来世界，使'吾人不得不以世界为一切神灵、一切人类共有之一大国家'。"

宋美龄的四处演讲，"由于她的特别魅力与充沛的智慧，她可算得一位既成功又有说服力的宣传家"。① 当然，宋美龄是站在她所代表的

① 《罗斯福与霍普金斯》（下册），第 334 页。

那个阶级、那个集团的位置上说话的。她的观点，她的分析，都是符合她所处的那个阶级、那个集团的利益，她的片面性是显而易见的。不过，从整个反法西斯战争和中国的抗日战争大前提来看，宋美龄的演讲，是有利于这个大前提的，所以从总体上看，是应该肯定的。

第三件事，她在美国联络了有关抗日事宜。

她充分利用在美国的机会，将有关抗日的军情及时通知美国；同时积极争取美国支援中国抗日。在短短的几个月里，她就下列几个问题，同美方进行联络。

一是关于北非会议。北非是第二次世界大战中的一个重要战场。对英国来说，控制北非，就能保住通往亚洲殖民地的生命线，也能保住它在中东的石油供应基地。对意大利来说，只有把英国赶出北非和东非，才能实现它建立非洲帝国的梦想。德国也把非洲战胜同盟国看做实现它的侵略计划的一个步骤。因此，盟军与德、意法西斯在北非展开了激烈的争夺。1942 年 11 至 12 月间，盟军在北非发动的一系列进攻进展不顺利。于是，在 1943 年 1 月 14 日至 24 日，罗斯福和丘吉尔在卡萨布兰卡举行会议，决定肃清北非驻扎的德、意的军队。对这样一个重要会议，宋美龄十分关心，认为“无预先知照我国，则未免太显露将来趋势”。宋美龄将这一情况电告蒋介石。蒋介石却认为“罗、丘北非会议是欧战会议，可说与远东战局无关”，不过在复电宋美龄中提及“其对华方式太坏”，“我方应以冷静处之，暂观其后”，提醒宋美龄“切勿对美政府有所批评，吾人本无所望，亦无所求，一切当以冷峻处之”。就此事，宋美龄给蒋介石的电报中发表了一番颇为可取之议论：“妹自抵美之后，即抱我国虽穷亦决不作低头求人态度，盖我国民族之抗敌，乃为全世界人民之幸福而作此极大牺牲，非仅为中国谋久长之康乐。”从北非会议中国“被摒”，宋美龄深有感触地在电报中说：“若在和议席上欲争取合法权利，亦非有力量方能有资格说话。换言之，赶快积极发展轻、重工业，在可能范围内千计百方，总需设法切实提倡创办。须知欧美各国初始亦仅赤手空拳也，若再沉于幻想，俟他国战后开始供给所需，或纸上空谈，或竟沉潜于以往头痛医头、脚痛医脚敷衍办法，则一切均将太晚矣。"①

二是关于援华飞机及其他军用物资。宋美龄在 1943 年 2 月 5 日电告蒋介石说罗斯福拟"供给中国大量飞机"，以后又电告说："美决即运华轰炸机 35 架，业已开行，几次续运 35 架，秋初再运 260 架。妹拟请罗斯福少秋初拟运之利害量，提早从速供给应用，兄需要五百架机应当设法转告。" 5 月 24 日，宋美龄致电蒋介石说："顷据毛邦初报告，美方决定贷我 A24 机 150 架，由四月份起在美交货；P40N1 机 150 架，由五月份起交货。以上两项均定于 12 月底交完，除 P40N1、P40 型之最新式者颇合我用外，A24 为一单发动机俯冲轰炸机，全航程仅 450 英里，将来能否由定疆飞到云南驿，尚成问题。在援华活动作战应因航程关系而被限制，故向美方提议，将 150 架 A24 轰炸机改为 A24 者 50 架、B24 者 100 架等语。"② 此外，实美龄还电告蒋介石，美国每月空运近万吨物资支援中国抗战，还答应派技术人员及机器来华帮助中国建立炼油厂。

三是关于反攻缅甸。由于缅甸被日军侵占，美国向蒋介石和在华美国空军供应物资的陆路交通完全断绝，不得不越过驼峰航线空运物资，而且空运量也只有一万吨左右。在前线失利、外援匮乏的情况下，蒋介石是很难支持抗战的局面。罗斯福非常担心这一点，他曾对他的儿子说："我们必须使中国能够继续抗战，以牵制日本的军队。"美国海军上将李海在回忆 1943 年的形势时写道，美国将领们都认为，尽管中国军队打得不好，但它那几百万军队毕竟牵制了大量日本军队，"为了我们

① 录自总统政府机要档案，转引自《中华民国重要史料初编——对日抗战时期》（第三编：战时外交——一、中美关系），第 787—788 页。

② 录自总统机要档案，转引自《中华民国重要史料初编——对日抗战时期》（第三编：战时外交——一、中美关系），第 841—842 页。

自己的安全和使盟国的事业得到成功，支持中国是必不可少的”，“如果不能把蒋介石的装备甚差、吃得不好的军队留在战场上，要打败日本就得付出更多的船只、生命，更不用说金钱了”。所以罗斯福主张，为了使蒋介石坚持抗战，除了维持空运接济外，还必须打通陆上运输线，这就要反攻缅甸。丘吉尔也希望杀回缅甸，支持中国继续抗战，并利用中国基地进行空军活动，但反对在缅甸进行大规模的战役，反对在缅甸进行两栖进攻。就在这样一种情况下，宋美龄就反攻缅甸的决策在美国进行了活动。1943 年 2 月 5 日，宋美龄致电蒋介石说，罗斯福在北非会议上关于缅甸方面，提出“由陆军沿伊雷和底河充任打出一条路线”。又说：“妹意缅甸战事不应限于沿河区域打击敌人为满足，须日军全部驱出缅甸境外，以免敌人不断侧击，切断交通之患。届时美军应参加中、英军队作战，以免我又吃英人之亏。”接着，宋美龄又在 5 月 7 日、8 日和 11 日先后三次致电蒋介石，说罗斯福同丘吉尔要放弃反攻缅甸的计划，经她“交涉”、“再三阐释”，罗斯福才“允助我维持新路线”、“允助我攻至腊戍，共同保护新路线”。宋美龄提出了反攻缅甸分两步走，以“局部反攻缅甸中美合作为根据，俟腊戍收复后，再竭力进行全面反攻”。[①] 对此，蒋介石在 13 日回电说：“对反攻缅甸事，在军事上非先占领仰光，决无克复腊戍与蛮德腊之可能，如去年，徒然牺牲我军，不仅无益，而且真有灭亡之危险。”蒋一再嘱咐说：“此事关系太大，切不可谦让。故英、美如无意攻仰光，则我军决不能攻腊戍与缅甸，此应坚决声明，不可留有回旋余地。”而且要宋美龄“在美不可再住，千万速归”。同一天，宋美龄再致电蒋介石陈述反攻缅甸事说：“文兄电力主全面反攻缅甸，如能做到自属上策。但妹当时与罗谈话，罗将完全放弃反攻策略，今至少已允保护新路线。妹意若此第一步先能做到，使其将领

① 录自总统政府机要档案，转引自《中华民国重要史料初编——对日抗战时期》（第三编：战时外交——一、中美关系），第 789、834、837 页。

不再见敌生惧，然后再挺进取获仰光，则似较其垂手不动为强多矣。况以前罗欲兄代其受辜，声称不攻仰光，今已将其此意无形打消。”6月9日，蒋介石再致电宋美龄说：“如见罗总统时，应切实详询，如果攻缅海军以英国为主力，则恐其届时不能履行计划，甚为可虑，仍望美国能派有力海军，能自主发动攻势也。”12日，宋美龄复电蒋介石说：“反攻缅甸，妹再四思维，知阻挠甚多，即使英、美全部接受兄之意见，如届时不能履行约诺，仍属空言，无济于事。但知兄对此事至为关怀，故竭力推动，俾求逐步进行。妹认为美国人心理，倘我方有相当成绩表现，则届时美方必定乐于协同进行全部反攻计划也。”

四是关于美国国会五人小组赴华参观。由于宋美龄在美国开展工作，尤其“历次演讲”，使美国进一步看到“日本实为主要大敌”。而美国国会军事委员会“认为美国在太平洋方面，目下继续缺乏大规模军事作战，结果恐将成为空前错误”，于是决定由国会议员五人组成“小组委员会”，与马歇尔商议，赴太平洋各战区视察“军事动态”。对此，宋美龄想趁机邀请这个“小组委员会”，顺道赴中国考察，以增强对中国抗战的了解，有助于争取美援。1943年4月9日，宋美龄由洛杉矶致电蒋介石，提出这个建议：“届时，妹拟请彼等赴太平洋前线时，赴华参观，兄意如何？盼速电复，俾在不开罪美国行政当局原则下，相机进行。”① 蒋介石对此议并不十分支持，在13日的回电中说：“兄以为对此议员不必特别邀请其来华。但其如要来华考查时，我方自当欢迎。”②

五是关于丘吉尔访美。1943年5月13日，宋美龄致电蒋介石说：“罗夫人刻来告，丘吉尔抵，带来一百余重要将领及高级随员，此为从来未有者。其中有本在印度之陆、海、空军司令长官。”又说：“罗谓将

①② 录自总统府机要档案，转引自《中华民国重要史料初编——对日抗战时期》（第三编：战时外交——一、中美关系），第833页。

向丘吉尔商讨，请英将定疆飞机场修理交由美工师部队接收负责，以增强运华吨位。"[①] 第二天，蒋介石回电宋美龄说："丘吉尔即到华府，如能与其相见面，则于公私皆有益。此正吾人政治家应有之风度，不必计较其个人过去之态度，更不必存意气。但应必须不失吾人之荣誉与立场。"[②] 15 日，蒋介石电示宋美龄说："刻召见美国代办，面告转达其政府之言如下：此次丘吉尔首相在华府期间，凡于中国有关事项，或与太平洋有关问题，如有会议，请约蒋夫人与宋部长出席参加可也等语。此系正式通知，罗、丘必能重视，请准备一切为盼。"[③] 尤其是丘吉尔在美国向全世界广播演说，"建议战后由英、美、俄总揽一切，完全将中国摒弃门外"。对此，宋美龄"对这篇演说很不满意"。[④] 宋美龄认为"实有加答复之必要，以免丘吉尔以为我之可欺，而加紧其排挤我国之工作"。于是，宋美龄在 5 月 22 日晚芝加哥演词中"加以巧妙之反驳"。事先，宋美龄打电话请罗斯福在无线电中收听。这些做法，获得良好反应，宋美龄在 24 日电告蒋介石说："据赫尔称，罗斯福现在设法请行政方面负责人在星期五演说对付英国。又美国上下议院外交委员会主席及各位委员经派人接洽，应均允在两院分别发表言论，注重战后中国务须列入四强之一，亚洲和平尤须倚重中国等语。"[⑤] 26 日，宋美龄又致电宋霭龄说："若问美国是否同意丘吉尔之演词，则大部分人士将保证如下：美国决定击败德、日，不分轻重，东西轴心国家必须完全铲除。国会民主党领袖麦克卡麦克发表演说攻击丘吉尔，并提起中国在战后问题

① 录自总统府机要档案，转引自《中华民国重要史料初编——对日抗战时期》（第三编：战时外交——一、中美关系），第 838—839 页。
② 录自总统府机要档案，转引自《中华民国重要史料初编——对日抗战时期》（第三编：战时外交——一、中美关系），第 839 页。
③ 录自总统府机要档案，转引自《中华民国重要史料初编——对日抗战时期》（第三编：战时外交——一、中美关系），第 840 页。
④ 《顾维钧回忆录》第五分册，中华书局 1987 年 2 月第 1 版，第 262 页。
⑤ 录自总统府机要档案，转引自《中华民国重要史料初编——对日抗战时期》（第三编：战时外交——一、中美关系），第 841 页。

中之地位，他称：‘我们不能存有击败日本为次要之观念，中国必须出席和平会议，应有他合理之地位，并非为一被救之儿童。中国为四强之一，应决定将来之和平会议。’以上美国之反响，皆因妹立即在芝加哥对答丘吉尔之演词所致之，今晚所听到艾登①之演词已完全改变论调矣。”②

六是关于史迪威问题。1943 年 6 月 18 日，蒋介石致电宋美龄，在她离美拜别罗斯福总统时，将史迪威问题“相机提出”，“但不必太正式，亦不以要求其撤换之方式出之”，“只以真相与实情告之”。这份“真相”“实情”又是怎么样的呢？蒋介石在电报中说：“史迪威在华如只对余个人之不能合作，则余为大局计，必能容忍与谅解，不足为虑。但其态度与性格对中国全体之官兵与国民成见太深，彼终以二十年前之目光看我今日中国革命之军民，不只动辄欺侮凌辱，而且时加诬陷与胁制，令人难堪。而其出言无信，随说随变，随时图赖。故自史氏来华与缅甸失败以来，在此一年间，中国军队精神不惟因彼之来华援助未有获益进行，而且益加消沉与颓丧。以史对华之态度与心理所表现者，几乎视中国无一好军人，无一好事情，根本上不信华军能作战，更不信华军能有胜利之望。彼之心理既对华军绝无信心，若且如欲其指挥华军求胜利，岂非缘木求鱼。而彼对其自身所处理之业务与计划，以为无一不善。固执不变，毫无洽商余地，绝不肯为全盘战局与整个计划作打算，应不顾及其事实与环境之能否做到，而全凭其主观用事。故现在中国一般军人对史心理皆以为如果再听其指挥，不惟无胜利可望，且必徒受牺牲，非至于完全失败不可。且其日常态度与动作尽是挟制中国，而非协助抗日而来，其结果必与美国政府对华之热忱援助，及传统之友爱精神完全相反。”蒋介石还对此表态说：“余为史事对于一般军官严加劝诫，令与史氏合作且尊重其意旨，俾史氏工作得以顺利

① 艾登为当时英国外相，艾登在演词中则谓“中国必为四强之一”。
② 录自总统府机要档案，转引自《中华民国重要史料初编——对日抗战时期》（第三编：战时外交——一、中美关系），第 842 页。

推进，自当用尽心力维持友谊，惟长此以往，若时时发生此种误会，则有不胜防制之苦，故余为大局之前途，为作战之胜利计，甚望罗总统明了此中真相与现状，甚恐负其对华之盛情，使其将来失望，故不能知而不言也。”① 20 日，宋美龄密电蒋介石询问关于史迪威事是否仍照 18 日的来电的内容转告罗斯福。电报说：“史迪威事，若照兄意告罗君，以妹判断：（一）恐因不满我方之真实评议，反使进攻缅甸计划障碍丛生；（二）一切计划及联络均有史氏接洽，今突然提出易人，恐害联系，请兄熟思后，是否仍应照来电转告？”② 21 日，蒋介石电复宋美龄说：“对史迪威事并非正式要求其撤换，不过使之察知实情而已。待有便乘机以闲谈出之，否则不谈亦可。”③

第四件事，她顺路访问了加拿大并准备访英。

宋美龄在美期间，于 1943 年 6 月 15 日至 18 日赴加拿大访问。6 月 7 日，她致电蒋介石说：“妹定于十五日赴加，十八日再返纽约。”16 日，她在加拿大国会发表了长篇演讲。参加的人有议长、首相和参议员、众议员。

在这个长篇的演讲中，她说：

余久拟访问诸君与贵国，今日得与诸君晤聚一堂，深自欣幸。尤以得向贵国国会致词，为一光荣之事；盖贵国国会，就其制度而言，实起于古代良好之制度，即盎克鲁撒克逊民族贤人议会，迄今一脉相传，从未中断。此一制度，不论在升平或非常时代，俱已证明其效能。所谓议会政治，在诸君与余视之，乃是建立于国家根本法律以及人民公意之上；而其政策之

① 录自总统府机要档案，转引自《中华民国重要史料初编——对日抗战时期》（第三编：战时外交——一、中美关系），第 852—853 页。

②③ 录自总统府机要档案，转引自《中华民国重要史料初编——对日抗战时期》（第三编：战时外交——一、中美关系），第 854 页。

实施，亦必在人民所付托之范围内。其于此长久惯例之权威，以及国家最高权所订之法律，遂有习惯与法律两种。习惯，即所谓“不成文法”；法律，即“成文法”。公元前第一世纪中一位罗马大著作家曾云：“人民不是无数个人为任何缘由而有之集合，而是一大群人，因为对于法律表示同意，并具有共同利益，而遂彼此联结之集合”。吾人大抵均愿承认，一个真正议会政体，乃人类理性所能发现演进之最近乎完善正体。而所谓议会政体，乃是实法“法治”。换言之，议会政体以久远习惯与正确理性为基础。无一个人，无一团体。无一阶级，能处法律之上。议会具有订立法律之最高权力，而个人只有因违犯法律之故，始得加以惩罚。由此每一公民处身于法律范围之内，因而得到保护……

今试将议会政体，与被一度势将淹没文明世界之轴心暴政，作一对较，并试将法西斯哲学，加以分析，以发现其与诸君之哲学根本相异之点。此种对较与分析，或属饶有兴趣……

今日德意志之所以成一暴戾之独裁政体，盖因其剥削受治者公开辩论之权利。法西斯主义者以为强力之优越，即可成为一个政府之合法条件与合理根据。彼等既以威迫诱惑使人民迷信其领袖绝无错误之可能，又复否论人民有权责问在位握权者之或有错误。反之，吾人身属联合国家者，则接受非难询问。容许抱持各种异见者享有讨论之权，务使各人心胸中潜伏深藏之一切思想，亦均得分析而权衡之。此则因吾人认其为“一种方法，比诸专制政体之最科学方法，可产生较良好之通常人类”……

余向贵国伟大邻邦美国国会致词之中，曾谓为联合国家之共同利益计，不应纵容日本安然占有其在中国与他处所侵入之地区，盖日本正在利用时间，积存广大之资源，以继续轴心之侵略战争。在过去十二阅月，日本所强夺之物资其数量殊堪惊人。平均每个月运往日本之原料，计自中国长城以南之占领区者达三百二十万吨之物资，至吾东北四省，以及亚洲之其他部分，以供应其正在建设中之重工业。简言之，过去一年之中，日本为供给其武装军队之用，自中国强迫而夺去之原料，约计一万万吨。此一数字，尚不包括在中国占领区内日本军队所用之粮食。至于日本去年自马来亚运走之物资，约计六百万吨，以之与自中国夺取者相较，约为一与十六之比。由此更可见将日本逐出中国之为重要。日本正在继续加强其地位，为全世界凶恶之威胁；而且日本正在加紧榨取中国之资源，以对付整个联合国。

就吾中国而言，六年以来，不啻如一大磨石，紧套于日本军阀之颈上，且对于阻止日本，使不能利用其数百万武装军队以及工人于世界其他地方，已告成功。中国士兵，配备不精，吾人作战所恃者轻军器耳、肉与血耳、斗志耳。直至最近数星期以前，中国陆军即为小规模之反攻，亦从未有一种相当之空中掩护。最近在长江上游，中国陆军得到美国与中国联合空军队少数飞机之助，能将敌人之进侵击败。此一事实，完全证明吾人所持有者虽比较少，而所能成就者却比较大。然而中国以及联合国所遇之危境尚未过去。中国军民伟大之抗战意志，只赖不充分之作战配备为后盾，但不应使其所遭遇之艰难困苦，竟至超出人生所能忍受范围之外，诚以日本如果征服中国，其对于联合国作战目的所发生之影响，将使人类文明遭遇类似天翻地覆之最大祸害。

加拿大一如中国对于联合国共同抗战，并无显著而动听之贡献。就此而言，余不得不谓英美两国之贡献，大都类此。然吾人应当领悟，决定胜利者，并非偶有之辉煌举动。唯有坚毅实施战略上预定之计划，加以共同努力，尽其贡献毫无吝惜之志愿，乃能于相持局面之中，获得最后胜利。吾人所应牢记不忘者，即对于最后胜利所尽之贡献，不应以其显著而动听与否，为一时估计之标准。贵国民军经年累月所积聚作战之英勇；贵国所送往英国之大批粮食与军火；贵国使用贵国机场以训练联合空军；贵国对于作战努力，就每一人口平均计算，所生产之物品较任何其他联合国为多。凡此种种，均足表示加拿大努力作战、争取胜利之坚强意志……①

7月8日，蒋介石自重庆致电加拿大总督安思罗，为宋美龄访问加拿大时所受之盛意款待，表示感谢。蒋介石在电报中说："蒋夫人于数日前返国，即以其赴加值得留念之旅行见告。阁下及亚丽丝公主之盛意款待，使内子旅途安适及愉快，中殊为感激。中与内子均望能早有一日，得欢迎阁下及亚丽丝公主莅临敝舍于和平之中国也。"② 同日，蒋介石又自重庆致电加拿大首相说："蒋夫人返国后，即以其与阁下交换之有意义谈话相告。渠甚欣喜，以其发现吾辈间相同之处甚多，中望内子之访问，业已增强我两大国间同情与友谊之联系。对于阁下及贵政府所惠内子之盛情，兹愿乘此机会，谨申谢意。中与内子特问阁下安好，并望早日能获有觌晤之良机也。"③

宋美龄准备访问英国是英国邀请而动议的。由于丘吉尔反对在缅甸进行大规模的战役，同蒋介石有严重的分歧。在丘吉尔的眼里，战胜日本取决于海上而不是缅甸的丛林，也不喜欢看到美国、中国来分享夺回缅甸的荣誉，而且坚持先欧后亚的战略部署，所以反对在缅甸进行两栖进攻。而当时驻英大使顾维钧考虑到"战后协作"，请宋美龄访英。顾

① 《蒋夫人思想言论集》卷3。

②③ 录自总统府机要档案，转引自《中华民国重要史料初编——对日抗战时期》(第三编：战时外交——一、中美关系)，第856—857页。

维钧认为："中国北方有个取得了胜利的俄国，不再对德国和日本担心，并且极力要使中国和盟邦疏远，如果我们不能维系英国的亲善和友谊，我们战后景况恐不会太乐观，甚至还会有困难和危险。美国的友谊是必不可少的，但这还不够。即或无法劝说苏联和其他盟国进行战后协作，至少应该以形成 ABC（美、英、中）核心为目标。不取得英国和美国的友谊以稳定和确保我们作为大国之一的国际地位，中国很难指望有能力进行一项需要十到十五年时间的国内开发和建设计划。我们既需要美国、同时也需要英国在经济和技术上给予帮助。"顾维钧又认为："英国的政策从和平发展帝国的愿望出发，目标是在欧洲寻求一个军事强国作盟友，在亚洲也要寻求一个。"在顾维钧看来，中国需要靠英国，英国也需要找中国。为此，他专程从英赴美，和宋美龄商谈访英事宜。

1943 年 3 月 25 日，顾维钧在美国旧金山会晤了宋美龄。顾维钧在回忆录中说："我见到了蒋夫人，我们整整谈了一小时。（若不是护士进来告诉她该休息了，我们还会谈下去的。）她躺在沙发上，显然在那天晚上的活动之后已经累了。她还是那样漂亮，娓娓健谈，总是具体而扣题。"当时宋美龄对访英有顾虑，一怕没有结果，二怕伤害印度感情，三怕"款待不一样"。加上罗斯福也向宋美龄"示意"：去英国一行不会有什么收获，因此可以不去。但是经过顾维钧的一再解释：英国也将同样热诚隆重地欢迎你，英国人民比英国政府更热情地希望你去。于是，宋美龄"答应仔细考虑"。26 日，蒋介石从贵阳电示宋美龄说："访英问题，不必肯定，亦不必答应，观丘吉尔二十一日演词，对世界问题仍无觉悟，对中国观念毫无变更，将来政治似无洽商余地。如吾人此时访英，将被视为有求于人，否则，就只有为其轻侮，或反被其欺诈耳。"27 日，顾维钧又见了宋美龄，"她告诉我经过一番考虑之后，仍然不知是否应该去英国……不管如何，她想和艾登谈谈。"① 29 日，顾维钧直

---

① 《顾维钧回忆录》第五分册，中华书局 1987 年版，第 263 页。

接自华盛顿电告蒋介石说："钧于二十四日飞往旧金山谒见夫人，商谈访英问题，细讨利弊，陈请夫人勉为一行，夫人意盼与艾登晤谈一次，故钧今晨飞华府，即往晤，悉艾登原亦盼晋谒，惜在纽约相佐仅一日，现夫人正访美国西岸，逗留尚有日，而彼已定明日离美访加拿大，三日后即须回英报告，以此预约在先，势难抽身往谒，殊以为憾，惟深盼夫人能早日决定赴英，并谓英朝野愿以最崇厚之礼招待夫人，托钧代陈。"到了4月4日，孔令侃在饭桌上对顾维钧说：蒋夫人由于你①来到这里，已有七八成准备接受英国的邀请。第二天，顾维钧又见到了宋美龄，顾在回忆录中说："她秘密地告诉我，她现在计划在5月3日左右飞往伦敦……她打算取最短的途程，从北线飞往英国。她逗留的时间，准备不超过两周。"4月28日，顾维钧又去见宋美龄，"她谈到拟议中的对英访问，说身体一直不大好，荨麻疹更厉害了，也许根本去不成了"。5月5日早晨宋美龄对宋子文说"取消访英这件事"。宋美龄一再解释说：若不是因为身体不好，她定会接受英王英后的邀请，她愿意保留邀请，却不肯作日后专程去英国的承诺。顾维钧评论这件事说："原因可能是妇女往往比较主观，或许蒋夫人在这件事上又比较感情用事。我不知道她是否和委员长充分商量过，无论怎么说，被邀访英和在美国未同丘吉尔会晤这两件事，处理欠妥。我对两事均甚惋惜，我深知英国人也不愉快。"②

第五件事，她在美国治病。

宋美龄住进了哥伦比亚长老教会医学中心哈克尼斯医院后，一直到第二年（1943年）2月才出院。《宋家王朝》一书中说宋美龄"即将在病床上躺十一周"。负责为她治病的是罗伯特·洛布医生。"美龄确实进行了一系列治疗：她的智齿拔了，鼻窦炎也消了，这一切都是秘而不宣的。"③

① 这里的"你"，是指顾维钧。

② 《顾维钧回忆录》，第五分册，第312页。

③ 《宋家王朝》，第546页。

在治疗期间，许多美国人士均表关注。正如宋美龄说的，美国人民“曾纷致函电，亲切慰问”，“余固愿一一答谢此数千函电，但事实不可能，故拟乘此机会向诸君作一总答谢”。经过了一段时间的治疗，宋美龄就离开医院，随即接受罗斯福的邀请，赴白宫居住。“蒋夫人于1月初带着两名护士和孔家的外甥、外甥女搬到白宫。孔家的外甥女总是穿男式服装，弄得罗斯福误称她为‘小伙子’。蒋夫人随身带了许多丝绸被单，每天都要换，如果午后休息，每天就要换两次。她通常是在房间里用餐，白宫服务人员对于她用拍手的方式呼唤他们感到恼火，虽然每个房间都装有电铃和电话，她却不去使用。”①

三、评论她的美国之行

宋美龄在美国的治病与访问持续到1943年6月28日离美。29日，罗斯福致电蒋介石说：“蒋夫人于二十八日晨离佛罗里达，夫人此次莅美，余认为一大成功，比在舍间见夫人之健康确比初到时良好，惟医生坚嘱，于长途辛苦之旅行到渝后，必须有一星期之完全休息。”7月4日，蒋介石致电罗斯福为宋美龄在美期间所受之优礼表示谢忱。电文说：“内子已于本日午后抵达重庆，其健康已较离渝时良好，殊感欣慰。在美期间，诸承贤伉俪优加礼遇，谨同表深挚之谢忱。”宋美龄回国的情形，在《宋家王朝》一书中有这样一段文字：“1943年7月4日，美龄返回重庆，当时正在中国为战时情报局工作的格雷厄姆·佩克注意到，尽管在美国国内的美国人民在有关中国的情况方面受到欺骗；但美国兵却没有。在飞越危险的驼峰之前，为了减轻飞机重量，美龄的行李

① 《史迪威与美国在华经验》（下册），第502—503页。

在阿萨姆机场卸了下来，另装一架美国军用运输机。这一装卸是在机场相当偏远的一角进行的，搬运行李的美国兵不慎摔了一个柳条箱，箱子开裂了，里面的东西都滚了出来……里面满是化妆品、内衣和各种珍奇的玩艺儿。蒋夫人是打算用这些东西伴她度过战争岁月吧！这些美国兵勃然大怒，因为当时驼峰运输处于困难时期，许多美国飞行员为了向中国运送物资而牺牲生命。这些士兵把其余的箱子也都摔在地上打破，皮大衣、魔钟等在尘土中滚得一地，用脚踢踹够了，这才把这些乱七八糟的东西丢进待命起飞的飞机。”在当时中国抗战极度困难、物资奇缺而运输又这样艰巨的情况下，宋美龄竟如此背弃她在美国的到处呼吁，将她要用或送给达官显贵的奢侈品大量地占据空运飞机，这充分暴露宋美龄的统治阶级的本性。

这次宋美龄在美国的活动，是风靡了全美国。“蒋夫人在这次直到1943年5月才结束的长期访问过程中公开露面时，博得了人们极大的钦佩和欢迎，这是自从林德伯格①成功飞越大西洋以来，任何人都没有受到过的待遇，正如威尔基预计的那样，美国人对她‘洗耳恭听’。”②

第一炮是她在美国国会的两场演说获得了空前的成功。“当二月十八日蒋夫人在美国国会发表演说时，她在听众中掀起了阵阵狂热。‘真了不起啊，’一位议员评论道，‘我从来没有经历过如此动人的场面，蒋夫人几乎使得我的眼泪夺眶而出。’那天，夫人身着妖艳的黑色旗袍，体态娇小苗条，神情自若，一口标准的英语优雅而又动听，她使国会觉得是在听‘世界上的一位伟人演讲。’据《生活》周刊一位也被夫人迷住而且对当时的情形很了解的记者报道说，议员们全都被夫人的风采、妩媚和才华“吸引了，……惊愕了，……缭乱了。’在议员们全场起立，热烈鼓掌达四分钟之久以后，蒋夫人开始了演讲，她的主题是：战胜日

---

① 1927年5月20日至21日，林德伯格驾机从纽约长岛起飞，经33小时又30分到达巴黎，第一个中途不停留地飞过大西洋。

② 《史迪威与美国在华经验》（下册），第500页。

本比战胜德国更为重要；美国应该让她的人民去中国战斗，而不应该在太平洋花费那么多的力量，当她说到，经过五年半的抗战，中国人民相信，‘与其忍辱接受失败，不如光荣地冒失败之险，去争取胜利’时，欢呼的掌声达到了高潮。”① 美国《新闻周刊》对她在国会的演讲的报道也是迷惑人的：“效果动人极了：娇小的身材，穿一件紧身黑色长旗袍，开衩近膝，平整的黑发在颈背稍稍卷曲；她戴的首饰都是无价之玉石；纤纤十指涂得鲜红；脚上是透明的长筒丝袜和轻便的高跟鞋。”又说：“美龄身边的文字材料也同样丰富多彩，而且几星期前就逐渐透露给报界了。”

继国会演讲后，她在美国各地巡游，呼吁对中国抗战的支持，并敦促美国政府投入更多力量对日作战。当时，时代周刊和生活杂志的老板亨利·鲁斯出面说服洛克菲勒担任“欢迎蒋介石夫人公民委员会”的主席，这个委员会有270名纽约著名、且有影响力的人士组成，“似乎每个人都以能为她提供些服务为荣，一站，一站，纽约、卫理斯学院、芝加哥……到了洛杉矶‘宋美龄旋风’到了顶点。”② 这一路上，她的第一站是纽约。她住在沃尔多夫·阿斯托里亚塔楼旅馆的第42层，鲁斯为她设宴招待，邀请了60位贵宾陪同，其中有威尔基、阿诺德、霍夫曼、杜宾斯基以及纽约、新泽西、宾夕法尼亚、康涅狄格、马萨诸塞、罗德岛、缅因、佛蒙特、新罕布什尔等州的州长。但宋美龄只是在饭后喝咖啡时露了一面。有的书评论说：“她在为晚宴后的大会演讲养精蓄锐。”当晚，她在麦迪逊花园广场发表了演说。当威尔基称宋美龄为“复仇天使”、“为正义而战的无畏勇士”时，广大热情的听众爆发出赞许的欢呼。在纽约逗留期间，她游览了唐人街，有人估计约5万人站在狭窄的马路两旁欢迎她。她到母校威尔斯利学院度周末，与1917年级

---

① 〔美〕麦克米伦出版公司出版，姚凡立等译：《蒋介石的外国高级参谋长——史迪威》，黑龙江人民出版社1988年5月版，第507—508页。

② 《宋美龄传》，第255页。

的同班同学聚会。接着，3 月 22 日在芝加哥运动场、27 日在旧金山、4 月 4 日在好莱坞发表了演讲。沿途，发生许多生动的事件。有一次，她在美国中西部一个车站作短暂停留时，车站站长凌晨三时得知她乘坐的列车将于八时通过该站，立即唤醒妻子，告诉这一消息。站长妻子为了表达对中国的感情，特地制作了拿手的小甜饼送给她。她在洛杉矶时，好莱坞圆形竞技场是座无虚席地等待着她的到来。州长和市长专门陪同，洛杉矶爱乐交响乐团演奏了赫伯特·斯托萨特专门为这次会见谱写的《蒋夫人进行曲》，电影名片《飘》的制片人大卫·塞尔兹尼克一手布置、督办了这场欢迎会。沿途，她还要接待客人。在旧金山，她举行了茶会，招待了加利福尼亚、内华达和犹他三个州的州长和旧金山市市长以及十几位美国名流。在洛杉矶，她为大约 40 位电影制片公司负责人举行茶会。“蒋夫人坐在台上的一把扶手椅中。这些人向她提出的问题，有些很欠考虑也不恰当，例如有人问电影制片业在中国可以做出什么贡献，对中国有无可效力之处？第一夫人对这类专门具体的商业问题显然颇感意外，但她还是作了回答。”① 紧接着又与电影明星嘉宝、贝克馥、瑙玛希拉、安娜贝拉、洛丽泰扬、泰隆宝华、屈赛、路易丝、内娜等见面。“她和每个人握手，稍作寒暄，她的一言一行在此场合倒非常得体。”②她在接受了天主教学院授予法学博士学位后，又举行了茶会，招待了以塞尔兹尼克为首的洛杉矶市民接待委员会成员、陆海军高级将领以及米利金博士和夫人、影星克馥。

由于宋美龄的这一系列繁忙的活动，激发了美国人民对中国表示友谊的强烈愿望，使美国人民了解中国抗战，同情中国抗战和支援中国抗战，宋美龄在演讲中说及：“余曾收到贵国人民自大城市及小村镇所发之函电，不可胜数，发函电者有商人、有农民、有工人、有教授、有教士、有大中学生、有勤劳而为人母者，甚至有幼小儿童。又曾收到捐款

①② 《顾维钧回忆录》第五分册，第 269 页。

多少不一，源源而来，有捐助一二元或少于一二元者，且往往附述其愿望，希能作更多之捐助，此项赠款，在捐助者固属真正之牺牲，而在吾国人民视之，则每一款项，不啻值千百倍，且因捐者之美意而益见珍贵。”当时还发生了这么一件感人肺腑的事：有一封卡思林·奎因夫人从新泽西州东奥林寄来的信，信里附有一张 1937 年的新闻照片和三美元汇票，照片上是当时上海遭受日军轰炸破坏后，一个孩子坐在铁轨中哭泣的情景，寄信人请总统把汇票转交给蒋夫人，并写道：“这三美元是我三个女儿捐献给这个坐在中国某地铁道上的小孩的。”

宋美龄的这次访美，的确给美国朝野和美国人民留下了一个好的印象，对扩大中国抗战的影响起了积极的作用。卡尔·桑德伯格在《华盛顿邮报》上写道：“她所想要的，都是为了地球上的全人类。”而且在她回国后，曾在纽约圣劳伦斯河边的一个宁静的小镇与西纳的圣约翰圣公会教学，设置了一个巨大的玻璃彩画窗，它是由宾夕法尼亚州的艺术家瓦伦丁·多格里斯创作的，它描绘了天堂里的生活。耶稣基督在上，圣母玛丽亚和列位圣徒在下，按历史顺序代代相传，直至如今。代表当代玛丽亚的画像是东方人的画像，这就是宋美龄，“基督徒中的第一夫人”。她高举一卷直幅，上面写着她以基督徒身份向全体美国人发出呼吁：“我们必须宽恕为怀。”

不可否认，宋美龄的这次访问也给美国人留下一些不好的印象，在外国人写的有关书稿中都提及。主要是生活上要求侈奢，例如在白宫居住时每天床单换得很多；在芝加哥不住对华救济联合会地方委员会为她提供的棕榈大厦宾馆的半层楼，却要对方再花几千美元住德雷克饭店；穿戴奢华，“她鞋上的一些珍珠也许正是一九二八年盗墓人洗劫慈禧太后陵墓，破坏尸首时从凤冠上揪下来的，亦未可知”。其次是“进行官方访问对她说来还是缺乏经验”[1]。虽然她不卑不亢，包括拒绝见丘吉

① 《顾维钧回忆录》第五分册，第 311 页。

尔，“在某些方面，她才华出众，尤其聪明、辩才、魅力和精湛的英语，更非常人所能及”。

宋庆龄对宋美龄的这次美国之行有这样的评述：“ML（指美龄）看起来是这样阔绰高贵、举止又是那样的像最时髦的名流，我们发现她经历了一场巨大的生理上的变化……她看来很会适应并且很容易受周围环境的影响，在这方面她很像克莱尔·布思①”，“不管人们怎么说，她为中国做了最广泛的宣传，并且正如她自己对倾慕的人的一次集会上所说，‘我让美国人看到，中国人不会是苦力和洗衣工人！’我想，中国必须为此而感激她。”②

总的说来，“以一个国民来说，宋美龄在美外交上的成就是难以估计的，数以千万甚至上亿的美元也紧跟着她的脚后汇到中国，支援中国的抗战，救济受苦受难的中国人，遗憾的是，这些钱，大部分被缩水了，大部分被纳入了私人的荷包，多年后，继罗斯福为美国总统的杜鲁门在接受作家米勒访问时表示：他们全都是贼，他妈的全都是’……”③

从宋美龄在美国的活动和各方面的评论来看：

第一，由于中美两国抗击日本法西斯的一致性，所以宋美龄在美国为抗日而所作的演讲与所干活动，受到美国朝野的欢迎；尤其是珍珠港事变之后，美国受到日军的攻击，随着太平洋战争爆发，美国需要中国抗战来牵制日军，而中国的抗战也显示了威力，所以宋美龄不仅有了在美国活动的资本，而且有了活动的市场。

第二，由于宣传抗日、争取对中国抗日的援助，符合中国人民的利益，所以宋美龄尽管代表蒋介石、国民党的利益，她的活动在当时的历史潮流下仍值得肯定。

第三，由于宋美龄在美国活动中所表现出来的不卑不亢，显示了民

① 美国《时代》《生活》杂志主编亨利·卢斯的夫人。

② 宋庆龄自重庆致纽约格雷斯·格兰尼奇，1943年7月16日。

③ 《宋美龄传》，第256页。

族的气节。虽然她从幼在美国受教育，但没有“惟美是从”，即使像罗斯福、丘吉尔这些资产阶级的著名政治家，她在他们面前也没有低三下四。

第四，虽然宋美龄是为蒋介石、国民党争取美援，但美国援助的物资到了中国后，蒋介石就在大后方储藏了起来，等到新的内战一爆发，就将这些“美援”拿出来对付人民。因此，宋美龄这次赴美活动在客观上是为蒋介石的新内战预先出了一把力。

第八章
一九四八年的美国之行

时隔6年，宋美龄再次赴美求援，这一次“宋美龄遭到总统的冷遇，她也无力再施展故伎，为此深感烦恼。美龄离开华盛顿，再次到孔家在里弗达尔的宅邸，隐居起来。”杜鲁门说：“我不会像罗斯福那样让她住在白宫。我想她不会很高兴的。但她高兴不高兴，我并不在乎。”

1945年8月，中国人民浴血奋战了8年的伟大的抗日民族解放战争取得了胜利，举国同庆。8月14日，宋美龄发表了《胜利播讲》。她说：“今天举世欢腾，庆祝着我们战胜了最后的一个轴心的国家，这个胜利，乃是我们所期望，我们所祈求，而也是我们所努力造成的。我今天要向美国国民表示我同胞的感谢，因为在我们八年长期的全面战争中，你们对于中国所遭遇的许多障碍与困难，曾经给以深刻的同情与始终如一的了解，我并且还要代表中国同胞感谢你们，你们在能力所及，莫不迅速给我们物质方面的援助，因为你们的急公好义，给我们大宗的帮助，给我们能顺利推行救济工作，无数的难童难民以及流离失所的同胞，在他们悲惨的绝境，得到了资助与安慰。现在完全胜利降临了，我们先要感谢我们的创造者并且要积极缔造真正合乎基督精神的和平。科学家的发明原子弹，无疑加速了日本投降的决定，结束了野蛮而徒劳的挣扎。此次战争的结束，我想凡是有儿子或丈夫在军中服役的母亲或妻子，特别来得高兴，可是我同时也断定，我们一定万分的忧虑，知道如此猛烈的武器，如果落在残暴国家的手里，才真是了不得的事情。原子炸弹的制造方法，虽经严守秘密，然而这是根据着很多科学家所明白的原理，若有相当的资源与时间，或许可以仿造的，如果落在贪婪无义的敌人手里，仍旧可以造成大部分人类的毁灭。我不相信人类在疯狂之中自相残杀，是上帝的计划与意旨，然而在现世界中，人类科学进步的机智，远胜于精神方面的成熟，倘使我们仍旧道德堕落，精神昏蒙，而不能深切了解那种等待着我们的全体绝灭祸害，则文明与人道将要自趋于灭亡，除非我们对于联合国参加此次战争所预见的崇高理想，能够积极实现，维护力行，否则我们子弟们的流血与牺牲，都将白费的。”最后，宋美龄说：“现在我们正在决策的十字路口，时间不允许我们再行蹉跎，错失机会，否则恐将悔之莫及的了。”① 的确是中国的命运将走向何方的“十字路口”，蒋介石还没有等到人民庆祝抗战胜利的结束，就采用各种手段来抢取抗战胜利的果实，同时积极准备新的内战。他在日记中就说：“呜呼！抗战胜利，而革命并未成功；第三国际政策未败，共匪未清，则革命不能曰成也。勉乎哉！”可见，同中国共产党打内战是他既定方针。1946 年 6 月，蒋介石挑起了新的内战。由于向解放区进犯的连连失败，1948 年 9 月至宋美龄赴美前，东北卫立煌集团 47 万部队被歼。8 月召开的南京军事检讨会无济于事。蒋介石的政权摇摇欲坠。在这样的形势下，宋美龄再次赴美救援。

---

① 《蒋夫人思想言论集》卷 3。

一、不难推测的动机

在宋美龄的眼里，“美国的态度和行动也许是在未来世界的形成中唯一的伟大的决定力量。”甚至她认为：“要是前此美国曾积极参加已故的国联，国联也许会有足够的力气来阻遏第二次世界大战的爆发。”[①]宋美龄始终把美国作为“救世主”。上述这番认识是宋美龄在 1946 年发表的一篇题为《舆论——世界和平的新因素》中说的。

进入 1948 年，战争形势对蒋介石来说更为不利。1 月 7 日，蒋介石在日记上说：“阅地图所示共匪扩张之色别，令人惊怖，若对匪作战专重对付其军队主力，而不注重面积之原则，亦将陷于不可挽救之地步。”为了在人们的心目中改变这种失败，给他的政权打强心针，宋美龄紧随蒋介石做了几件事：一是为召开国民大会，选举总统，进行大量的活动，在选出蒋介石为中华民国第一任总统时，宋美龄还特地与蒋介石各背着彩带合影，以昭示天下，企图安定民心。二是在蒋经国于 1948 年治理上海经济期间，宋美龄插手“杨子案”，以稳住统治集团内部的阵脚。1948 年 8 月 20 日，蒋介石命令实行金圆券。21 日，分别派俞鸿钧为上海区经济管制督导员，蒋经国协助督导；张厉生为天津区经济管制督导员，王抚洲协助督导；宋子文为广州区经济管制督导员，霍宝树协助督导。蒋经国“带着他‘新赣南政治’的资本，调来了‘戡建大队’，向渔管处借调一部分旧干部，在上海中央银行内，设置办公室，就杀气腾腾地，打起老虎来了。”[②] 当蒋经国查封了孔令侃的杨子公司时，宋美龄正在南京的宴会上，“上海突来一紧急电话，蒋夫人接完电话之后，神色至为不安，乃先行离席。翌晨（十月一日）飞沪，经过宋美龄从中

---

① 《蒋夫人思想言论集》卷 2。

② 江南：《蒋经国传》，中国友谊出版公司出版 1987 年第 2 版，第 165 页。

干预，此一丑闻，喧嚣中外，不日，孔令侃飞美。”① 另据曹聚仁的记载：“当宋美龄带着大公子（孔令侃）去看蒋先生的时候，经国已经束手无策了。”②在蒋经国的《沪滨日记》中记着10月9日的活动：“父亲于昨晚由北平来沪。清晨拜见父亲，报告上海情况。目前有许多问题，尚未解决，但亦不忍报告，盖不愿烦父之心也。……四时赶机场送父亲赴京。”③ 三是在东北战局十分紧张的形势下，宋美龄随蒋介石飞往沈阳，以稳战局。那是1948年10月15日，“蒋总统偕夫人再度④飞到沈阳。”在这一天蒋介石的日记上记着此行的目的：“（一）为商决规复锦州之计。（二）为督促长春守军限期突围南下。（三）为严督沈阳与锦（西）、葫（芦岛）两兵团赴援锦州，以期救护我范汉杰、卢濬泉等忠勇将士。”结果无济于事，就在这一天晚间，锦州被我军解放，蒋介石的七万精锐部队被我歼灭。

1948年11月26日，国民党政府驻美国大使顾维钧⑤，接到国内外交部次长叶公超的电话，说宋美龄决定访美，并传达了外交部长王世杰的口头指示（说是经过蒋介石同意的）。这个指示有五点，即“第一，蒋夫人将以私人身份访美，她将应美国各团体的邀请向美国政府中和美国人民中她的朋友们介绍中国的局势。（这是此次访问目的的官方说法）第二，她不得公开露面。第三，她将是马歇尔将军夫妇的客人。第四，孔家的人，无论长幼，均不得参加她的活动；她的一切活动均须通过驻美大使馆并与之商议安排。第五，她将在华盛顿逗留一周至十天，至多不超过两周。”⑥ 同天下午，美国国务院新闻发布官麦克德莫特宣布了宋美龄计划访美。

---

①② 《蒋经国传》，第176页。

③ 《蒋经国自述》，湖南人民出版社1988年版，第188页。

④ 蒋介石在此前曾两度赴沈阳，第一次是1948年1月8日，第二次是10月2日。

⑤ 顾维钧自1946年至1956年任国民党政府驻美国大使达10年之久。

⑥ 《顾维钧回忆录》第六分册，第560页。

30日，宋美龄的座机到达旧金山。中国驻纽约领事游建文随行。12月1日，她到了华盛顿。到机场迎接的中国方面有60人，美国方面有国务卿马歇尔的夫人（马歇尔本人当时因在瓦尔特雷德医院住院观察，未能亲到机场）、国务院礼宾司官员伍德沃德及夫人、巴特沃思夫妇以及杜鲁门总统的代表兰德里上校（白宫空军武官）。宋美龄到达时迎接的场面是很混乱的。原来的安排是：顾维钧作为国民政府驻美大使，第一个去迎接宋美龄下飞机，顾维钧在11月30日晚给游建文的电话中说："我将去华盛顿机场飞机舷梯旁迎候，而不进入机舱。"接着是马歇尔夫人、黄蕙兰（顾维钧的夫人）、巴特沃思夫妇，然后轮到孔祥熙，再由顾维钧陪同宋美龄，同新闻界代表、摄影记者见面寒暄并摄影。但是，当宋美龄的飞机一到达，孔祥熙就第一个抢上去问候宋美龄，宋美龄不得不同时伸出两只手。右手同孔祥熙握手，左手同顾维钧握手。摄影记者也一拥而上，抢拍王世杰的女儿（她那时是纽约的居民）向宋美龄献花的镜头。接着是一片混乱。马歇尔夫人拽着宋美龄的胳臂走向停在飞机旁她自己的车子，同时问宋美龄是否要发表声明，因为后面跟着一大群记者。宋美龄说不讲话了，马歇尔夫人即把宋美龄推入车内。车子刚要开动，顾维钧跑过去叫司机停住，同时把兰德里上校从人丛中拉过来介绍给坐在车上的宋美龄，说明他代表杜鲁门总统，并感谢他到机场来，同时感谢杜鲁门总统派他来。国务院为游建文派来的汽车也乱了套。游建文本来应与宋美龄同乘她的汽车，可是宋美龄的汽车没等游建文上车就开走了。原来给游建文派的车子这时又已为宋美龄的女仆和马歇尔的女仆占用，两人都不愿换乘装有行李的另一部车子。最后，其中一个人答应和司机并坐，游建文才有个后座。这种混乱场面，从一个侧面反映了蒋介石的国民党政权正处垂死挣扎的境地。宋美龄这次访美是来也匆匆，迎也匆匆，连驻美大使顾维钧在11月26日才第一次听到宋美龄即将来美的消息，到了30日晚从游建文的电话中才知道宋美龄和游建文已经到了旧金山，将于12月1日上午10时到达华盛顿。12月1日，顾维钧接到的第一次报告说，宋美龄一行将提前到达，但后来还是按原定时间到达。

宋美龄为什么再次访问美国呢？

1942年她访美是因私因公，这次是否也如此呢？

当时是说法种种：

一种说，她这次访美，“其实是个人原因，敦促美援的使命是借口”。这种个人原因有三条：“第一，与委员长发生口角，委员长从沈阳回到南京，为时局担忧，把美国的态度归咎于宋氏家庭；第二，避免被共产党俘虏的危险和为她个人的安全；第三，孔家和她在美国总统选举之前曾大做股票投机买卖，指望在共和党获胜后哄抬价格，结果大赔，他们来美是为了收拾财务上的烂摊子。”①

一种说，她这次访美，是为“委员长寻求一切途径，用以敦促美国对那几点要求做出有利反应的愿望的一部分”。“几点要求”的具体内容是指：“1. 争取美援问题包括两个基本方面：一是与目前紧急情况的重要性相适应的适当计划，且须足以彻底稳定中国局势，从而使国民政府能在其领土上，特别是在长城以南，行使其权力；二是使中国能度过美国国会采取行动前的三至四个月紧急期间的短期方案。尽管根据1948年援华法的现行援助计划尚未完成，且以援华法的特别拨款（一亿二千五百万美元）所购买的大部分武器弹药运抵中国尚需时日，美援问题的这两个方面是互相补充与不可分割的。2. 短期方案包括下列目标：（甲）美国总统发表美国政府同情与支持中国的声明，并表示继续提供适当援助。（乙）美国政府提供技术援助，其方式是派遣由一位高级军官率领的军事代表团，以协助中国制订作战战略、条例、训练、补给等方面的有效规划，制定时须适当考虑可以利用的美国资源、美国政府避免卷入的愿望，美国政府的财政政策以及影响美国政府、国会和美国民

① 《顾维钧回忆录》第六分册，第574—575页。

众的心理因素。为了使美国政府能够接受，任何规划都必须把上述各点考虑在内。（丙）在美国国会未采取新的的行动的情况下，谋求美国政府力所能及的即时援助。（丁）将以1948年援华法项下特别拨款支付的武器弹药加速运交中国。（戊）洽谈以较低价格而不以重置价格采购美国陆军库存武器弹药和其他补给品。3. 目前的军事物资采购计划系以1948年的援华法为依据。根据该法令，自四亿美元的总额中，以赠款形式提供不超过一亿二千五百万美元的拨款作为对华的追加援助。我国政府决定将此项拨款全部用于武器弹药和其他军事物资的购置：陆军、空军和海军的分配额分别为八千七百五十万美元、二千八百万美元和九百五十万美元。以援华法项下资金所购置的飞机和空军装备已开始运华，且进展情况正常。其原因是大部分飞机和装备是1948年4月2日前按照空军大队方案定购的；从去年底我国政府即大力执行该方案，当时美国当局表示将继续办理。4. 陆军采购计划的进展则不如预期的那样迅速。谈判中最困难之处在于所谓七军三师方案，该方案是我国国防部和美国代表于8月底在南京拟定的。该方案所需全部费用由两国代表根据1945年的标准价格共同估计为三十七亿美元。按照这个估计数字，从八千七百五十万美元的陆军配额中将此款于9月间转交美国陆军部为支付整个方案专用。但按陆军部最近的计算，完成该方案所需费用总计为七千四百九十八万七千八百一十美元，即几乎为在南京原估计总数的一倍。因此，陆军部未能按原定方案提供全部物资。症结在于陆军部的最新计算系以重置价格为依据，而这就比1945年的标准价格高得多。5. 已向美国总统和国务卿提出了增加并迅速提供精神方面和物质方面援助的紧急请求，具体内容如下：（甲）要求美国政府尽力给予更多的精神上和物质上的援助，这特别是考虑到今后三四个月是中国抗击共产党侵略的斗争的生死攸关阶段。（乙）要求美国总统发表适当的正式声明，支持中国为之而战的自由事业。（丙）要求派一位高级军官并授权他协同中国政府制订军事援助的全面规划。（丁）要求加速对华装运特别赠款购置的武器弹药。（戊）要求美国政府按 1945 年标准价格确定整个七军三师方案的费用，并授权陆军部采取紧急行动以完成该方案。（己）要求提供七十三架 A—26 攻击轰炸机和二十四架 PB—4Y 海军轰炸机以及总计五千七百吨的各类炸弹，并按 1948 年 7 月 15 日签订的无限制合同（W—ANL—CH—1575 号）继续交付 P—47N 飞机。”①

一种说，她这次访美，是要和美国总统杜鲁门进行重要会谈，尤其是同美国国务卿马歇尔进行个人直接联系。这是因为蒋介石认为在整个美国援华问题上的关键人物是马歇尔。宋美龄比蒋介石对马歇尔一家人和美国更为熟悉，由宋美龄亲自来把蒋介石和马歇尔之间在中国发生的误会解释开，并向马歇尔力陈中国局势的严重性，而中国局势最终会对美国在远东的地位和利益发生重大影响。这样做能促使马歇尔采取积极的行动。

那么，宋美龄到底为了什么而再次访美呢?

抗日战争胜利后，蒋介石“下山”摘桃子，抢夺了胜利果实，1946 年 6 月又调集了 160 多万正规军（占全部正规军的 80%），向各解放区进犯。陈诚（参谋总长）大吹特吹，说“三个月至五个月便能解决”同共军作战，说国内交通线“任何一线均可于二周内打通”。结果，不仅全面进犯失败，就连重点进犯也遭失败。到了 1947 年 11 月底，蒋介石不得不承认“全国各战场皆陷于劣势被动之危境”，进入 1948 年，9 月至 11 月，人民解放军发起了辽沈战役，将蒋介石的东北集团 47 万部队全部被歼。11 月，人民解放军又发起了淮海战役。6 日，蒋介石的黄伯韬兵团（黄虽不是蒋的嫡系，但是蒋在华东战场上的主力之一，无论在卖命上或在战斗成果上均为首屈一指的打手）被围歼。当黄伯韬兵团被人民解放军围困时，蒋介石急调黄维兵团（属华中白崇禧集团的第十二兵团），由河南信阳出发，准备到徐州作为战略预备，结果于 23 日被人

① 《顾维钧回忆录》第六分册，第 586—588 页。

民解放军包围在宿县西南的双堆集。对此，蒋介石命令杜聿明带了邱清泉、李弥、孙元良三个兵团由徐州南下去解黄维之围，结果也被人民解放军重重包围在永城东北的陈官庄。28日，蒋介石在南京召开军事会议，决定放弃徐州，留下一副烂摊子由杜聿明收拾。正是处在蒋介石的东北集团被歼、华东集团将要被歼的军事局面下，宋美龄赴美访问。顾维钧在回忆中说："根据国内的政治和军事形势，特别是军事形势，突然决定派遣特别使节的动机是不难推测的。早些时候，委员长没有想到局势会恶化得这样快，但局势确实急剧恶化了。1948年11月，东北失守，共军在直捣首都途中开始围困徐州。回想起来，徐州的第二战役显然是决定性的。在国民党内部，反对派日益抬头，主和派逐渐壮大，虽然还没有像1949年1月以后那样大喊大叫，但已为人所注意。总之，委员长面临政府更迭的强大压力。"又说："他不能屈从反对派去和共产党谈判；以他的政治和军事背景以及过去的经历，他决不能这样做。作为一个意志极为顽强的人，他决心继续战斗。但他未能想到战局会恶化得如此之快。当局势确实急剧恶化时，当共军几乎兵临南京城下时，他根据美国过去的政策，自然指望华盛顿、特别是杜鲁门和马歇尔予以援助，以提高全国的士气。"《宋家王朝》一书中露骨地说："'她来美国想多讨些施舍。'杜鲁门回首往事时刻薄地说。"当时，美国众议员索尔·布卢姆建议蒋介石与杜鲁门直接会谈关于美国援华问题。布卢姆是纽约州的议员，将任众议院外交委员会主席。顾维钧认为："他同情我们的事业，并急于帮助"，"不仅希望促成委员长和杜鲁门之间的会晤，而且希望委员长出席国会的特别会议，或者国会能召开这样一次会议来研究援华问题"，"为争取援华的最好办法是委员长或蒋夫人出席众参两院外交委员会会议"。而在当时的军事形势下，蒋介石是根本无法赴美的，正如顾维钧在日记中说："徐州战局这样危急，委员长目前能出国吗？在政府内外对他日益不满的情况下，他出国在政治上是明智之举吗？请他出国这个主意的背后是什么？这会不会激励他的政敌使他难以回国？

杜鲁门赞同这次访问吗？不经国会批准，总统能做些什么？国会能召开特别会议吗？国会采取迅速运动的前景如何？如果国会对援华不能采取迅速而有效的行动，这对委员长会产生什么后果?”必须争取美援来解救危局，蒋介石本人又不可能赴美，这样，这个担子就落在宋美龄的肩上。蒋介石派遣宋美龄来执行这项使命，但又对她的活动范围加上了一些限制。

二、在美国进行了哪些活动

宋美龄这次访美又进行了一些什么活动?

第一次活动是会见美国国务卿马歇尔。

宋美龄一到美国，就住进了弗吉尼亚州利斯堡马歇尔夫妇的住所。当天，接见了新闻及摄影记者。1948 年 12 月 2 日，她同马歇尔夫人去瓦尔特雷德医院探望马歇尔。这次会见交谈了 45 分钟。当晚，接到蒋介石的电报。蒋说:“余有计划，详情即将电告，为此，希推迟会见马歇尔将军。”5 日，蒋介石又致电宋美龄，敦促美国政府发表支持中国政府的声明，并说准备“引退让贤”。就在这一天，宋美龄在马歇尔夫人陪同下去瓦尔特雷德医院再次会见马歇尔，并共进午餐。这两次会见，没有达成什么结果。一位记者曾采访宋美龄，问她是否感到有收获。她不作正面答复，只是反问说:“有谁见到马歇尔将军而不感到有收获吗?”但从当时宋美龄准备发表的一份声明草稿来看，她对在医院与马歇尔的会谈“极为失望”。

后来，12 月 27 日，宋美龄还拜会了美国代理国务卿洛维特，重申请求美国政府援华。

第二项活动是参加了美国援华联合会举办的义卖。

12 月 8 日，美国援华联合总会华盛顿委员会在“五月花饭店”中国厅举行义卖。该委员会渴望宋美龄光临，因杜鲁门夫人已答应到场。该委员会主席弗雷德里克·布鲁克夫人特地请孔令杰做宋美龄的工作，驻美大使顾维钧也打电话给宋美龄的随员游建文，请他向宋美龄着重说明美国妇女渴望她表示盛情赞助，甚至杜鲁门夫人都愿意这样做，美国其他妇女都自愿努力工作。于是，宋美龄改变原定的“她自己认为最好不露面”，而决定出席，但要求不讲话。这天中午，布鲁克夫人、魏德曼夫人、鲁尔（援华总会副主席）和顾维钧等人在中国厅入口处迎接了宋美龄。由于布鲁克夫人在扩音器前讲话感谢蒋夫人的光临，结果宋美龄只得临时致答词。评论说：“她讲得非常好，说了几句很得体的话”，“讲话使每个人都高兴，并将产生良好的效果”。宋美龄还赠锦缎一块参加义卖。她被引到各桌前介绍给到场的中美妇女，然后由顾维钧的夫人陪同离去。这样“义卖”是打着“援华”的旗号；这个时候的“援华”道道地地是为了支持蒋介石大打内战，支持蒋介石挽救危局。其反动性显而易见。

第三项活动是会见美国总统杜鲁门。

在会见杜鲁门前，美国新闻报导说，宋美龄会见杜鲁门时将提出三点要求，即援华声明、向南京派遣高级军官以及增加军事物资的供应，宋美龄“对此消息颇为不快”，因为“这个报导不过是旧事重提，把报纸发表过的王世杰和其他人在巴黎和马歇尔会谈时提出的要求和在南京向美国大使馆以及在华盛顿提出的要求，重述一遍而已”。为了使宋美龄会见杜鲁门时有所准备，驻美大使馆特将 11 月 24 日顾维钧在白宫同杜鲁门会谈的记录和交给杜鲁门的备忘录抄本交给宋美龄参阅。顾维钧还给游建文写了一封信说：“也许她对这些文件认为无用或不感兴趣，但是鉴于她即将访问杜鲁门总统并和他会谈，我认为把文件送去备她参考，是我的职责。”12 月 10 日，宋美龄在接到上述这些材料后找顾维钧面谈。那天谈话的情况，顾维钧回忆说：“她板着面孔，不像往常那样愉快和自然。大部分时间她让我说话。”顾维钧对宋美龄说了以下几个问题：一是关于杜鲁门、马歇尔对华的态度。事先，顾维钧找过杜鲁门，还把蒋介石急需的军用品的清单交给杜鲁门和马歇尔。顾维钧对宋美龄说，美国内阁讨论过“援华”的事，会上马歇尔说了不少话，对此事没有做出决定，会后杜鲁门将“清单”交给国防部门处理。顾维钧明确地对宋美龄说：“总统对中国和中国政府是同情的，我们会见时，他向我讲了意味深长的话，他说那天早晨他再度和马歇尔讨论了中国局势问题，而且他仍然愿意支持委员长领导下的中国政府。”顾维钧又说明了马歇尔同杜鲁门的态度不一样，虽然杜鲁门可以同国务院有相反的意见，可以自行决定，但杜鲁门是很“钦佩”马歇尔，而且“华盛顿局面的关键在于马歇尔”。二是关于“援华”的问题。顾维钧提出了他的看法：“刻不容缓的是今后三四个月的援助，以使我国稳定战局；三年长期援助计划可稍后再提交国会。”三是解释了为什么美国新闻界公布了宋美龄会见杜鲁门要提出的三点要求以及顾维钧将他事先同杜鲁门会谈的记录及交给杜鲁门的备忘录抄本交给宋美龄。前者，顾维钧认为：“这不是什么新奇的事情”，“让人们了解中国所需，实际是有利也有弊”。后者，顾维钧认为：为的是把杜鲁门总统的态度和想法告诉宋美龄，使其有个应变的准备。四是顾维钧竭力吹捧了宋美龄的这次美国之行。顾维钧说：宋美龄的这次美国之行，“是为中国进行的一项艰巨工作”，“承担这项工作很有勇气，充满爱国热忱”。宋美龄也表示“承担这个工作是她的责任，不惜任何牺牲”。就在 12 月 10 日下午，宋美龄和杜鲁门进行了重要会谈。“下午五点开始用茶点，杜鲁门小姐斟茶，总统及总统夫人接待了蒋夫人和马歇尔夫人。没有其他客人在场或被邀请。五点半，总统把蒋夫人领到他的书房里去会谈。”关于这次会谈的结果，“记者问她是否有好消息或者她是否将再次会见总统时，她说这要由总统来回答。她神色严峻，冷冷地一笑，给人的印象是会谈没有成就”。晚上，白宫副新闻秘书艾尔斯发布消息说：“总统说，蒋夫人陈述了中国的情况，他同情地予以倾听。”当一位记者向总统询问宋美龄的今后计划以及他是否将再次会见她时，他生气了，他说，他不知道她的计划，而且不准备再见她。杜鲁门为什么这样做呢？是果然同马歇尔对蒋介石的态度有关，但从根本上讲是反映了美国政府对国民党的态度。当蒋介石发动新的内战时，马歇尔在1946年10月，就提醒向张家口发动进攻的蒋介石，除非能立即确立同共产党人达成协议的基础，否则他就中止调停。同年12月，马歇尔亲自告诫蒋介石，共产党力量很强，想在军事上打败他们是不可能的。避免中国经济崩溃的唯一办法就是同共产党举行谈判。马歇尔回国任国务卿后，确信没有美国的军事干预，国民党不可能在内战中获胜。马歇尔是“毫不动摇地坚持反对在中国进行军事干预”。① 1948年美国虽然也向蒋介石提供了4亿美元的军事援助，但宋美龄向杜鲁门提出今后三年内给蒋介石30亿美元的援助，并且要求声明美国决以打败共产党，在这一点上杜鲁门是无法答应的。

第四项活动是接见驻美大使馆工作人员。

12月21日，宋美龄从利斯堡搬到伍德兰大道她的寓所居住。1949年新年第二天（1月2日），宋美龄在她的寓所接见中国驻美国大使馆和其他驻美机构的工作人员。元旦那天，宋美龄、孔祥熙同顾维钧及其夫人交谈了国内局势和有关蒋介石下野的“谣传”。宋美龄说她要跟那些“造谣”的人（不只是共产党人）“算账”。顾称赞了她的新年祝词和蒋介石的新年文告。宋美龄说：“我是应合众社之请写的，而委员长的文告是他决心与共产党继续战斗的明确声明。”又说：“我确信局势终会好转，洛维特的声明澄清了美国对中国的态度，那是个很好的声明。”2日，宋美龄和使馆人员会见的情况，顾维钧在回忆中说：“在那里，我和游建文商量了一下，我对他说，如蒋夫人不愿握手，那完全可以，因为按中国礼节，不是握手而是鞠躬。我们刚说完，蒋夫人便突然下楼，

① 《史迪威与美国在华经验》，第770页。

走进客厅。当时已经来到的只有十来个人，我逐个做了介绍，蒋夫人在门口和他们一一握手。然后我请她到室内，把陆陆续续到的客人介绍给她。这是很累人的，因此我请她坐下等候其他人。一小时后，我提出，如她感到疲倦，可以退场，或者，如她认为客人应先离去，我可以带头。可是她说，她喜欢和客人在一起卿天。五分钟后，我请孔祥熙对蒋夫人说，如果她想退场，可以请便。孔对她说了之后，她立即起身，和我及其他几个人握手后，便离开客厅上楼。接见就此结束，大体说来，相当圆满。”当时，宋美龄虽然是一般的接见驻美使馆人员，也可以说是纯属客套的、表面的，但从当时的形势来看，却有深刻的含义。1949年元旦蒋介石发表的文告，已说及他个人可以下野：“只望和平能早日实现，则个人进退出处，绝不萦怀，而一惟国民公意是从。”宋美龄接见使馆人员，表明一是蒋介石还是在掌握着南京政府，二是驻美使馆还是蒋介石的使馆。

宋美龄这次访美的确很忙乱。顾维钧的夫人黄蕙兰在回忆中说：“蒋夫人有时通宵工作，白天需要小睡。她每次起床后都要换她的丝绸床单。但她想得非常周到，带上自己的床单，省去了麻烦。蒋夫人作息时间很不规则。不过她在华盛顿时，我们使馆人员整天围着她转，没有出什么问题。她既不吸烟也不喝酒。”①

三、结局如何？

宋美龄在搞了上述几项活动后就离开华盛顿赴纽约。“宋美龄遭到总统的冷遇，她也无力再施展故伎，为此深感烦恼。美龄离开华盛顿，

① 黄蕙兰：《没有不散的筵席》，中国文史出版社1988年12月版，第307页。

再次到孔家在里弗达尔的宅邸，隐居起来。”[①] 孔令仪在纽约第五大道有幢宽敞的住宅，宋霭龄在长岛另有一幢大房子。

宋美龄这次访美失败是预料中的必然结局，美国人的看法是，她的访美是不成功的。这是因为：这一，这次访美同1942年的访美是两种完全不同的性质，上一次是为抗日，而这一次是为反共。这次争取美援主要是军事物资，如所谓七军三师方案，包括下列各项，步枪124383枝；自动步枪8104枝；机关枪1566挺；冲锋枪8920支；81毫米迫击炮720门；60毫米迫击炮3260门；75毫米榴弹炮252门；37毫米平射炮252门；子弹3.178645亿发；迫击炮弹183.6万发；37毫米炮和75毫米榴弹炮炮弹16.68万发。这些军火争取过去就是去同人民解放军作垂死挣扎，去更加激烈地打内战。这不能不引起美国朝野的反感，反对支持蒋介石去打内战。美国“要做出重大决定必须以广泛的支持为基础，不仅要得到华盛顿和国会的大多数政治领袖的支持，而且要得到舆论的普遍支持”。[②] 顾维钧就说，指望一位美国的国务卿能够如同中国委员长一样，在美国贯彻其个人决定，这是不可能的。《宋家王朝》一书中说：“蒋夫人的出现使官方左右为难。只有共和党人、院外援华集团和卢斯对她乞求‘在目前的斗争中’给予援助的要求，表示出一些同情。此行是一个灾难性失败。”第二，杜鲁门的拒绝。中国参加联合国粮农组织会议的农村专家凌道扬（是顾维钧在上海圣约翰大学时的老同学）说：“杜鲁门为人质朴，并坚决认为靠剥削中国人民而发财的人是靠不住的。”宋美龄会见杜鲁门不仅毫无结果而且杜鲁门公然表示不准备再见面。当时华盛顿接近马歇尔家的人曾暗示宋美龄“最好不要延长她在利斯堡的逗留”。《宋家王朝》一书中写道，杜鲁门说过“我不会像罗斯福那样让她住在白宫，我想她不会很高兴的，但她高兴不高兴，我

① 《宋家王朝》，第621—622页。

② 《顾维钧回忆录》第六分册，第583页。

并不在乎”。又写道：“杜鲁门不仅拒绝了她的乞求，还对报界发表了一项不无失礼的声明，揭露了美国给蒋的援助总额已超过三十八亿美元。”

宋美龄这次访美是为了挽救垂死的蒋家王朝，当然得不到美国人民的支持，她也不敢像1942年那样大胆地活动。违背历史潮流，违背人民意愿，失败是注定的。

1949年1月6日宋美龄到了纽约，在这之前，她曾嘱咐游建文“做回国的准备”。由于国内政局的骤变，宋美龄无法返回大陆了。1月21日，蒋介石召集在南京的党政军高级人员百余人，举行紧急会议，宣布下台。接着，蒋介石在老家溪口遥控大局，但无济于事。4月23日，南京被人民解放军解放。如以南京政府的建立与结束为标志，蒋介石统治中国22年的历史结束了。与此同时，蒋介石早就着手在台湾搞所谓“巩固台湾基地”。5月初，蒋介石自己乘一战舰逃往台湾。蒋介石到达台北后，安排他住总督府，他拒绝了。蒋要自立门户。他住进了台北城北八英里处的台湾粮业公司种植园的招待所里。8月，蒋介石和蒋经国从台湾飞抵成都，搞所谓“西南地区形势险要，物资丰富，尤以四川人力物力均很充足，必须努力保持这一地区。成为复兴的根据地”。12月7日，国民政府决定迁移台北。10日，蒋介石和蒋经国从成都飞离大陆去台湾。宋美龄在美国一直住到1950年1月10日才离美赴台。离美前一天（即9日），她在纽约电台发表向全美广播演说。她说：

> 我今天对你们讲话，就是要向你们辞行，谢谢你们殷切的款待。希望我下次再到美国来的时候，空气或许比较更为愉悦，敝国并已自异族侵略者的铁蹄下，重新获自由了。
>
> 每次离开美国，我总不免意绪茫然。我不仅是一个前来访问的旅客，而且我曾在这里度过多年的少女生活，我在这里接受了我的全部教育，也获得了使我能为本国人民服务的许多启

示。几天之后，我就要回到中国去了。我不是回到南京、重庆、上海或广州，我不是回到我们的大陆上去，我要回到我的人民所在地的台湾岛去，台湾是我们一切希望的堡垒，是反抗一个异族蹂躏我国的基地。

不论有无援助，我们一定打下去。我们没有失败，我们数百万同胞正在致力于长期斗争。只要我们一息尚存，只要我们对上帝存有信心，我们就要继续奋斗，无一日无一时不用来为争取自由而奋斗。我们要以毒攻毒。我们要以不屈不挠的精神和生命赋予的毅力，打击敌人，消灭敌人……

大家务须明白，我们所选择的是为自由奋斗。它不是——而且全世界应该知道它不是——仅系属于我们的斗争。中国当前的斗争，乃是善恶展开庞大冲突的初期，也就是自由与共产主义搏斗的开始……

我的丈夫领导他的人民从事反共斗争，已有二十几年的历史。一九二六年的国共决裂，就是由他单独负责的。他深信俄国当时的处心积虑，就在积极窃夺我们的国家。他看出中国成了一切谲谋诡诈的试验品，而这些谲谋诡诈，从此也就成了俄国用来反抗世界的伎俩。蒋总统是世界政治家中首先揭发共产党徒阴谋的第一人，同时也是着手反共的第一人。几年以前，他因有反共的勇气与毅力先获得赞扬。现在却被人侮蔑了。时代虽已变迁，但此人并未改变。我的丈夫仍以不屈不挠的精神，领导他的人民反抗异族的侵略和他们的邪说……

在道义上懦怯的人们现已正在抛弃我们了。我以沉重的心情，看见曾为盟友的英国，过去虽以数百万生命献在自由的坛前，而今竟已被它的领袖们导入政治阴谋的魔窟……

中美两国的传统友谊，具有与美国同样悠久的历史。你们有许多公民曾经寄居在我们的国家。你们的人民给我们援助，

> 也曾给过我们慰藉。你们所给的是爱的赠与，你们从未要求任何报酬。你们的名字将永远被珍视为友谊与慈爱的象征。我不能再向美国人民要求什么。我在贵国停留的这几个月中，没有发表演说，也没有作过呼吁。我的国家虽然极需你们的援助，但我从未参加求援的竞争……我们伸着空无一物而愿接受援助的双手直立着，我们谦卑而又疲困的直立着……不论有无援助，中国决为自由而战……①

宋美龄的这一在纽约向全美的广播演说，是一个心酸的、强颜欢笑的、故作镇静的表白，归纳起来讲了以下几个内容：一是承认了蒋介石与宋美龄那个政权在中国大陆上的失败；二是蒋介石与宋美龄那个政权虽然被摧毁了，但“不论有无援助，我们一定打下去”；三是，这场奋斗的性质是“自由与共产主义搏斗”，认为“世界已被分为自由与共产两大壁垒”；四是，蒋介石反共已有二十几年的历史，“是世界政治家中首先揭发共产党徒阴谋的第一人，同时也是着手反共的第一人”，时代虽已变迁，但蒋介石反共的这一基本点没有改变；五是，宋美龄表白“不能再向美国人民要求什么”，说她自己在美国停留的这几个月中，没有发表演说，也没有作过呼吁，虽然极需美国援助，但从未参加求援的竞争，从宋美龄的讲话，可见她的立场、她的观点同蒋介石是完全一致的，都是以反共为己任。也可见，她同蒋介石结合后，是风雨同舟，一起升浮，一起沉没。

① 《蒋夫人思想言论集》卷3。

第九章
与蒋介石"同舟共济"

回到台湾后的宋美龄一如既往地全力支持、协助蒋介石，其主要工作一是在言论中对共产党极尽攻击之能事，二是继续夫人外交，虽然昔日的辉煌不再重现，但宋美龄"给予丈夫的鼓舞与帮助"颇得一些美国人的赞赏。尼克松曾这样评价宋美龄："我相信蒋夫人的智慧、说服力与道德力量，已使她自己成为一位重要的领袖。"

1949年12月10日，蒋介石最后逃离大陆到台湾。1950年1月10日，宋美龄离开美国返回台湾。宋美龄回到台湾后，着重从两方面襄助蒋介石，一是大肆鼓吹"反共""复国"，甚至比蒋介石有过之而无不及，她深知舆论虽然一下改变不了现实，但必须镇静以待，制造空气；二是继续"夫人外交"，帮助蒋介石争取外援。

一、鼓吹"反共""复国"

1950年至1966年，宋美龄就方方面面的问题发表了大量的言论，包括论著 38 篇，演讲 64 篇，谈话 61 篇及函电 8 篇，其中心内容就是反共。而且，大多直接以反共为标题，如论著有：《共党到美国之路是经由中国》（1952 年 8 月）、《中华民国关于共产集团之问题》（1959 年 3 月）、《道德重整运动是对抗共党的利器》（1962 年 6 月）、《消灭共匪始能获致和平》（1964 年 7 月）、《中共匪徒对世界有增无已的悲剧》（1966 年 4 月）、《请美国朋友认识共匪真相》（1966 年 5 月）等；演讲有：中华妇女反共抗俄联合会上的多次讲话、《齐向邪恶的共产主义作战》（1957 年 10 月）、《对共产主义危险性的认识》（1958 年 7 月）、《注意共党的伪善与诈欺》（1958 年 9 月）、《勉妇女同胞应为反攻复国而奋斗》（1960 年 8 月）等；谈话有：《大陆人民彻底反共》（1951 年 4 月）、《反击共党补给基地的重要性》（1951 年 4 月）、《韩境停战决非表示共匪不再从事侵略》（1952 年 4 月）、《自由中国对世界反共的重要性》（1958 年 9 月）、《我反攻大陆铁幕内人民必将群起反共》（1958 年 9 月）、《我正策划大量抗暴运动》（1958 年 12 月）、《大陆上大规模革命必将提早爆发》（1959 年 6 月）、《重申我必将重返大陆》（1961 年 1 月）、《确信匪伪政权必将崩溃》（1962 年 11 月）、《共匪是自由世界公敌》（1965 年 9 月）、《应严防共党诡计》（1965 年 12 月）、《我必击败共匪光复大陆》（1966 年 4 月）、《摧毁万恶之源的共匪》（1966 年 8 月）等。以上的篇名仅仅开列了一小部分，足见宋美龄刻骨铭心之反共意识，用词也十分的恶毒与背时。

归纳宋美龄这一时期的言论，她所鼓吹的主要有以下内容：

一是批评共产主义，并大肆谩骂、谴责共产党，由此显示其坚定的反共态度。在宋美龄看来，“除了共党的死硬派以外，我们都一致认为共产主义是邪恶害人的东西”，“共产主义一直是，并且将永远是一种残酷的社会功利主义，毫无仁爱和正义可言”①，共产主义“代表一种集

① 《蒋夫人思想言论集》卷 4，第 123 页。

权力于顶峰的统治阶层的无节制的个人主义原则，适与法治与民主原则的广被权力大大相反”①。而共产主义所以能扩展到世界各地，她认为这“乃是共产党不择手段的渗透所致”②，而且“在我们的中间，也有许多人存有一种病态与可怜得几乎甘愿受骗的倾向，这是由于人民好用其自己的偏见，而非根据事实去解释共产党，我们都知道任何主义，不论其虚伪与否，都必须具有它的内容，更紧要的，对包藏祸心的人来说，也要在表面上讲得过去。”为证实她对共产主义的批评，宋美龄在言论中历数了共产党以往之所谓“伎俩”与“阴谋手段”。对于1949年以后的大陆与中共，宋美龄更是罔顾事实恶意诋毁与攻击，据她说：“自政府撤至台湾，整个大陆，便被关入铁幕以内，这是中国历史上空前未有的大灾难。四万万同胞，失掉了自由，无数的善良人民，陷入于黑暗恐怖饥饿的地狱之中。”③“诸位都十分清楚，共产主义具有国际性质，而中共牌子的国际共产主义，更是二十世纪后半期新型与更恶毒的帝国主义。共匪藉其利用世界混乱局势的信念，已运用暴力或藉阴谋和奸诈，从苏俄手里攫得世界共党的领导地位，在共匪的铁蹄之下，亿万的中国人民遭其残害。”④ 宋美龄利用各种公开场合陈述中共的所谓“暴行”，正如她本人所说“当我每到一地……我都会尝试翔实地叙述国际共产主义及中国大陆的共产主义的情况”⑤。从宋美龄的言论看，她的叙述当然不是客观的描述，而是肆意的编造与恶意的诋毁，她对大陆“土地改革运动”的陈述即是一典型的例子。她说：“从一九五〇到一九五二年，有六千三百万亩土地亦即大陆上耕地总面积的百分之七十被没收。他们并曾夺占人民一百万吨的食物，价值五十亿美元的工厂设备、

---

① 《蒋夫人思想言论集》卷4，第196页。
② 《蒋夫人思想言论集》卷2，第75页。
③ 《蒋夫人思想言论集》卷3，第233页。
④ 《蒋夫人思想言论集》卷2，第139页。
⑤ 《蒋夫人思想言论集》卷4，第161页。

农具、牲畜及储藏的金银，而毫未予以补偿。在此一时期，约有五千万人民遭清算，其中，已知有七百万人被活埋、斩首、绞杀及施酷刑而致死，另有三千万人被关入奴工营。”① 对于中共与苏俄的关系，宋美龄也是肆意歪曲，胡说什么：“中共匪帮与苏俄只是附庸关系，只是主奴关系，中共匪帮的言论行动，一切要听命于莫斯科，奴才是没有它‘自主’的地位的。”④ “共匪是苏俄帝国主义的走狗，是帮助苏俄侵略中国的赤色汉奸。”⑤ 对于共产党的恶毒攻击，无疑为国民党的反共找到了一个充分的理由与借口，宋美龄表示，“蒋总统和她自己以及自由中国人民将一刻不放松他们反共抗俄之努力”。

二是大肆宣扬大陆人民生活的“苦难”，声言要“拯救”大陆人民，并胡说大陆人民“希望”在台湾的国民党政权“能够打回大陆去”。宋美龄声称：“现在大陆上的民众，被共匪的征粮、征兵、清算、斗争，榨取压迫得透不过气来，再加灾害严重，饥饿死亡，民众对共匪怀恨怨愤，一天深似一天。我们真是侥幸能在反共基地的台湾吸着自由空气，过着安定生活，可是哪个不想到大陆上同胞的苦难呢？他们天天盼着我们反攻，可以拯救他们。当我们飞机去京沪地区的时候，一般民众不但不躲避，反而冒死去争拾飞机上掷下来的传单，没有拾到的，还愿意出钱买来看，足见人心未死，我们的民族复兴尚有希望，只要在自由中国的同胞们，大家唤起反共抗俄的情绪来影响他们，他们一定欢迎的。”⑥ 她甚至如此“自信”地说：“在我们的军火库里，存有着一项最强有力的武器——大陆上的人民需要自由，他们是站在我们这一边。”⑦ “人‘心’向中华民国，而心是最大的武器”，“打回大陆是不成问题的事，

① 《蒋夫人思想言论集》卷4，第161页。
④ 《蒋夫人思想言论集》卷5，第16页。
⑤ 《蒋夫人思想言论集》卷3，第234页。
⑥ 《蒋夫人思想言论集》卷3，第241页。
⑦ 《蒋夫人思想言论集》卷5，第125页。

因为全体中国人民都反对那个政权”，“大陆上的人民，以中华民国为拯救他们的惟一希望，并正在等待中华民国军队的到达”[①]。真是一派胡言，还盲目自信，自欺欺人。

三是极力宣传台湾，以坚定据守台湾进而“反攻复国”的信心。1951年2月宋美龄在接见美联社记者时，提及一年前她由美国返抵台湾时的境遇说：“那个时候，许多人以为我们将于数月之内完结；但是今日的情况，已大见改善，而我们的前途是无限光明。”她进而表示：“在任何时期，我都未失去我们将获得最后胜利的信心。今天正和过去任何时期一样，我确信上帝和我们在一起，而我们对它的信仰，必将证明是不虚的。”[②] 对于台湾的建设，她是信心十足并大加赞叹：“中国大陆于1949年沦陷之后，中华民国政府移驻台湾。自那时以来，中国政府已经成功地完成了‘耕者有其田’计划，实施地方自治，使台湾成为一个模范省份，成为一个屹立台湾海峡，随时准备对付共匪威胁的海岛堡垒。”[③] 在一篇题为《台湾——事实与数字》的论著中，宋美龄从经济、教育、人民生活等方面对台湾的建设作了高度的评价，与此相应，对大陆的建设妄加批评甚至是诋毁。不管宋美龄如何抬高国民党、贬低甚至谩骂共产党，她都无法回避国民党困守台湾这一事实。对此，为坚定人们“反攻”大陆的信心，宋美龄指出：“大家不要以为我们自由中国的版图目前只是台湾一省，和环绕大陆沿海的几百个岛屿而已，大家要知道土地的辽阔，不就是国家的伟大，而国家伟大，乃是全赖于我们民族的伟大精神，现在我们自由中国反共抗俄的精神，是最旺盛的，反攻复国的意志，是极团结的，而且大陆四万万五千万同胞的民心，都是归向着我们自由中国的，尤其是我们三民主义立国的精神是伟大无比的，我在今日妇女节要大声疾呼，我们的妇女同胞，都要认识我们民族伟大的

① 《蒋夫人思想言论集》卷5，第93、96页。
② 《蒋夫人思想言论集》卷5，第1页。
③ 《蒋夫人思想言论集》卷2，第139页。

精神，来收复广大的国土，拯救我们全国同胞。”[①] 并吹嘘说：“大陆虽失去了，但是……我们已完全得到了在大陆上，和全台湾的灵魂和民心，同时我们与共匪作战，是为正义而作战，是为中国得到真正的自由”[②]。“大陆上的人民，均在准备欢迎并支持蒋总统，这一点，已无丝毫疑问。”[③] 至于记者问及何时“蒋总统将可重返大陆”，宋美龄拒绝表示任何意见，并找了一个很好的借口说：“这是共党必然想要知道的，并相信听众宁愿不要她透露出来，致让共党知道。”[④]

四是敦促美国等西方国家对中共采取强硬态度。20 世纪 60 年代中期，美国原本僵硬的对华政策有了一些松动。1963 年 12 月 13 日，主管远东事务的助理国务卿希尔斯曼在其发表的一个长篇演讲中，用了一个在当时十分罕见的提法，即提出要对共产党中国采取“门户开放政策”，他说：“我们决心对未来中国可能发生的变化敞开大门，对那里出现的能够促进我国利益、服务于自由世界和有益于中国人民的变化，不把门关起来。”[⑤] 1964 年 3 月 25 日，美国参议院外交委员会主席富布莱特以“旧神话与新现实”为题，在参议院发表讲话，批评美国外交政策的僵化。关于中国存在的“现实”，富布莱特表述了一个极为重要的观点，即：“实际上并没有‘两个中国’，而只有一个，那就是大陆中国。”[⑥] 1964 年 10 月，中国成功地爆炸了第一颗原子弹，消息传到大洋彼岸，引起美国政界和舆论界的巨大震惊。美国最高统治者虽不喜欢中国，但中国综合国力尤其是国防力量的加强，是其不得不考虑同中国打交道的重要因素。与此同时，美国的对越战争则越陷越深，国内的反战舆论不断高涨。知识界和政界人士强烈呼吁政府改变对中国的敌视政策。自

① 《蒋夫人思想言论集》卷 3，第 288 页。
② 《蒋夫人思想言论集》卷 3，第 251—252 页。
③ 《蒋夫人思想言论集》卷 5，第 1 页。
④ 《蒋夫人思想言论集》卷 5，第 28 页。
⑤ 苏格：《美国对华政策与台湾问题》，第 337 页。
⑥ 苏格：《美国对华政策与台湾问题》，第 338 页。

1965年起，由美国“对外关系委员会”主持的有关中国的研究成果，以“世界事务中的美国与中国”为题，以系列丛书形式相继问世。丛书共8本，它们是：《美国人民与中国》《各种对华政策：六大洲的观点》《共产党中国的经济增长与对外贸易：美国政策的含义》《中国人民解放军》《与中国共产党人谈判：美国的经历，1953—1967》《东南亚海外华人的前途》《美国政策与亚洲安全》。此套丛书在美国社会上引起了较大的反响，每本书的出版都在美国有影响的报刊上得以报道。此间，就美国社会舆论对政府对华政策影响最直接也是最大的，首推1966年富布莱特主持的国会外委会听证会，从3月8日到30日，共举行了12次。会上虽也有一些反共的强硬言论，但绝大多数代表呼吁政府对华采取更加灵活的政策，主要观点包括：美国在不放弃台湾的同时，允许北京加入联合国，放弃敌视中国的政策，同中国大陆建立和保持联系。美国舆论界的呼吁及政府对华政策的松动，引起了台湾方面的指责。

宋美龄也发表了一系列谈话，批评美国的对华政策，对中华人民共和国与美国由对抗走向和解表示担忧与不满，强调“中华民国”与美国是忠实盟友。在1965年12月16日接见《纽约美国人报》记者访问时，宋美龄对美国称中华人民共和国为中国表示不满，她说：“我对一件事情——报纸称共匪为中国——感到烦恼。中国是中华民国，中国人民是在台湾的人民和大陆上的同胞。”她认为这是一个原则问题，提出“容忍不应允许牺牲原则”。同时，她亦对越战发表了意见说：“如果自由世界的领袖美国不采取反对共党侵略的立场，你们将在你们自己的土地上面临共党的战争。在越南，你们不仅是为履行承诺而战，而且也是为争取生存而战。”① 1966年4月18日，宋美龄在美国底特律城发表谈话时，对美国政府中的一些对华友善的官员，即她所谓的“姑息分子”提出强烈批评，其中免不了再次诋毁中共。她质问说：“为什么要对曾经

① 《蒋夫人思想言论集》卷5，第115—116页。

有许多次不断掴美国的耳光，并揍联合国巴掌的中共匪帮表现出这种显著的挂念呢？为什么要在此中共匪帮不仅和自由世界捣乱而且还与前为他们老师兼恩人的苏俄继续不断进行斗争的时候，赶着去援助他们呢？难道中共匪帮之于他们（美国姑息分子）比他们自己的国家还要亲一些吗？”① 这儿我们还可看到宋美龄对中共与苏俄关系的前后矛盾的评价，真可谓此一时彼一时也。同年 9 月 29 日，宋美龄在美国内布拉斯加州魏斯里安大学接受名誉博士学位并发表演说，演说中批评了美国的对华政策：“美国在外交政策问题上，由于在对付中共匪帮时，采取可被形容为胆怯的措施，以及一种自以为轻巧利落的技术，给予中立分子、怀疑分子、骑墙分子以及中共匪帮一种美国‘心怀恐惧的印象’，而鼓励了中共匪帮从事有计划的军事世界扩张主义，这诚然是不幸的。”② 她呼吁美国应继续对中共采取强硬政策，并一再表示国民党“反攻”大陆的决心。她说“中华民国所求于美国的是谅解与道义上的支持”，“即使没有美国的支援，中华民国也将致力从共党手中光复中国大陆”，并一再强调国民党反攻大陆不需要美国的一兵一卒，“我们不需要任何军队支援。我们甚至不希望有一名美国兵参战”③，“不希望美国为我们光复大陆”④。在 1966 年 2 月 17 日接见美北美报业联盟记者谈话时，宋美龄指出：“我并不认为美国部队进入中国大陆，是适当的行为，此举将给予中共匪帮以宣传上的弹药，正如同二次世界大战期间苏德作战时，斯大林利用苏俄的民族主义一样。这是我们的事情——由中华民国武装部队打回中国大陆，那将不会被称之为‘美帝国主义者。’”⑤

除了上述四项主要内容外，宋美龄还曾就台海危机中的金门马祖问

① 《蒋夫人思想言论集》卷 5，第 133 页。
② 《蒋夫人思想言论集》卷 5，第 167 页。
③ 《蒋夫人思想言论集》卷 5，第 105 页。
④ 《蒋夫人思想言论集》卷 5，第 19 页。
⑤ 《蒋夫人思想言论集》卷 5，第 124—125 页。

题，及大陆成功实验原子弹之事发表了看法。对于金门马祖，宋美龄强调两地的军事价值重大，并认为“保卫金门马祖是原则问题”。对于大陆成功爆炸原子弹一事，宋美龄声称这是针对美国并已威胁到世界和平的一件大事，她一再呼吁美国极早摧毁大陆的核子能力。

在极力鼓吹“反共”“复国”的同时，宋美龄也严厉驳斥了“两个中国”之谬论。宋美龄驳斥“两个中国”之谬论的基点在于反对中华人民共和国进入联合国，反对国际社会承认中华人民共和国，“如果有那么一天，那全世界便完了，你们大家都完了。我希望永远不会有那么一天”①。她“把承认中华民国又承认中共一事，比作《圣经》上所提勿一面信奉上帝一面信奉玛拿的警告”，她指出“两个中国政策很像是信奉两个上帝”②。在坚决反对中华人民共和国进入联合国的同时，宋美龄预言“中华民国国军将在她有生之年成功地统一中国”，“此项工作将不需要使用一名美国军队”③。虽然宋美龄反对“两个中国”的立场是基于同共产党的势不两立，但从今天的两岸关系看，反对“两个中国”，坚持“一个中国”的立场还是应该肯定的。她在强调“我必打回大陆”的同时，也强调“台湾是中国的一个省，它的人民‘都是中国人’”④。

时至1986年底，宋美龄对以往二三十年来所经历的重大事件做了一个总结性的回顾，并畅谈了她的所思所感。她自称这是滞留美国的10年中，“照自己的意思去阅读、思索以及写作”的成果。这一年12月4日，台湾的报纸发表了宋美龄的这一篇长文。文章的前段列举了近二三十年来她认为足资警惕的重要史实，后段对民主自由作了反省论析。文中所表露的政治观点一如既往，依然是坚决反共，只是在文章的标题及言语中少了些恶毒、背时的词句。为让读者对宋美龄在20世纪80年

① 《蒋夫人思想言论集》卷5，第28页。
② 《蒋夫人思想言论集》卷5，第9页。
③ 《蒋夫人思想言论集》卷5，第131页。
④ 《蒋夫人思想言论集》卷5，第96页。

代的政治观点有一大概的了解，在此将宋美龄这篇专文的主要内容摘录如下：

美尚能推行民主理念

由于我的观察形成于美国，我将从对美国有利的角度谈起。毫无疑问的，美国有太多值得称誉的事。杰弗逊的民主理念，大体上在这个国度里推行，可说是顺利的，然而我们必须着眼于整个北美大陆，即使在法国与英国殖民时期，先由一些具有更独立和更冒险精神的男女们所移植；许多来到这个新世界的人，是以他们认为敬拜上帝的合适方式，他们或摒弃、或培育、或采纳、或创立新的传统、社会规范和文化，使能更适应他们当地环境的需要。

换言之，美国的伟大，源自不为过去的泥泞孑孓似的寄生虫所覆盖，凡此将阻挡想像力，并阻挠足以勃发的成长。新大陆的立国先民，享受到不曾为传统中败坏的因素所压制和发展；美国这个国家能够自主的选择，采纳她所需求而挣脱羁绊。因此，纵放个人的创意及动力，而促成许多发明创造的机会。

几乎可以说，对每个人而言，提到亚美利坚这个名字即会联想到她是一个年轻勇毅且是充满活力而又美丽的一个国家，由具有崇高理想的男女们工作和生活的住所；他们充满真善美的人性光辉，具有广博的胸襟气度，并对自由全力奉献投入。而他们的子孙则都被教导公民和政治自由的责任，而自稚子开始训导使确知这是全部美国人与生俱来的权利。

美错误政策影响严重

但是我也要告诉各位黑暗、腐化的一面，特别是在过去45年间，一种逐渐扩大的阴影在地平线上显现出来，那是卡特总统曾经很适当地称之为美国的病态，在美国本土上已更加显明可见。他已成为20世纪70年代衰退的继承人。不幸令其越发使美国的威望与形象更加纠缠混淆，也更加被贬损。诸如对中国大陆上“赤色政权”之承认，这项政治包袱将更使后任的总统们和国会的任务变得复杂。我特别向你们说到这种在美国病态的重要性，是因为美国造成的错误政策，将在整个自由世界和其成员中绵延不断地、不时重现地发生甚至得到更严重影响的结果。

身为一个历史的研究者，我毋庸告诉你们我已经领悟到因与果以及其繁复的后果之无穷尽的变数，因此浏览国务院最近解密后出版的档案第二卷《1955—1957年美国对外关系——中国》，对其中内容具有启发性的领悟。书中有一些不仅是饶有兴味，而且对于在许多长期危机期间使得美国对台湾澎湖及其外岛的既定政策，变得蜕化性可与否的讨论中扮演重要角色的人物，其所揭露的特质与独特的性格也是极富启发性的文献。其中一些政策记录是关于在台湾防御中金门与马祖的重要性的众说纷纭的探讨。

当年美政要推卸责任

但是我必须说参谋首长联席会议主席雷德福上将以及太平洋区总司令史敦普上将不但胆敢表达坚强的战略见解，而且就金门对厦门、马祖在闽江口对福州、在台澎防卫上有其士气与心理战略上价值，用铿锵有力的言词向他的同僚、长官以及往昔的盟友——如当时英国首相艾登表明战略意见，并强调国务卿杜勒斯宣布的美国外交政策。

我也必须明白地赞颂负责西太平洋海岸地区之助理国务卿华特·罗宾森先生，因为他在始终坚持美国政策，不论在国会听证或忠实地实践既定的对外政策，尽管这些政策，似乎受到国内外起伏不定的风暴而制造不同的解释。

我决不能不缅怀杜勒斯国务卿。美国国内的所谓自由分子、共产党和左倾国家，在那些顷刻就可以转变的风势之中，均图以暂时妥协而欲其放弃其所宣誓信守的原则之雄辩来取悦并献媚中共。杜勒斯在这些极不平常的压力下，提供了不寻常的支助，以忠实地推行艾森豪威尔总统所宣布的政策。

感谢国会中忠诚朋友

最重要的是我必须对国会一些不具名的忠诚朋友表示感谢，他们对艾森豪威尔总统进行强而有力的劝说，以抗拒不断来自全球各地，联合各种别有用心、既自私、又短见、不利于我国、极尽恼人的势力。

……（艾森豪威尔总统）曾派霍华德把令人鼓舞的信息送给蒋“总统”和我，并向我们殷殷致意。霍华德先生是斯克里普斯—霍华德报系的执行委员会主席，也是我们多年来的忠实好友。这信息是强调坚守台湾和澎湖群岛对自由世界之重要性，但是确守台澎不必与金马诸岛相提并论。其次，艾森豪威尔总统相信，中共将会很快地攻击韩国或迟早会攻击中南半岛，这将是“中华民国”“反攻和猛攻心脏地带”的“良机”。因此，艾森豪威尔央请霍氏对我们表示，法国政府曾不接受美国政府的建议，而尝试防守不可守的奠边府之错误。艾森豪威尔总统更进一步地特别提到诺曼底登陆，当时他身为联军总指挥。他的策略是让盟军在法国大陆海岸登陆，而不在如布勒斯特（Brest）或勒阿法（Le Havre）的海港登陆。这种以攻击欧陆海滩的策略与金马相比拟，乃真是艾森豪威尔总统某种天真的魅力，他把金马和盟军登陆的奥玛哈与内布拉斯加海滩相提并论，同视为“反攻大陆”的据点。1955 年 2 月 24 日下午 3 点 48 分，参谋首长联席会议主席雷德福自华盛顿给夏威夷美国太平洋区总司令史敦普的电报里言简意赅地描述了当时的情况。他说：“金门和马祖的重要性是在心理与军事上的考虑。它们是蒋总统（原文为Gimo，此属中外对我总统私下的尊称）防卫台湾的一部分。它们是他的前哨与警视站，它们阻绝两个关键性港口地区，而且是中共侵台时极可能希望攫取的地方。中华民国之保有金门马祖，使中共极难为了侵犯台澎地区而秘密集结大军。”

艾森豪威尔盼自金马撤退

……（艾森豪威尔）知道霍氏和我们的友谊，所以他特意请这一位既非外交官又非美国政府官员的人物，来代他传达信息给我们。艾森豪威尔总统利用一个好朋友鼓励我们自金马撤退，并且希望播下此一想法之后很快地变成我们“总统”自己的想法。而且，艾森豪威尔总统完全忽视在“天神计划”中（暗指二次大战诺曼底登陆），他拥有一千多艘载重吨位船只、炮舰、运输舰和补给舰的配合，它们全部积极地参加攻击而且全都在他的指挥之下迳达海滩，事实上侵入法国攻击部队，上船下船，岂非是上下偌多更小的金马岛屿么？这如何可比拟我“反攻”时，亦可由台直接攻进大陆呢？

我们“总统”问艾森豪威尔总统的好几位特使，包括霍华德先生在内，很明确地指出，无论有无美国协助，他都会坚决固守这两个外岛。从我们许多漫长的人生过程中，谂悉具有广泛经验与机智精神的老练的人们，可领略和认识高尚的意志之不可侮……

领导者决心丝毫未变

假使没有先“总统”在大原则上不屈服、不妥协的领导，坚守金门马祖，谁也不难想像到，如果金马陷落，难道台湾不会像这两个外岛一样沦亡？若不是因为他的坚定不移，谁能说，会因此而造成什么样的后果？虽然用科学无法实际而确切地证明，但是，时间已一再地显示，只有慧眼独具才能体认出来伟大的特质，那需要一种特定的敏锐力，而这种我所称之为“未知数因素”或名之为第六感的敏锐力，不是一般人可以拥有的。……“中华民国”在面临生死存亡关头的困苦时机，很幸运地少数在位的人已经看到并确知在他们之外还有一位具有天赋的才能及伟大的特质者。必须说明的是，同样幸运地，我们的国家有一位不胆怯、不动摇、亦不屈服于不可胜数的压力的领导……

宁为玉碎而不愿瓦全

在这么多年来我与先“总统”共处的日子里，几次听他平静又坚定地告诉我，他的目的乃是将自己奉献给国家和党……他这种精神，一再地被许多世界领袖，诸如艾森豪威尔总统，和其他领袖们所肯定，也不是他们曾向丘吉尔以及艾登提到的这种精神——而是在我内心那份油然涌出的骄傲感。我所骄傲的是在这艰难的时代，我们有这么一位不平凡的领袖，使世界人们确认中国永远是一个民族、一个国家，我们将不再被蔑视为历时约三世纪之久的东亚病夫……

台湾创造20世纪奇迹

有一天我读了《中国——发现与发明之地》一书中的一段，作者上一潭普先生，资料来源于一位杰出的汉学家约瑟博士。书中提及中国有一百种惊人的“第一”(发明)，其中部分早在一千五百年以前即已发明。尽管一般所熟知的中国很早就发明了火药、丝织品、纸张以及面条。潭普先生的书会令你们——我的同胞们为之振奋，而且也为我们中国文化而感到骄傲。我们民族的智慧和勤勉工作的传统，使我们不至于被看成劣等民族，和许多东方国家及西方国家相形之下，我们的台湾更是20世纪下半叶以来的一个奇迹。最近几次在教育方面的调查，显示了我们中国学生在美国许多学校的班级中名列前茅，近30年来，中国学人前后已有4位获得诺贝尔奖，而且我们大家都知道最近一位李远哲博士又赢得了诺贝尔化学奖。

在谈到未来值得关切的问题时，宋美龄特别对日本军国主义的复辟表示担忧。她说：

强烈抨击日本军国主义

说了那么多过去的事，让我们来展望将来。我所关切的是一些对未来不祥的征兆。很明显的由种族偏见造成的盲目的爱国主义再度在日本昂扬起其丑陋的头颅，因为潜伏的军国主义先锋正又在日本崛起。让我为大家举出一些事实来，当艾奎诺（即阿基诺——引者注）总统最近到日本做官方访问时，日本裕仁天皇为第二次世界大战中日本军人所给予菲律宾人民的残害，向艾奎诺总统再三道歉，我认为这是很有君子的风度，但日本天皇的这份应有的表示，不久，即遭受到一些日本顽固人士的激烈訾议。由这里我想到了蒋作宾将军，他是一个老国民党党员，毕业于早期日本军校，于30年代，曾由我政府派任驻日使节（1937年卢沟桥事件爆发时，我国和日本断绝了外交关系）。当蒋将军以特命全权“公使”身份，向日本天皇呈递“国书”时，裕仁天皇为日本军事暴行向我国蒋“公使”致歉，担任礼宾官的宫内大臣陪同我“公使”晋见。当蒋氏向天皇告辞后，宫内大臣却恳求蒋“公使”不要公开透露天皇的道歉，否则他（指宫内大臣）将毫无选择余地，只有切腹自杀。我们的“公使”及“政府”，本着与人为善的胸怀，一直没有将此事公诸于世。我们或许可以就此了解日本军国主义自世纪初就一直很盛行，事实上，有好几次发生对日本将级军官、大臣级的文官的暗杀行为，还有在皇宫前发生的不少的暴动事件，都为的是军人恐吓及威胁日本人民，使其对军阀就范。

日篡改侵略屠杀史实

但是面对1986年的今天，在日本战败与盟国占领下，并历经40余年的民主化和国民大批出外观光的结果，应可使日本人更意识到外在世界的存在。日本民族不应再有褊狭观念，否则仍会预兆着黑暗与不祥，对于日本天皇正当地向艾奎诺总统表示了他的遗憾与难过，仍然有人大表反对，真是令人不可置信。我们也应注意数年前东条已获得平反，他的纪念牌又再放进了靖国神社，靖国神社供奉的全是日本国家的伟人、功臣以及烈士的牌位，供正式祭奠，定时祭拜。有一些日本政党党员曾反对将东条英机的牌位放在神社里，但这项意见被神社的供奉僧侣拒绝而作罢。早在1982年7月24日，路透社曾自东京报道说，日本文部省决定要删除在学校教科书上任何有关日本在1937年到1945年间对中国发动战争的“批评性文字”。这个篡改侵略及大屠杀的种种行为，文部省竟然狂言说是“一项审定政策”；而且是“既客观又公正的”。忽视事实真相的教育是为了实现这句讥诮讽刺的格言；“无知便是福”。日本内阁在世界舆论的压力之下，已有幡然之意，而不再赞成这种做法，那位大臣因而就被迫辞职了，封建时期武士道的英雄事迹确实是一种令人赞佩对部落民族的忠诚，适合做现在青少年或成人茶余饭后消遣时光的，但是在20世纪的现在，此种像发生在17、18、19世纪的野蛮行为，颂扬暴力与大屠杀的英雄式崇拜，已经不再符合现代文明人的信念。更进一步说，让日本的后代子孙了解可耻的真相，而不对他们隐瞒事实而欺骗，让他们由其祖父辈、父辈的命运——不光荣地在异国领土上杀人或被杀——此等错误与悲剧中进益学习，这不是对他们更有可贵的好处吗？否则，他们将无法从真相中去学习，更遑论从挫败的悲剧中获得可贵的教训？日本民族世世代代子孙应由过去掠夺的罪愆所得到的教训中成长，而不应再次为追求东条及他的徒众过去虚假辉煌的事迹而再沦入于悲惨的情境。

应阻止军国主义复活

大家都知道，广岛和平纪念碑显然就是一座反战纪念碑。只要世界存在一天，它也应与世界同时存在，日本军国主义者难道还要蛊惑于民族优越感的口号，而再一次回到尚武传统，令血气方刚的青年误入歧途？除非日本政党的领袖们为了日本民主政治的将来着想能洞察先机，并具有魄力，及时阻止正在萌芽复生的军国主义，否则就太迟了；最后，当危险的仇外情绪爆发时，谁会是真正的受害者呢？当然是日本人民，因为核子战争是没有前线和后方之分的，任何地方都是前线。①

以上是这篇专文的前段。文中，宋美龄在大赞台湾及蒋介石的同时，免不了对中国大陆及中国共产党的领导人毛泽东、周恩来等进行恶意攻击，只是言语中少了些背时的骂人词语。专文的后段，宋美龄在论析“民主自由”问题时，同样对中国共产党进行了攻击，指责“共产党藐视民主概念”。最后，她以美国哲学家威廉·詹姆斯的一句警语作为结尾，即：“国家的死敌并非外来的，他们来自萧墙之内。”

① 《中央日报》1986年12月4日。

二、继续“夫人外交”

蒋介石在世时，宋美龄多次赴美国访问，有探亲访友的，有充当亲善大使的，有作为蒋介石私人代表的，也有接受治疗的，全部均以非官方的名义出访。比较重要的大致有这么几次：

第一次，1952 年 8 月，宋美龄在他们的忠实好友霍华德的提议下，以就医名义赴美，实则是去观察美国大选的前景。她于 8 月 10 日抵达檀香山，之后前往旧金山就医诊治老毛病——皮肤病，霍华德夫妇到旧金山迎接了宋美龄。10 月 18 日，宋美龄乘联合航空公司班机从旧金山飞抵纽约。驻美“大使”顾维钧从华盛顿飞抵纽约，前往拉瓜迪亚机场迎接。等候在机场迎接宋美龄的有近百个中国人，其中有孔祥熙、宋子文及夫人、宋子良夫妇、叶公超（时任“外交部长”）夫人、张平群（“总领事”）夫妇、陈立夫夫妇等以及唐人街代表 50 人左右。飞机抵达后，霍华德夫妇登机陪同宋美龄下机。之前，顾维钧曾问孔祥熙是否请宋美龄乘“大使馆”的汽车，由他护送宋到她的临时寓所。孔祥熙告诉顾维钧说，他是用汽车来接她到他家去的。因此宋美龄一下飞机，即由孔祥熙和霍华德左右跟随护卫着，走向孔的汽车。霍华德夫人和顾维钧紧跟在他们后面。周围还有警察和联邦调查人员护卫，他们撵开了拥上来和宋美龄握手的人群。唐人街的代表们列队夹道欢迎，不过宋无法和他们一一握手，甚至都没有顾得上向他们致意感谢。她坐进了汽车，霍华德夫妇和孔祥熙跟着也上了汽车。顾维钧挤上去俯身对宋说，“如有需要大使馆效劳之处，只管通知我就是”，宋美龄表示感谢。“这时张平群总领事赶上前来招呼暂勿开车。他打开车门，请蒋夫人出来向在场恭候的唐人街代表们讲几句话。他说代表们未得机会向她致敬，甚至她都不知道他们来欢迎她，因此很感失望扫兴。（这些代表那天早上起得很早，又因飞机误点，很多人已经等了很长时间）……她显然不高兴地下了汽车，张平群鼓掌请大家注意，说蒋夫人要向他们发表谈话。结果她叫张代讲几句，并表示感谢。她说她由于长途跋涉颇感劳顿，不能亲自向代表们讲话，请张原谅。于是张平群就向大家讲了三十秒钟，跟着她的汽车就开走了。……直奔长岛格伦科夫孔家。”① 事后，为平息华侨因她没有领情而滋生的不满情绪，宋美龄在一家中国餐馆邀请唐人街的华人领袖们开了一次茶会，以示谢意，这不失为一个巧妙的姿态。

在纽约，宋美龄与美国朝野人士进行了广泛的交往，并与一些亲台的外国驻美使节如菲律宾大使等进行了接触。11 月 4 日是美国的大选日，计票结果共和党人艾森豪威尔当选总统，尼克松为副总统。美国共和党的反共态度历来比民主党强硬，这对台湾当局来讲是一个好消息，顾维钧认为，虽然就援台问题而论，“共和党政权不见得会大量增加。因为即将卸任的杜鲁门政府鉴于朝鲜战争，鉴于北平政权敌视美国的公开政策，已经逐渐认识到台湾的作用和不让台湾落入共产党之手的重要性，不仅对台湾提供军援、经援，而且还有所增加。此外，只要有可能，就尽量给援台军用物资的采购和运输提供方便。至于有关对华政策的其他问题，尽管当时要说新任总统会采取什么具体措施还为时过早，但据我的看法当会有所改善。”② 12 月，顾维钧赴纽约与宋美龄茶叙，他向宋美龄介绍了美国的政局及美国领导人对台湾当局的态度与印象，据他说：“美国访台官员提出的报告对我有利，以及杜鲁门总统和洛维特国防部长也都肯定了访台官员们对我们在使用美援款项方面提供合作的良好印象等等。”③

1953 年 1 月 20 日，美国新任总统举行就职典礼，这是 20 多年来的第一次共和党就职典礼，是一次盛大的活动。之前，宋美龄已计划访问华盛顿，参加 1 月 20 日的总统就职典礼，但她迟迟未收到发自

① 《顾维钧回忆录》第 9 册，第 611 页。

② 《顾维钧回忆录》第 9 册，第 621—622 页。

③ 《顾维钧回忆录》第 9 册，第 647—648 页。

华盛顿的请帖。据说国务院反对向宋美龄发出邀请，因为按照美国的传统，新总统的就职典礼纯属国内活动，过去一向不邀请外国贵宾参加庆典，因此很难为宋美龄安排适当的座席。但美国政府内也有不少人主张向宋美龄发出请帖，如众议院议长小约瑟夫·马丁、纽约州州长杜威等，他们认为这样可使台湾方面觉得好些。结果，安排总统就职典礼的国会委员会总部向宋美龄发电询问她是否有空参加1月20日的就职典礼，以这一种巧妙的办法来摆脱尴尬。最后，宋美龄因为健康方面的原因而决定不访问华盛顿了，据她的秘书说是患了感冒，这加重了她的荨麻疹。

3月9日，应宋美龄的函请，美国新任总统艾森豪威尔礼节性地为宋美龄在白宫安排了一次非正式的茶会，从技术上讲，这是宋美龄对新任总统的拜会。按照通常的礼仪，顾维钧夫妇也被邀请陪同宋美龄参加白宫的茶会。宋美龄一行于3月8日下午二时半抵达台湾驻美“大使馆”双豫园。宋美龄把茶会看作是一次社交活动，她很希望了解美国新政府对台湾的援助态度，及美国对于朝鲜战争的有关政策，也希望乘此机会表达台湾方面的要求和希望，诸如蒋介石希望成立中美联合参谋部的愿望等。她要顾维钧在谈话中协助她，以便使总统透露一些话，从而了解他对台湾的想法与政策意图，以及他希望台湾方面或宋美龄在有关朝鲜冲突和远东的总形势方面做些什么。事实上，这是由艾森豪威尔总统夫妇主持的一次非正式的活动，茶会于9日下午五时举行。一同参加的还有美国新任副国务卿史密斯将军夫妇。总统很周到地请大家入座，并调换了一两次座位，以做到完美无缺。艾森豪威尔夫人坐在房间的尽头主持茶会，与总统面对面。总统请宋美龄坐在他的右首，顾维钧被安排在艾森豪威尔夫人的右首。谈话的话题非常轻松，谈了美式中国菜，还谈到绘画，这是总统作为业余爱好者颇为擅长的，顾维钧则介绍了宋美龄的绘画才能，他告诉总统说，“蒋夫人本人是一位中国风景画家，在不到两年的时间里，取得了惊人的成就”。其间，顾维钧有一两次转身同艾森豪威尔夫人交谈，以便使宋美龄有机会同总统单独谈一两分钟。当艾森豪威尔派人拿来两幅他的得意之作请大家观赏时，所有人都站了起来，顾维钧借此机会调换了座位，坐到了总统的左首，这样他就能够直接同总统谈几句，以帮助宋美龄实现她的打算。顾维钧向宋美龄示意时，已是下午六时，谈了一小时了。宋美龄于是起身告辞。总统陪她出来，顾维钧故意在后面稍停并同总统夫人谈话。总统领宋美龄一路往外走，以参观历届总统的画像，顾维钧则走向大厅的另一头，以便再给他们一次机会谈论宋想谈的事。此次茶会未能使宋美龄如愿，谈她所谈。不过其后顾维钧在华盛顿为宋美龄安排的活动，则使宋美龄非常满意。

顾维钧为她准备了三次宴会和一次招待会，事先顾维钧征询了宋美龄的意见，即她最希望与哪些人会见并与之交谈，宋美龄提出了副总统尼克松和国防部长威尔逊等。

第一次宴会于当地时间 3 月 9 日晚举行，在宴会前后顾维钧都特意让一些来宾坐在宋美龄旁边的沙发上三三两两地闲谈，以便使宋能与尽量多的来宾交谈。有许多知名人士出席了宴会，其中美方人士包括众议院议长马丁，新任国防部长威尔逊夫妇，新任司法部长赫伯特·布劳内尔夫妇，新任邮政管理局局长阿瑟·萨默菲尔德夫妇，以及部分参、众议员和他们的夫人。宴会上，顾维钧把众议院议长安排在宋美龄的右首，新任国防部长安排在宋的左首。席间，宋美龄大部分时间是同新任国防部长威尔逊谈话，谈得兴致勃勃。回到会客室时，宋美龄再次请威尔逊同她坐在一起。她向威尔逊谈了蒋介石希望建立中美联合参谋部的愿望，威尔逊认为建立这一机构以事先制订应付突然事变之计划的意见是正确的，而且应该予以实现。不过，由于种种原因，蒋介石未能如愿以偿，这是后话。威尔逊还就报道中的任命雷德福上将为参谋长联席会议主席的计划征求宋对雷德福的意见。显然，宋美龄对与威尔逊的谈话很感兴趣。宴会结束后，宋美龄向顾维钧谈及“她对同威尔逊交谈这样有兴致，以致担心怠慢了坐在她另一侧的众议院议长，所以她尽力使后者高兴”。

对于宋美龄在宴会上的表现，顾维钧是非常钦佩和欣赏的，他坚信宋美龄“感觉灵敏而聪明”，并认为“如果她是一位男子，她很可能是一位第一流的外交家”。

第二次宴会于3月10日晚上举行。这次的贵宾包括内政部长道格拉斯·麦凯夫妇，参议员马隆、麦卡锡、布里斯奇、乔治和马格纳森以及他们的夫人，副国务卿史密斯夫妇，助理国务卿麦卡德尔夫妇，众议员泰伯，美国前驻华大使赫尔利的夫人等。席间，史密斯将军同宋美龄进行了长谈，主要是关于从缅甸遣返部队的问题。这一问题的缘由是这样的：1949年中国人民解放军追击国民党军队时，一支由李弥率领的约有15000人的部队退入缅甸。李弥曾被指望进军云南，建立据点，并至少占领一个机场，配合国民党的“反攻”大陆。他也曾试图派遣人数分别为2000和4000的两个纵队去夺取一个机场，结果遭到人民解放军的痛击，从此他就未能采取任何侵犯大陆的有效行动。之后，这支部队在缅甸做起了生意，私运鸦片，出售武器，并同缅甸土著酋长交往，缅甸人为此十分不安，曾向美国政府诉苦，强烈要求遣返，并以如果拒绝就把此事提交联合国相威胁。史密斯曾要求顾维钧尽一切可能说服台湾当局接受从缅甸遣返李弥部队的建议。在宋美龄与总统见面之前，顾维钧与宋美龄谈起过这个问题，宋美龄完全同意顾维钧的意见，即“为了中美合作，特别是由于美方答应对实施拟议中的遣返给予财政援助，并协助我们把从缅甸及随后从印度支那遣返的部队改编为两个新的师并予以重新装备，我们应该同意与美国合作，把实施细则交给他们去和缅甸政府谈判，不过要有这样的理解，即：虽然我们愿意尽最大努力予以推动和实现，但是我国政府不能有效控制李弥部队，因而不能保证遣返命令的执行”①。看来处理这一件事并不容易，因此史密斯再次与宋美龄详谈了这一问题，希望宋美龄能协助解决。宋美龄的意见是，应当在原

① 《顾维钧回忆录》第10册，第69—70页。

则上接受美国的建议，然后再商谈实施细则。

3 月 11 日，顾维钧陪同宋美龄前往国会出席众议院议长马丁和参议院临时议长布里奇斯在众议院议长餐厅为宋美龄举行的午宴。这次午宴大约有 36 人出席，其中包括：参议院议长副总统尼克松，左治亚州参议员乔治，加利福尼亚州参议员诺兰，科罗拉多州参议员米利金，衣阿华州参议员希肯卢珀，纽约州参议员莱曼，以及众议员周以德、玛格丽特·丘奇、弗朗西丝·博尔顿和凯瑟琳·圣乔治。宋美龄和顾维钧应邀作了即席讲话。顾维钧在讲话中“赞扬蒋夫人为自由中国无可匹敌的女代言人，并称赞了她的爱国精神和才能”。宋美龄的即席发言，“讲得很中肯，也很得体”。

当晚，顾维钧为宋美龄安排了第三次宴会。宴会最后很活跃，不少人自愿或应邀作了即兴讲话，其中有副总统尼克松等。宋美龄在顾维钧的请求下，“以非常出色的即席发言，向美国人民表示赞赏、感谢和敬意”。散席之后，宋美龄向顾维钧表达了真诚的感谢和愉快。她说：“她很高兴能见到这样多的重要人物，他们都是她希望晤谈的。”

第二天，顾维钧又为宋美龄安排了一次冷餐午宴，这是一次临时准备的活动，为的是提供一个机会，使宋美龄能够见到她希望见到，但由于宴会座位已满而未能列入邀请名单的一些人，或由于另有约会而未能接受宴会邀请的一些人，来宾包括国会、国务院和武装部队的成员，新闻广播界的代表和社会人士，约有 130 人参加。这使宋美龄很高兴，因为来宾包括了她的许多老朋友和对台湾友好之人士。

宋美龄此次前往华盛顿，是为拜会新任总统而去，虽然与总统的晤谈未能如其所愿，但之后顾维钧为她安排的各项活动，则令她忙碌而满意，她因此会见了美国的许多政界要人，传达了蒋介石和台湾当局的希望与要求，也从一旁了解了美国政府的意图与对台政策。带着希望而来的宋美龄最后是满意而归。事后不仅她向顾维钧及所有的“大使”馆人员表示了感谢，蒋介石也以个人名义去电深切感谢对其夫人访问华盛顿时的照料，其中有一句话说，“蒋夫人受到了各种特殊关照，因此他要表示无比感谢”。随后，顾维钧向“外交部长”叶公超汇报了宋美龄的到访情况以及宋美龄告诉顾维钧的在她访问华盛顿期间她同各位要人的谈话内容。

同月，宋美龄返回台北家中。

第二次，1954年4月，宋美龄因神经性皮炎症复发，决定赴美就医。原本不打算公开报道，但美国新闻界不知从哪里得来的消息，很快登出了宋美龄离台赴美的消息。其外甥孔令杰前往旧金山迎接了她。

时至1954年，台湾在联合国的代表权问题日益紧迫。自朝鲜战争结束后，中华人民共和国在国际上的形象与地位有了显著的提高，得到了越来越多的中立国家与西方国家的承认与支持。在苏联的一再提议与坚持下，中华人民共和国进入联合国的问题得到了越来越多国家的关注，中华人民共和国为此进行了不懈的努力。在1954年7月顾维钧与美国国务卿杜勒斯的会谈中，杜勒斯说他“相信英国在9月间联合国大会上将提出接纳共产党中国进入这个世界组织的动议，那将造成困难的局面。他还认为英国正在为此进行活动，至于加拿大和一些西欧国家则会采取同英国一样的立场”①。美国官方的态度是明确的，坚决反对中华人民共和国进入联合国，但期间国务院主管联合国事务的助理国务卿戴维·基发表了一项声明，建议以两个中国来解决联合国代表权问题。为此，台湾方面展开积极活动，极力阻挠中华人民共和国进入联合国。当时正在美国的宋美龄也加入了这个行列，指挥并鼓动一些人游说美国朝野和一些国家的驻美使节，反对恢复新中国在联合国的合法席位。

宋美龄到美不久，正值顾维钧被通知调换职位，要他回台出任考试院院长。蒋介石曾将这事告诉过夫人宋美龄，故当顾维钧把蒋介石的邀

① 《顾维钧回忆录》第11册，第91页。

请和他的回复告诉宋美龄时，她立即表示了她的看法说：“华盛顿这个岗位非常重要，现在不能换人，而美国的援助则关系到我们的生死存亡，”并认为未来10个月到两年的时间对台湾是关键时期。顾维钧与宋美龄的意见一致，考虑到他已和美国国会、政府及全国的所有头面人物互相熟识，使台湾得益不少，而如果换一个新人，又要经过许多年才能和这些人物熟悉起来，当前时间又是最宝贵的，所以他们均认为不应该中途换马。宋美龄并告诉顾维钧说，“委员长是了解她对这事的看法的”①。顾维钧回台述职时，明确向蒋介石表示他可能胜任不了考试院院长这项工作，蒋介石一度怀疑他是受到宋美龄观点的影响。

宋美龄在健康状况有了明显好转后，又开始露面参加一些重要的活动。只是在饮食方面还需遵照医生的吩咐，进特定饮食，忌用刺激性或兴奋性的饮食。

顾维钧从台湾返回美国后，立即前去长岛格伦科夫面见了宋美龄，带给她一封蒋介石给她的私函。谈到宋美龄即将参加的一些活动时，宋美龄表示她想见见国防部长威尔逊和海军上将雷德福、副国务卿比德尔·史密斯和助理国务卿罗伯特·墨菲。他们还谈了台湾与美国的关系问题，宋美龄认为台湾方面出言以谨慎为宜，不宜一味抱怨或要求增加援助，因为“就我们当前地位而言，我们没有谈判实力，求诸他们的东西我们无以回报”。关于军队的装备问题，她与台湾当局的观点有所不同，她倾向于数量少、效率高、随时投入战斗的军队胜过数量多、效率低的军队。职业外交家顾维钧认为，这是在对美国人的心理和美国的政治形势十分清楚的基础上才会有的看法，他非常赞同宋美龄的意见，并说他在台北时就曾竭力这样主张。

8月29日，宋美龄抵达华盛顿双豫园。第二天上午，顾维钧陪同宋美龄去国民警卫队训练中心出席美国退伍军人协会的年会，协会的三位

① 《顾维钧回忆录》第11册，第169页。

前司令前往使馆迎接宋美龄，而后一起动身去训练中心。宋美龄到场后，有人高呼请她讲话，但按照事先商定，她明智地婉辞了。中午12点，艾森豪威尔总统到场发表演说。演说前，经会议执行主席示意，宋美龄被迎到讲台前与总统一起照相，“这一瞬间的场面博得全场的热烈欢呼”。当晚在斯塔特勒饭店举行的宴会上，宋美龄发表了演说。“她照稿演说，但几乎看不出在念稿子。”她的演说题为《中国将重获自由》，文中，她指责了苏俄和中国共产党，说“苏俄侵占中国”，中共是它的“傀儡人”，把蒋介石在1927年发动的政变称为是正义的行动，对共产党极尽诬蔑之能事。对于这样一篇反共演说，新闻记者仍感失望，认为演说词内容平淡，毫无力量，因为当时正值第一次台湾海峡危机，他们本指望听到她一些重要宣告，而这正是宋美龄不愿多讲的内容。1954年正值蒋“总统”的六年任期届满，行将举行重新选举，宋美龄很清楚，“在国会即将选举和任何话都能被一方或另一方误解的时候，什么话都不好讲”。她当然不会在这关键时刻给蒋介石帮倒忙，故在演说中她着重回顾了历史，避而不谈现行的具体政策，只在结尾强调：“有上帝的帮助，我们不会失败，中国将重获自由。”

第三次，1958年5月，宋美龄三度出访美国。这次她是以亲善大使的身份访问美国，在美国待了约一年的时间，于1959年6月返回台湾。

宋美龄此次出访美国，时值艾森豪威尔二度出任美国总统。1953—1960年，艾森豪威尔出任美国总统期间，是台美关系的“蜜月”时期。1954年12月美台签订“共同防御条约”，台湾因此成为美国在西太平洋建立的反共防御体系中新的一环。自1955年开始，美国大量增加对台湾的军事和经济援助。1957年5月，华盛顿同意在台湾存放能携带核武器的地对地斗牛士导弹。同年又花费2500万美元投入修筑空军基地，修建12000英尺跑道，供携带核武器的B－52飞机使用。在此“蜜月”时期，作为“第一夫人”的宋美龄，虽以非官方名义出访，仍然受到了美国朝野的热烈欢迎。当宋美龄飞抵纽约后不久，美国国务院即通知台湾驻美“大使馆”，表示任何时候当蒋夫人莅临华盛顿时，总统及其夫人希望在白宫设宴款待贵宾，以示欢迎之忱。

7月15日，宋美龄抵达华盛顿的当日，总统夫妇在白宫为她举行了盛大的欢迎午宴，陪同参加的显要人物包括：国务卿杜勒斯夫妇，卫生、教育、福利部长福尔森，参谋长联系会议主席雷德福上将，宋美龄的母校卫斯理学院的院长等。接着，台湾驻美“大使”董显光夫妇为宋美龄举行了一个盛大的欢迎会，来宾包括：白宫官员，内阁成员，最高法院法官，参议院、众议院、美政府各部局高级官员，国防部军事领袖和官员及许多国家的驻美使节，还有社会名流，报界人士以及华侨团体的代表等。马歇尔将军因健康欠佳，特派夫人前来会晤，并邀请宋美龄到其住所做客。7月16日，宋美龄应邀参加了参议院外交委员会的午餐会，并发表了演说。7月21日，她又应邀参加了众议院外交委员会远东暨太平洋小组委员会的午餐会，并发表了演说。在访美的一年时间里，宋美龄在各种公开场合发表了近30次演讲与谈话，其中演讲13场，谈话15篇，主题基本不离“反共”。从题目上便不难看出她讲话的中心内容，例如：《协调政府拯救大陆同胞》《深信我必将光复大陆》《自由中国对世界反共的重要性》《美国采取强硬立场即可阻止共党扩张》，等等，一再强调台湾反攻大陆的信心与能力，及台湾在世界反共体系中的重要性，言下之意就是美台加强联系是十分必要的。

此次访美，对宋美龄来说是自1949年以来最风光的一次，它使宋美龄感觉仿佛回到了罗斯福时代。从踏上美国国土起，宋美龄一路演讲，一路的掌声与鲜花，美国政府给予她热忱的欢迎，华盛顿的各家报纸均以大量篇幅并配有照片竞相报道宋美龄的行踪。期间，宋美龄还接受了两所大学的荣誉学位，即密歇根大学的荣誉法学博士学位和夏威夷大学的荣誉法学博士学位，新奥尔良市长赠送了她新奥尔良市金钥匙一把和名誉公民证书一张。

赴华盛顿之前，宋美龄还特意赶往新奥尔良，去医院探望了她的老朋友、生命垂危的陈纳德将军。陈纳德非常激动，因为宋美龄是他一生中最敬仰与尊重的女士，“他认为她远胜世界上最显赫、最有成就，以及最坚决的女人，她是他的‘公主’，直到他生命的末日”[①]。宋美龄不但亲自探望陈纳德，还带去了蒋介石的手书，要他安心静养，若西医无法医治，可以到台北试试中医。对老友的关心陈纳德深为感动，但当时他的癌细胞已扩散到咽喉，无法讲话。宋美龄于是打趣道：“你平时话说得太多了，今天你不要说，让我来说。”[②] 同月，陈纳德去世，宋子文、宋美龄兄妹和许多美国军政要人一同参加了他的葬礼。两年后，台湾当局在台北市中心的新公园塑了一座陈纳德将军的半身纪念铜像，1960 年 4 月 14 日，宋美龄出席铜像揭幕仪式并发表致词。

第四次，1965 年 8 月 22 日，宋美龄最后一次以台湾“第一夫人”的身份访问华盛顿。

这时，美国的对华政策已有了变化。事实上，自 1960 年白宫换了新主人后，美国的对华政策就有了一些不同。新总统肯尼迪上任后，网罗了一批精英组成内阁班子和智囊集团，其中关心中美发展的大有人在，在其任期内担任美国驻联合国大使的史蒂文森和美国副国务卿鲍尔斯从前曾极力主张过要政府改变对华政策，他们的上任预示美国外交将在近期出现较大的调整。1963 年肯尼迪总统遇刺，约翰逊继任美国总统后，基本上延续了肯尼迪的外交政策。1964 年 1 月 27 日，法国承认中华人民共和国，此举大大影响了西方世界。10 月，中国大陆第一颗原子弹试爆成功，成为世界上第五个拥有核武器的国家，其影响有如法国前总理富尔所说“试爆的是一枚政治炸弹”。原子弹的连锁反应波及到白宫。虽然美国坚持声称将信守美台“共同防御条约”的承诺，但自 1964 年后，美国的对华政策已受到各方面日趋激烈的批评，国际政治

① 陈香梅：《春水东流》，上海人民出版社 1992 年版，第 74 页。
② 陈香梅：《春水东流》，第 106 页。

的现实迫使美国改变态度，当时美国的社会舆论及政府内部的不少有识之士主张客观对待中国这个现实。1965年2月6日，负责美国远东事务的副国务卿格林表示希望扩展美国和中国大陆的关系，在对台政策上采取既承认台湾当局，信守条约义务，又不露痕迹地不再明确支持台湾为中国“唯一合法政府”。从此，美国对华政策有了一个新的起点，开始了量的转变。而同时，约翰逊政府扩大了对越南的侵略，这又对美国同中国改善关系产生了极大的负面影响。1965年7月，约翰逊政府决定大规模增兵越南以后，美国在生命和财产、物力上蒙受了巨大消耗。约翰逊时期美国外交的最大败笔，就是侵越战争的升级。正是在美国处于内外交困，对华政策举棋不定、左右摇摆之时，宋美龄再次出访美国，约翰逊政府以元首夫人礼节接待了她。

翌年4月，宋美龄在美国做了胆结石手术，10月，返回台湾。

在美国的一年多时间里，宋美龄发表了大量的演讲，主要包括三方面的内容：

一是继续恶毒攻击中国共产党及中华人民共和国。这是宋美龄谈得最多，也是其言论中最主要的一项内容，正如宋美龄自己所说，“我在美国许多地方发表的言论，意欲使美国友人们明了一些重要的实情，并使他们获得深刻印象。”[①] 她认为实情“为中共‘匪帮’宣传人员一贯隐瞒，且继续不断加以混淆，使真伪莫辨，而颇为得逞。”在此种说法下，她对中共与大陆极尽诬蔑与歪曲之能事。

二是极力拉拢台湾与美国的关系，鼓动美国对中国大陆采取强硬政策，希望美国“先发制人摧毁‘共匪’核子能力”。对于美中之间的谈判则予以诋毁与阻止，她声称“经由交谈从事‘通融’能从‘共匪’那里得到什么?”她说：“据我对‘共匪’政策的密切观察和研究，我敢断言，他们决不希望像他们在美国那些代言人所蒙混要求所谓‘通融’。在‘共匪’

① 《蒋夫人思想言论集》卷2，第207页。

看来，那些‘走狗’们所负的任务，一如赌场引诱赌客的招揽员，诱使那些心无主见而犹豫不决的人坐上赌桌，并担任‘软化过程’中的先头人员。‘共匪’目前所希望的是美国从东南亚作耻辱的撤退，不光荣的撤退，而使大家对美国所言所行造成不良的广泛心理影响。”①

三是就越南战局发表看法。在美国国内反战情绪日益高涨的情况下，宋美龄站在反共的立场，基于对台湾的安全与利益的考虑，当然不希望美国撤军。为此，她分析了南越“失守”对美国的切身利害，“如果南越不守，泰国和马来西亚便将是共匪的次一目标。‘共匪’一旦控制了那个海峡，便能封锁通往东方、西方和南方的一切交通和通商路线”。在大肆攻击了中国共产党的“扩张”欲后，她指出：“现在，一些非常明显的问题是：应否容许‘共匪’侵略无阻？美国应否听令东南亚的整个人力，可能被‘共匪’变成奴工，利用来开采被它占有的矿藏和农业资源，进而‘解放’亚洲其余部分、澳洲、非洲，终而至于北美与南美洲呢？尤有进者，美国应否一直等到整个澳洲被‘共匪’攻陷后才猛然觉悟迫在眉睫的危险呢？”对于她的这种危言耸听与极度夸张，美国人根本未予理睬。

这一次虽然有如1958年访美一样，宋美龄在各地发表了众多言论，也得到了一些荣誉。但时代变了，美国的当政者换了，宋美龄访美再也没有什么轰动效应了，对待宋美龄，犹如对待台湾，虽然重视，但地位降了，对宋美龄的报道已不再出现于头版。

此后，宋美龄未再有重大的出访活动，基本上住在台湾协助蒋介石处理内外事务，直至1975年蒋介石去世。

自1949年蒋介石退踞台湾以后，宋美龄虽然没有担任什么官职，但毫无疑问她仍然是蒋介石身边重要而得力的外交助手，甚至对于其他事务也或多或少有所参与。出访美国期间，美国政府及台湾驻美“大

① 《蒋夫人思想言论集》卷2，第209页。

使”给予宋美龄的礼遇，既出于对“第一夫人”的尊重，也显示了对宋美龄作为蒋介石外交助手的重视。宋美龄历次出访美国所受到的不同的待遇，则与台湾地位的起伏，美国对华政策的演变有着密切的关系。就宋美龄个人来讲，她在美国开展的一系列活动，与有关人员的会谈，及对某些问题的看法，无疑体现了她的外交才能。

作为夫人，也作为蒋介石得力的外交助手，只要宋美龄人在台湾，她必定陪同蒋介石一起接待访问台湾的美国政府官员。第一个到访台湾的美国官方人士中官阶较高的是纽约州的杜威州长，他受到了蒋介石夫妇的热情款待，并由蒋夫人亲自作翻译。艾森豪威尔上台执政后，美台关系日见亲密。在此“蜜月”期，美国到台访问的人次尤为频繁，其中既有军政首长、国会议员，也有在野之知名人士。拉拢美国朝野名流，通过他们在美国朝野为国民党政权呼吁，争取美援，这是蒋记政权惯用的手段，也是宋氏兄妹先前所创的得意之举，并已显示出它的作用，美国的“院外援华集团”即是一典型的例子。访美期间，宋美龄总是不忘会晤老朋友，密切与老朋友的关系。当这些老朋友访台时，宋美龄更是力尽地主之谊，使客人满意而归。临行时，他们总会得到宋美龄赠送的刻有他们自己名字的精美的小礼物，此举正应了中国的一句俗语“礼轻情意重”，让人倍感温馨。在美国政界要人中访台次数最多的要数尼克松。在他写的《改变亚洲历史的人物》一书中，对蒋介石夫妇特别是对宋美龄做了极高的评价。他在书中这样写道：

> 蒋中正和蒋夫人时常欢迎我到台北。通常是蒋夫人担任我们的译员，有时她亦会参加我们的讨论。受过卫斯理大学教育的她，是一位极优秀的译员。除了具有极流利的华语与英语外，她还能完全了解她丈夫的思想，所以她能正确地翻译出彼此的谈话。
>
> 蒋夫人除了担任她丈夫的译员外，还具有其他的意义，一

> 般人认为：一位领袖的妻子，系因夫而贵，与个人在历史上的表现无关重要。这种看法，不但忽视一位领袖妻子在幕后所担任的任务，且玷污了领袖妻子所具有的特质与性格。我相信蒋夫人的智慧、说服力与道德力量，已使她自己成为一位重要的领袖。
>
> 蒋夫人是一位极文明、美丽、整洁、极女性化及极坚强的女人。①

尼克松对蒋氏夫妇的好感是不言而喻的，对于这样一位担任美国副总统的老朋友，蒋氏夫妇自然是十分重视的，宋美龄每一次访美总要与尼克松进行晤谈。1968 年尼克松当选美国总统后，蒋氏夫妇更是欣喜万分，但出乎意料的是，正是尼克松迈出了打开中美关系大门的第一步，而且是在极秘密的情况下进行的，令台湾当局备感意外与失落，也使宋美龄深深地感到国际政治的无情。

在艾森豪威尔总统任期内，还有美国许多的政界、军界、商界等方面的名流访台。国务卿杜勒斯曾几度访台，宋美龄只要在台湾均参与接待。1960 年 6 月 18 日，蒋氏夫妇迎来了首次访台的美国总统艾森豪威尔。

凡是蒋介石与外宾举行重大会谈，宋美龄往往都在场，在她不担任翻译而她觉得有必要时，她会毫不犹豫地打断翻译人员的叙述而加以更改，这一做法有时会令一新手惶恐不安。当然，要论沟通双方意见，宋美龄是最好的，因为她不仅有深厚的中英文底子，而且她了解蒋介石。在会晤过程中，宋美龄理所当然地也参与了一些问题的讨论。不可否认，在外交方面宋美龄的确是蒋介石的不可或缺的得力助手，对于宋美龄“给予丈夫的鼓舞与帮助”，美方人士也给予肯定与赞扬。无奈，国际政治与现实的无情，终将宋美龄的努力付之东流。

---

① 尼克松：《改变亚洲历史的人物》，洞察出版社 1988 年版，第 60 页。

除了陪同蒋介石接待重要之宾客外，宋美龄还随蒋介石巡访各地进行视察，多次与蒋一起赴金门马祖看望将士，并发表演讲。

蒋介石去世后，宋美龄虽不再直接参与外交事务，但始终关注着中美关系的发展，并通过蒋经国间接干预其事。1978 年 12 月中美宣布建交，台湾当局最终同意与美国互设非官方性质的机构，虽然它们仍行官方机构之实，但此举意味着美台断绝“外交关系”，宋美龄因此颇为不悦，责备蒋经国，要负责谈判的代表“返国述职”，“公开引咎向政府提出辞呈，以谢国人”。蒋经国知道问题并不出在代表身上，所以一再的解释，但仍无法获得宋美龄的谅解。最后，宋美龄以严厉的语气告诉蒋经国：“余向来对铢锱末事，均可采取或容纳中外及各方意欲，惟对中华民国之存亡大关键，无可圆融，志不可夺。”“若同志中仍不能挺身站起来，消泯懦怯，则何以对总理及父亲耶！余亦夫复何言。”[①] 宋美龄顽固之反共立场可见一斑。

① 国史馆藏：《蒋经国“总统”档案》，“总统”府机要室原移转清册编号，D2123。转引自《近代中国》第 134 期，第 72 页。

第十章
经营“中华妇女反共抗俄联合会”

宋美龄抵达台湾后立即创办了“中华妇女反共抗俄联合会”，并亲自担任主任。在宋美龄的直接领导下，该机构以为三军服务为中心，做了大量的实际工作。从妇女工作这一角度看，“因为蒋夫人的服务，也连带带动了许多官夫人一起投入妇女工作，无论做多少还是对社会有贡献。”

自与蒋介石结合后，作为“第一夫人”的宋美龄曾发起组织了多项妇女运动，一方面是为了襄助蒋介石，一方面也是为了提高妇女的地位与作用。她认为“衡量一国的进步程度，必得注意那一个国家妇女的情况，和妇女在社会生活及国家生活中的地位。倘若大多数妇女有受教育的机会，而且生活很合理，那个国家才算是进步的国家”①。她鼓励妇女同胞：“国家的力量是依着人民的力量而消长的，居人口半数的妇女，有绝对的理由为国家出力。”“中华妇女反共抗俄联合会”是宋美龄抵达台湾后创办的一个妇女组织，该组织不属于官办，而是一个民众机构，宋美龄本人担任了这个联合会的主任。即使是从

---

① 《蒋夫人思想言论集》卷1，第36页。

事妇女工作，宋美龄也离不开她那反共的本性。从此，由宋美龄亲自领导的台湾妇女工作迈入了一个新的境界，经营“中华妇女反共抗俄联合会”是宋美龄在台湾的一项主要活动。1953 年，宋美龄又应国民党中央党部之邀请担任“妇女工作会”的指导长。妇工会与妇联会不同，它是国民党组织的一部分，其工作性质包括吸收党员、拓展党务，同时深入基层，诸如动员地方妇女走出家庭，从事一些社会的工作，帮助妇女扩大生活空间等。

一、创办“中华妇女反共抗俄联合会”的宗旨

宋美龄从美国返回台湾后，立即着手开展妇女工作。1950 年 3 月 8 日，宋美龄发表《妇女节致词》，提倡“应以美国妇女工作和奋斗的精神为借鉴”，号召妇女“应为前线的伤患兵员服务”，并提出她“最近准备组织一个‘中华妇女反共抗俄联合会’”，希望该会成立后，“每一个妇女都团结起来，发挥自己的力量；同时妇女们应该不断求进步，利用机会，多看书，多作研究，以求得到真正的学问。”① 4 月 3 日，宋美龄在“中华妇女反共抗俄联合会”筹备会上致词，并发表了题为《今日中华妇女的重要使命》的演讲，号召妇女“纠合群力，协助军事，反攻大陆”。宋美龄认为“中国人有一种毛病，就是这桩事做做，那桩事也做做，结果没有组织，没有效果，没有力量，反显得更形零乱散漫”，“在当前反共抗俄的大时代中，需要有一个健全的组织，因为我们妇女在人口数量上与男子们所谓参半，在法律上男女也居于相等的地位和责任，尤其在此艰难繁重的时期，我们更须承当一半任务，并且特别要发挥我

① 《蒋夫人思想言论集》卷 3，第 237 页。

们的特长和能力，大家联合一致，团结奋斗，共同为反共抗俄、实现三民主义而努力”①，她因此倡导组织了这个“中华妇女反共抗俄联合会”。

4月17日，“中华妇女反共抗俄联合会”正式成立，宋美龄在开幕式上致词，19日又在闭幕典礼上致词。5月6日，宋美龄召集立法院、检察院妇女委员及国民大会妇女代表开茶话会，并发表演讲。5月26日，在台的国民党军队的政治部建立了“妇联会”的分会，宋美龄在分会成立大会上致词。11月，台湾省妇女代表大会开会，宋美龄在会上致词。这些连篇累牍的演讲，其要点是要妇女投入反共，这也正是她成立这个联合会的目的。其中，以《今日中华妇女的重要使命》这篇演讲稿最具代表，这篇演讲从头至尾、字里行间均充满了反共的气息。一开头，宋美龄就指出：“本人返国②以来，深觉共匪勾结苏俄出卖祖国，民族存亡已临最后关头，我妇女界的动员实是刻不容缓。因此发起中华妇女反共抗俄联合会，纠合群力，协助军事，反攻大陆。”接着，对大陆与中共进行了一番恶毒攻击，大骂中共“是苏俄帝国主义的走狗，是帮助苏俄侵略中国的赤色汉奸”，胡说什么“自政府撤至台湾，整个大陆，便被关入铁幕以内，这是中国历史上空前未有的大灾难。四万万同胞，失掉了自由，无数的善良人民，陷入于黑暗恐怖饥饿的地狱之中”，她认为“要自救，要救人，我们有一个共同奋斗的目标，就是反共抗俄的工作”，为此疾呼“各位妇女界的领袖，赶快起来，发挥你们的智慧，施展你们的才能，把妇女界的力量团结起来、组织起来，共同参加反共抗俄的工作”，“从今天起，这个重要的使命，我们应该大家努力勇往直前的担起来，立定反共必胜、抗俄必成的信心，扫荡大陆上残酷凶暴的恶魔，建立平等自由和平仁爱的中华民国。”③

至于今后如何开展“反共抗俄”的工作，宋美龄认为：简言之，即

① 《蒋夫人思想言论集》卷3，第69页。

② 指从美国回到台湾。

③ 《蒋夫人思想言论集》卷3，第233—236页。

围绕着“反共抗俄”这个中心，开展宣传、组训和慰劳三项工作。在4月17日召开的“中华妇女反共抗俄联合会”成立大会上，宋美龄强调了这三项工作的重要性及如何开展工作。

宋美龄还特别强调了妇联会的工作不能“徒负虚名”，因为他们是处在这样的局势下，即“自由中国只剩这些小的立足点，我们只有向前抢工作做，任何人不能再退后观望”，并表示“这个会不能马马虎虎，也不能有名无实，我自己有时工作上下午都来，或上午来，至少每天有一次，不管有事或无事，因为这是我的责任”，她还希望会员们多多动员台湾的妇女同胞参加本会的工作，“愿望不但诸位签名加入，并且介绍邻居和朋友都来工作，尤其是台湾籍妇女，也要他们来参加”。

在宋美龄的亲自领导下，妇联会的组织得到了迅速的扩大。至1953年4月“妇联会”成立两周年时，已成立岛内分会43个，岛外分会6个，支会172个，工作队73个，救护训练班结业学员447人，国语训练班结业学员66人。一年以后，岛内分会发展至52个，支会220个，工作队94个。以后妇联会逐年有所扩展。参加的人员包括女性军公教人员、公务人员的眷属以及民间各行各业的妇女同胞。

二、“妇联会”做了些什么工作？

“反共抗俄”，顾名思义，妇联会的任何一项工作都是为了实现宋美龄所说的目的——“唤起全国民众反共抗俄的情绪，并且坚定他们忠贞爱国的观念，摧毁共匪残酷的虐政，击破苏俄赤化野心的迷梦”。在“反共抗俄”名义下开展的各项工作，其中心一是为军人服务，正如宋美龄宣称的“自由中国后方妇女参加中华妇女反共抗俄联合会工作的目的，是在替我们军人服务，并且使军民之间获得了解”。二是训练妇女同胞掌握各种技能，为社会服务，尤其是替军人服务。具体说来，在宋美龄的领导下，妇联会主要开展了这么几项工作：

（一）慰劳军队

这包括多项活动。还在“妇联会”成立之前，宋美龄曾在台北发起过一项捐献义肢运动，使得300多位受伤的官兵能够残而不废。济助伤残也就成为妇联会日后一项重要的工作。

妇联会首先开办的是一个为军人缝制衣服的工场。当时退踞台湾的国民党政府在财政上非常困难，三军官兵的军衣被服等十分缺乏。宋美龄亲自率领公务人员的太太、女性公务人员及各界妇女参加缝衣工作。在妇联会成立大会闭幕典礼致词中，宋美龄提出“要做五十万套衬衣裤能在三月内完成”，为此将“特别聘请顾正秋女士表演评剧义演，将所得的款项去买布、针、线来缝织添置战士征衣”。至妇联会成立三周年时，已前后完成300多万套单、棉军服赠送给将士们。妇联会还发动募捐，为战士们购买胶鞋、毛巾等。以后，随着台湾经济的发展，军人待遇大幅度提高，军服由成衣工场大批生产。妇联会的缝衣工场直至1991年结束，成衣工场改为听障文教中心，为听障儿童服务。

举办救护训练班是妇联会开展的又一项重要的工作。妇联会到各地劳军时发现在乡村的各军医院非常缺乏护士，宋美龄于是在1950年发起成立妇女救护训练班，训练急救、护理及敷药。教师由各医院及医学院的专业人士担任。第一期毕业生有114人，分发支援乡村各军医院的医护工作。到1953年妇联会成立三周年时，已受训学员1120余人，都已派在医院和社会卫生机构服务。1953年，宋美龄又指示妇联会设立救护干部训练班，总共举办了37期，结业学员达3000多人，她们分散到台湾各地，成为早期推动眷村和乡村社区公共卫生的尖兵。

妇联会开展的劳军活动，内容是多方面的。除了上述两项主要工作外，还举办了大规模的慰劳荣事工作，并坚持每年组团往高山、海边、外岛及艰苦地区慰劳三军官兵。其中有两件事的影响是很大的：一是对金门的开发。金门本来是一个未开发的小岛，岛上一片荒芜，无论当地居民或守岛官兵都苦于无遮风挡雨的花草树木。宋美龄上岛看到了这一情况后，下决心绿化金门。此后从台湾搬运了成千上万的树苗过去植树绿化，使今天的金门成为绿树成荫的观光胜地。二是军眷住宅的兴建。自1956年宋美龄号召发起公商各界捐款兴建军眷住宅以来，先后建筑了军眷住宅及军队职务官舍共53000多户，为数十万官兵及眷属解决了住的问题。

劳军还包括帮助眷属，具体开展了这么几项工作：一是设置清寒军人子女奖学金，第一期曾奖助优秀清寒子女50人，每人发给奖学金新台币250元。至妇联会成立10周年时，已有500多名军人子女获奖学金；二是在妇联会下设征属福利委员会，这“是纯粹为军人眷属服务的”，目的是让她们安定生活，帮助“国家”工作；三是辅导各地军眷养猪、养鸡以及编织手工艺，使军眷增加家庭收入，改善生活。帮助军眷的工作很快发挥了作用。国民党海军总司令桂永清曾对宋美龄说，“海军军眷许多困难的问题，当局无法解决，幸有海军妇联会分会之组织，经常作家庭访问，慰劳军眷，注重军眷的福利”①。

的确，妇联会所做的这一切，沟通了军队和民众的感情，协助台湾当局解决了许多问题，正如宋美龄本人所说“今日军民能有融洽感情的表现，也就是我们工作的成效”。②

（二）提高妇女的智能

在妇联会的闭幕致词中，宋美龄曾提出“为了使台湾妇女们都能识字讲国语，不久还要设立成人识字班，教他们读爱国读本，要他们都知

① 《蒋夫人思想言论集》卷3，第274页。

② 《蒋夫人思想言论集》卷3，第273页。

道什么叫爱国，什么叫做为国家服务，这个成人识字班，不但在台北要设立，预备在台湾全岛，都普遍设立，希望那时诸位都来负责做教员去教授他们”。此后，妇联会举办了多期国语师资训练班，培植国语师资人才，协助推行国语运动。各地的妇联分会相继开办各种训练班，及知识性的座谈会、研讨会和联谊活动，充分发挥了匡正社会风气的功能。

在帮助妇女扫除文盲、提高知识的同时，妇联会还举办了烹饪、裁缝等训练班，以辅导军眷就业，改善军眷生活。

可以说，在提升妇女的智能，鼓励妇女独立自主，帮助妇女改善家庭经济生活方面，妇联会是做出了巨大贡献的。而所有这一切，对改善社会风气，稳定社会具有积极的意义。

（三）重视并关心儿童教育

1953 年，妇联会设立了惠幼托儿所，免费招收军人及遗族子女。随后，妇联会各分会、支会分别创办了各个幼稚园和托儿所，至妇联会成立 6 周年时，已收容近 3 万多小孩。这些原本为军人服务的机构，在专门为军人服务了 40 多年后，目前开放给一般民众的子女就读。

此外，妇联会还帮助来自海外的难童补习中文，如“为了教育自意大利归国之难侨儿童学习国文、国语，曾举办语言训练班，教授难侨儿童启蒙国语，结业后，各儿童都已能操简单国语”。[①]

（四）关怀贫病残弱者

振兴复健医学中心的创建，是其中最具代表性的一项活动。1967 年 9 月开业的振兴复健医学中心，是宋美龄为小儿麻痹患者创办的一个医疗机构。

---

① 《蒋夫人思想言论集》卷 3，第 280 页。

作为虔诚基督教徒的宋美龄，对于济贫救灾、扶助孤残幼童有着特殊的情怀。1928 年她曾主持国民革命军遗族学校，抗战时期帮助救助伤兵并设立儿童保育院。到台湾后，她到各地及眷村巡视时发现，有不少儿童遭受小儿麻痹症的痛苦。据统计，1955 至 1966 年间，每年约有 500 人患小儿麻痹症，1958 年患者达 760 人，1959 年为 748 人。这期间，患者不是死亡便是成残。鉴于小儿麻痹后遗症患者重建工作的重要，1959 年屏东基督教医院首开其端，为患者进行治疗。这一工作引起宋美龄的重视，1964 年 3 月，她亲至该院视察。同时，宋美龄派有关单位对患者进行调查，发现全台 4 至 14 岁的患童多达 48000 多人。其中，军眷患者占 3200 多人，且多半来自低收入家庭，父母无钱为其医治，以致因残障而失学。同一时期，“国防部长”蒋经国在视察眷村时也有同样的发现，他曾向宋美龄建议在华兴育幼院设置专设班以收容失学的患者。基于该院的设备不适于患者，又惟恐患童无法和正常儿童共处，宋美龄遂决定为患童设置医疗机构。1964 年 12 月，宋美龄开始为小儿麻痹患者筹建专门的复健医疗机构，即振兴复健医学中心。该院从成立筹备委员会、勘定院址、训练医护人员，直至医院正式收治患者，筹备时间约有两年半。期间，宋美龄不仅对筹备委员会做各项指示，她还为取得外国友邦的重视与协助做了许多工作，如藉在国外度假或访问机会，向外籍人士说明成立振兴医院的目的。在宋美龄及有关方面的积极宣传与努力下，不仅国外报纸曾刊载这项工作，世界伤残组织也数度派专家前至台湾，或参观院舍的兴建或参与筹委会的会议或给予经费及技术上的协助。此外，海外侨胞与慈善人士也纷纷解囊相助。

在各方人士的共同努力下，经过多方面的周密准备，振兴医院终于在 1967 年 9 月完工并正式开业。该院采用多元化治疗方式，其宗旨是通过矫治及训练，使小儿麻痹患者能充分发挥残缺的体能，在心理、生理、家庭及社会各方面，重新获得自立谋生的能力。因此，复健工作大体包括矫形治疗、复健治疗以及教育、运动训练与职业训练等，使小儿麻痹患者能在该院获得完整的复健，改善他们的生活品质。由于振兴医院收治的患童都是学龄儿童，而复健治疗工作并非短期内即可完成，因此患童入院期间必定会影响学业。针对这个问题，宋美龄在医院收治首批患童时便有周延的安排，就是调派华兴育幼院的12名教师成立振兴分班，设有幼稚园及小学1至6年级各班，采取半天治疗半天教育的方式，使患童的学业不致中断。以后，随着收治患童年龄的不断增长，医院的教育工作也相继增加。

“根据1969至1988年振兴医院对小儿麻痹患者的疗效分析，在13679人中，治疗无效果的占4.5％，手术后需支架者29.19％，手术后需支架拐杖者17.5％，矫正手术后能走者12.61％，装支架拐杖行走者8.66％，装支架能行走者6.78％，轻度功能障碍者2.96％，轮椅代步者1.97％。这些数据表明，95％以上的患者能藉助辅助器具行动。”①可见，振兴医院的复健医疗效果是明显的，它让大多数小儿麻痹患者的行动有了不同程度的改进。振兴医院开业至今，随着小儿麻痹患者的日趋减少，该院已由专门治疗小儿麻痹患者的复健机构转型为一般医疗机构。期间，一些在战斗中失去四肢的官兵，也被送往振兴医院治疗复健。

对于残障人员的福利问题，宋美龄一直是非常关心的。1986年11月，去台10年后重返台湾的宋美龄，在召见台湾省主席邱创焕夫妇，向其垂询省政建设与民众生活时，特别指示邱创焕应加强办理残障福利，并提示扩建振兴复健中心，延聘优秀骨科医师为小儿麻痹病患者医治及复健，并训练其学得一技之长，使其能就业自立自强。

振兴医院的创建，对于残障儿童的帮助是有目共睹的。宋美龄对儿童的关怀，那些曾经受惠于她的人是非常感激的。振兴医院员工及当年

① 游鉴明：《蒋宋美龄创办振兴复健医学中心：小儿麻痹患者的福音使者》，载《近代中国》第134期。

与宋美龄接触过的院童对她的记忆是“蒋夫人很慈祥、和蔼、亲切、高贵、雍雅”，“院中小朋友一见到她都会很高兴，她根本没有什么架子，抱着小朋友、亲小朋友是司空见惯的”。

近20年来，妇联会更增加了对社会贫民的服务，陆续成立了社会福利基金会、听障文教基金会和宋美龄儿童血癌研究中心，为孩子们的健康谋福祉。妇联会还积极参与救灾等社会福利活动。在宋美龄的指示下，妇联会常常派代表前往受灾地区进行慰问，并赠送捐款或给受灾家庭送去慰问金。

上述活动表明，宋美龄及其领导下的妇联会在“反共抗俄”名义下所从事的各项活动，以三军为主，除了慰劳三军，对军人或军眷亦有不少助益，其结果不仅加强了军民之间的关系，也在一定程度上提高了妇女的地位与技能，并给予了儿童，尤其是军人的子女以一定的关怀与照顾。

自宋美龄离开台湾寓居美国后，虽不再主持妇联会会务，但妇联会的新构想、所举办的活动，都有宋美龄的参与。因为妇联会秘书长顾严倬云每两个月会到美国向蒋夫人报告工作，尤其是妇联会的济贫救弱工作进度。在顾严倬云看来，“对蒋夫人而言，妇女、孤苦、残障与儿童的福利似乎更使她挂念”。①

对于宋美龄在妇女工作方面的贡献，人们有不同的看法，一般认为宋美龄在妇女运动方面之所以有成就，是跟她的身份、地位有关，这的确不错；也有人提出“从另一个角度来看，官夫人并无领导妇运的义务；更重要的是，因为蒋夫人的领导，也连带带动了许多官夫人一起投入妇女工作，无论做多少还是对社会有贡献”。②

---

① 《中央日报》1997年3月20日。
② 《中央日报》1997年3月27日。

第十一章
与蒋经国的母子之情

蒋介石在去世前，一再叮嘱儿子说："要以孝父之心而孝母。"谨遵父亲的遗言，蒋经国对宋美龄孝顺有加，母子感情逐渐加深。在宋美龄留居美国的10年中，凡是有关岛内外的重大事件，蒋经国均一一致函禀报，宋美龄则往往提供意见供其参考，与其分忧。1986年，宋美龄从美国飞回台湾，直接帮助、支持蒋经国的改革。

宋美龄与蒋经国因众所周知的原因，在大陆时期的关系是较为淡漠的，彼此间均保持矜持。蒋经国在遵从父命下，对宋美龄尽到了最起码的礼貌与尊敬。自1949年1月蒋介石宣布下野后，宋美龄与蒋经国的关系才开始有所改善与拉近。当时宋美龄正在美国为国民党呼吁奔走，蒋经国则随侍在蒋介石身旁。出于对蒋介石及国民党前途命运的关心，他们电讯往来频繁，由此也增加了彼此间的了解。退踞台湾后，在协助蒋介石改造国民党、巩固统治的过程中，母子二人更逐渐加深了感情。1975年蒋介石去世前，他在病榻中曾多次紧握蒋经国的手说："孝顺汝母，则余可安心于地下矣!"并又以宋美龄的手加于蒋经国的手上，叮嘱儿子说："要以孝父之心而孝母。"蒋经国向父亲保证说："儿当谨遵父命。过去如此，今日如此，日后亦永远如此。"

一、参加“奉厝大典”

在宋美龄伴随蒋介石安度晚年的时候，一场飞来横祸使蒋介石的身体受到了极大的伤害。那是 1969 年 7 月间，宋美龄随蒋介石从阳明山脚的士林官邸搬到阳明山上的官邸避暑，不料在仰德大道和一辆军车相撞。蒋介石在撞击的一刹那，身体前倾，胸部受到剧烈震荡。事后，他的身体出现了恶化。宋美龄在这次车祸中平安无事。祸不单行，1971 年 11 月间，蒋介石在高雄澄清湖巡游，在解手时因肛门不适，叫姓钱的副官为他填塞甘油球，结果钱副官将甘油球错塞到肛门旁的肌肉里，顿时血流满地，造成肛门溃烂。宋美龄不止一次地斥责说：“就是你这个钱副官，老先生的身体给你拖垮，你是罪魁祸首!”不久，蒋介石又因摄护腺开刀的后遗症而出现血尿，经常罹患感冒，出现了呼吸不顺、口齿不清的新症状。医官检查的结论是：血管硬化，肺部缺氧。1972 年 6 月，也就是蒋介石在台湾就任“中华民国”第五任“总统”的次月，士林官邸医官特别为他做了一次全身检查，结果发现心脏比前一次检查时更为扩大，如果再不好好调养，很可能出现难以预料的危险。对此，宋美龄出于政治考虑，对医官的结论大为不满，认为不能让蒋介石休息。但是，这是无法改变的现实，蒋介石已是风烛残年。在蒋介石卧病期间，外间当然有不少关于他病情的传说。宋美龄和官邸人士想尽各种办法，向外界“证明”蒋介石依然活得好好的。这种“出场秀”前后有四次：第一次在媒体前曝光，是 1973 年蒋孝勇举行婚礼，孝勇夫妇前往医院，按照奉化家乡的习俗，给祖父蒋介石奉茶。宋美龄乘机对外发表新闻，证明蒋介石的病情正在康复中。第二次是 1973 年 11 月间，国民党的十届三中全会结束后，参加全会的 10 位主席团主席在国民党中央秘书长张宝树带领下，前往荣总会客室晋见“总裁”蒋介石。第三次是蒋孝武夫妇带着周岁的蒋友松，去士林官邸探望蒋介石与宋美龄。

在宋美龄的应允下，决定发布一张蒋家的家庭照片，再一次“证实”蒋介石还好好地活在人间。那张照片显示，蒋介石手上抱着他最小的曾孙蒋友松，一家和乐融融的样子，第四次是1975年初美国“大使”马康卫离职回国要晋见蒋介石，宋美龄左思右想，权衡利弊，最后决定由她一人陪伴蒋介石接见马康卫。

其实，这一切在权力核心人物的心目中都不过是表面的文章，也可能对台湾的时局起了微不足道的稳定作用。那时，蒋经国已经掌控了整个党政大局，就算蒋介石去世，已经不具任何实质上的影响，只会在心理上，形成对国民党权力中心的短暂的压力。

1975年4月5日，蒋介石在台湾病逝。宋美龄在蒋经国、蒋纬国的陪侍下参加了“奉厝大典”。大典后不久，宋美龄在中山楼召见国民党中常委谈话，此后就很少露面。9月17日，宋美龄赴美就医，行前发表了《书勉全体国人》。文章一开头就说：“近数年来，余迭遭家人丧故，先是姐夫庸之兄去世，子安弟、子文兄相继溘逝，前年霭龄大姐在美病笃，其时总统方感不适，致迟迟未行，迨赶往则姐已弥留，无从诀别，手足之情，无可补赎，遗憾良深，国艰家忧，接踵而至，二年前，余亦积渐染疾，但不遑自顾，盖因总统身体违和，医护惟恐稍有怠忽，衷心时刻不宁。……余日梦侍疾，祷望总统恢复健康，掌理大事，能多一年领导，国家即能多一年扎实根基，如是几近两年，不意终于舍我而去，而余本身在长期强撑坚忍，勉抑悲痛之余，及今顿感身心俱乏，憬觉确已罹疾，亟须医理。”接着，文章叙述了蒋介石死后奔丧的境况：“回溯国丧期间，我同胞对元首之肃穆哀悼，出于赤诚之爱戴表露，见诸国父纪念馆之感人景象，使余永世难忘，难觅恰当词汇，予以描述。千千万万之人身历其境，不分你我，融协随和，静默无声，神态严肃，循序排队，耐心伫候，尽日漏夜，忘其累苦，只求一瞻总统遗容，致最后之敬礼。纪念馆前一排民居，有自动开放门户廿四小时予人方便，亦有自动供应茶水者。由中南部各处前来吊祭之同胞，有一路须经七八小时行程始达台北市，原先排列在前之致敬之同胞已伫立六七小时，竟自动退让，使远来者得先入灵堂，毫无骚扰纷乱，充分表现礼让精神。……当灵榇奉厝慈湖，沿途民众跪祭泣拜，如波浪之此起彼伏。……丧期中市廛静穆，极少穿花绿色衣着者，有之则受民众路上之瞪目制裁；宵小敛迹，闾阎不警。……国外旧雨同窗，政坛人物及民间团体，函电纷来，恳切慰唁，……与我已无外交关系国家之政坛耆宿，旧时战友，其或尚在当政者，亦对总统之丧表示私人之悼意……尤使余感动者，乃来自世界各城市乡里，甚至未曾相识之人士与家庭主妇，致函向余表达钦敬总统不屈不挠、坚毅奋斗之精神……”文章又吹了一番蒋介石的生平业绩：“总统一生，长期处于忧患之中，从不耽于逸乐，治亦进，乱亦吉，锲而不舍。”宋美龄又表白了自己同蒋介石的相处：“算来将近半个世纪——业已四十八个春秋——余与总统相守相勉，每日早晚总统偕余并肩一起作祷告、读经、默思；现在独对一幅笑容满面之遗照，闭目作静祷，室内沉寂，耳际如闻謦亥欠，余感觉伊乃健在，并随时在我身边。”最后，宋美龄将话回到本质上说：“在精神上，总统仍为领导世界反共革命者，而此时此地，仍为光耀四海之反共灯塔所在。”这一天上午 9 点 30 分，宋美龄乘坐她的“中美号”专机前往美国，到机场送行的有严家淦夫妇、蒋经国（行政院长）夫妇和家人、张群（总统府资政）、何应钦（战略顾问委员会主席）、张宝树（国民党秘书长）以及驻外使节团所有大使一百多人，蒋经国亲自扶持宋美龄进入机舱，随同宋美龄赴美的有十多名侍从人员和护士。当天晚上 9 点 35 分，“中美号”抵达美国甘乃迪机场，沈剑虹夫妇及美国政府代表在机场迎接，随即由六辆汽车组成的车队护送宋美龄去纽约的长岛。

1976 年 4 月，宋美龄由美国返回台湾参加蒋介石去世的周年纪念活动。4 月 2 日下午 2 时 15 分，宋美龄搭乘“中美号”专机回到台北。蒋经国夫妇及严家淦、倪文亚、谷正纲、张群等到机场迎接。8 月，宋美龄再度赴美就医，此后一直在纽约长岛休养。其间在 1978 年（蒋经国就任第六任总统前）4 月 1 日回复蒋经国的信函中表达了她对蒋介石的怀念之情："三月廿七日、廿九日来电均悉。父亲去世三年之期将届，在此三年中，余每倏而悲从中来，上年返回士林，陈设依旧，令我有紧紧人去楼空之感，以往惯常之言音足声皆冥冥肃然，不禁唏嘘。余与父亲除数次负任去美，其他时日相伴半百年岁，尤以诸多问题，有细有巨均不惮有商有量，使彼此精神上有所寄托，二人相勉，所得安慰非可形诸笔墨。……此种扣心萦怀情性，只有汝与方媳结合四十余年者，可能体会之。……"①

1986 年 10 月，宋美龄由美返台参加了蒋介石诞辰一百周年的纪念活动，此后即留在台湾支持蒋经国主政，直至 1991 年中秋节前夕离台赴美。

二、母子情深

宋美龄与蒋经国之间距离的拉近、感情的加深，从他们往来函电中称谓的变化可见一斑。台湾国史馆副馆长朱重圣在《蒋中正总统档案》《蒋经国总统档案》中挑选了六种家书，即《蒋总统家书——致经国公子》《蒋经国先生家书》《经国先生文电资料——蒋公致经国先生》《经国先生文电资料——经国先生上蒋公》《经国先生文电资料——蒋夫人致经国先生》《经国先生文电资料——经国先生上蒋夫人》，分别对其中称谓的变化做了分析、统计。

《蒋总统家书——致经国公子》全 1 册，共 88 件，是蒋先

① 陈晓林等编著：《蒋夫人写真》，第 192 页。

生致经国先生的亲笔电稿原件，时间自民国25年（1936）8月19日至52年（1963）9月10日。其中以“表弟竺将安”署名的有2件，署“父母”的有16件，署“美龄”的有1件，其余则皆署“父”字。署“表弟竺将安”的2件及“美龄”的1件，仍然是出自蒋先生的亲笔。盖前者因经国先生启程返国尚未离开苏俄境内，蒋先生不便明署“父”字；后者则系蒋先生有意拉近蒋夫人与经国先生距离的代笔之作。署“父母”的16件，多为关心经国先生的身体状况、安危、嘉勉，及告行止等。至于奉化溪口老家的事务、毛夫人被难后的殡葬，及国事上对经国先生的指示等，则只署以“父”字。

《蒋经国先生家书》全5册，798号、184件，俱为影印件，时间自民国26年（1937）6月14日至41年（1952）2月14日。其中第1至4册149件，是经国先生以毛笔正楷亲书的上蒋先生与蒋夫人函，其内容除报喜、报平安、报行止、恭祝节庆寿辰与问安外，多为经国先生施政检讨、培训干部心得、视察各地观感、溪口老家事务的报告，及关涉国事的重要建议与计划等；第5册35件，是经国先生上蒋夫人的电稿，主要是民国38年（1949）国势逆转后有关蒋先生安危的报告。综观这些函电，经国先生在尊衔上称“父母亲大人膝下”的有43件，称“父亲大人膝下”的有102件，称“蒋总裁”的有1件，称“母亲大人尊鉴”的有1件，称“蒋夫人”的有37件。在38件经国先生上蒋夫人的函电中，只有1件称“母亲大人”，足见这时双方仍有相当大的隔阂。至于署名，则除少数署“经儿”外，多半署“儿经国”。在敬辞上，尊衔称“父母亲大人膝下”或“父亲大人膝下”时，用“跪禀”、“谨禀”或“谨上”等字；称“蒋夫人”时则用“敬上”、“谨上”、“敬禀”或“谨禀”等字。

《经国先生文电资料——蒋公致经国先生》全1册，共143件，多为电报、手令的录底或副张，时间自民国28年（1939）1月5日至43年（1954）4月19日。这些电报或手令，如果剔除蒋先生为蒋夫人代笔的1件、蒋先生要经国先生转致亲友的2件，及经国、纬国先生上蒋先生的5件后，其余135件中，署“父母”的有16件，署“中”或“中正”的有21件，署“介石”的有12件，署“委员长”的有1件，署“父”字的有85件。其内容除了有一部分与前述的《蒋总统家书——致经国公子》雷同外，包括纬国先生回国与职务的安排、经国显示赴莫斯科谈判与接收东北的指示、蒋夫人长春行的电讯，及蒋氏家祠的祭祀、溪口老家与武岭学校事务的处置等。

《经国先生文电资料——经国先生上蒋公》全3册，共387件，多为来电纸，时间自民国26年（1937）4月5日至56年（1967）12月1日。这些电报，除了有关中苏谈判及接收东北过程的报告外，文字皆较简短，很少有超过200字的，主要内容包括报喜、报平安、报行止、恭祝节庆寿辰与问安，及报告蒋夫人长春行的安排、毛夫人后事的料理、溪口老家的事务、与纬国先生的兄弟情谊等。电报中的尊衔，称“父母亲大人”、“父母亲大人慈鉴”、“父母亲大人膝下”的有119件，称“父亲大人”、“父亲大人尊前”、“父亲钧鉴”、“父亲大人膝下”的有96件，称“蒋委员长”、“委员长蒋”、“委座蒋”、“蒋主席”、“主席蒋”、“蒋总裁”、“总裁蒋”、“总统蒋”、“总统钧鉴”的有172件。署名都是“儿经国”，敬辞则以“谨禀”、“跪禀”较多，也有少数几件用的是“叩”、“呈”、“谨上”、“敬禀”。如果再进一步探究这些电报中的尊衔，单称“父亲”的96件，多数是在民国31年（1942）11月至32年（1943）6月，及33年（1944）6月至34年（1945）7月间，这与蒋夫人到美国奔走国事并治病的时间相当吻合，足见经国先生在上蒋先生的文电中，对尊衔丝毫不敢大意。

《经国先生文电资料——蒋夫人致经国先生》全1册，共42件，多为来电纸或副张，时间自民国29年（1940）3月3日至54年（1965）10月20日。这42件电报中，有1件发自重庆，2件发自香港，其余39件皆发自美国。其内容多半围绕在关切蒋先生的健康与安危上，请经国先生多留意陪侍，但也有几件是告知自己的健康状况，及向经国先生贺节庆、生日等。在称衔与署名上，这些电报可依时间作很明显的区分，其中民国29年3月的2件称“蒋经国先生”，署“美龄”、“蒋宋美龄”；34年（1945）8月的1件称“经国”，署“美”字；37年（1948）12月的2件称“经国鉴”，皆署“母”字；38年（1949）的18件皆称“经国鉴”，署“美”字的有14件，署“母”字的有4件；41年（1952）8月至43年（1954）9月的7件中，称“经国”的有2件，称“经国鉴”的有5件，署“美”字的有5件，署“母”字的有2件。47年（1958）6月以后的12件中，称“经国”、“经国鉴”、“经国览”的各有4件，并且全署“母”字。盖由这些称衔与署名的变化中，可以看出蒋夫人由民国37、38年起，已开始改善与经国先生的关系，并逐渐以母亲自居。

《经国先生文电资料——经国先生上蒋夫人》全1册，共193件，多为去电副张，时间自民国26年（1937）4月21日至56年（1967）9月9日。这193件电报中，自国内发至香港的有3件，发至美国的有155件，自美国发至国内的有5件，其余30件则都是国内电报。这些电报的内容，除了报喜、报平安、报毛夫人被难及亲友丧、恭祝节庆寿辰，及问安、问疾外，最重要的是有关政府播迁来台后蒋先生健康状况与行止、随侍蒋先生巡视各地与金马前线、政局演变、海峡两岸情势、各国对华态度、各国元首与外宾来访等的报告。在这些电报中，经国先生的署名多为“儿经国”、“经儿”等字，敬辞则以“谨禀”、“敬禀”、“谨上”较多，也有一些用了“叩”、“呈”、“谨叩”等字。至于对蒋夫人的尊衔，则随着时间与环境的改变有很明显的不同。例如民国37年（1948）12月以前多半属于国内电报的39件中，尊衔称“母亲大人”、“母亲大人膝下”、“母亲大人慈鉴”的只有14件，称“蒋夫人”、“蒋夫人钧鉴”的却有25件；38年（1949）1月至43年（1954）10月的39件全称“蒋夫人”；47年（1958）5月以后的115件中，称“母亲大人尊鉴”、“母亲大人膝下”的有108件，称“蒋夫人”的则只有7件。似乎民国43年至47年间，经国先生才开始愿意与蒋夫人改善关系。经国先生的这种意愿，至少要比蒋夫人迟了5年。[1]

另据朱重圣先生对史料的挖掘发现，1949年宋美龄致电祝贺蒋经国的生日，而且词句亲切，这是过去从来没有的事情。一直以来，蒋经国对宋美龄的寿辰，每年必定全家恭祝或贺电遥祝，蒋介石也常叮咛。1949年是宋美龄的50整寿，蒋经国当然是贺电恭祝。其后不久蒋经国生日，宋美龄竟也意外地发去贺电，云：“删（十五）日为汝生辰，余未克赶回，殊为挂念，但不久即可家人团聚。惟望珍重，为国努力。特电祝福。方良及诸孙同此。母。阮（十三）”蒋经国接到贺电，似乎深感意外，旋复电云：“阮电拜悉。年已四十，毫无建树，无任惭愧。今后唯有为国努力，以报大人之恩，并望大人早日返国，同聚天伦。敬祝福体康健。儿经国、方良谨禀。卯删。”因此朱先生认为，宋美龄的贺电应该隐含有主动愿与蒋经国改善关系的意思。

---

① 《近代中国》第134期，第65—67页。

之后，随着时间与环境的改变，在共同生活于台湾并协力襄助蒋介石“反共复国”的过程中，蒋经国逐渐祛除心结上的疙瘩，于1954至1958年间，诚挚地改口尊宋美龄为母亲。此后二人彼此关怀，为着共同的目标同心协力。1975年4月蒋介石去世后，经蒋经国及家人的劝说，宋美龄于当年9月17日前往美国调养。翌年4月，宋美龄专程返回台湾参加蒋介石逝世周年纪念典礼，8月22日再度赴美。此后直至1986年10月25日重返台湾。

蒋经国自1972年担任“行政院长”后，针对变化了的岛内外情势，提出了“革新保台”的新方针，对台湾的政治、经济、社会等方面等进行了大幅度的改革，推进了台湾民主化的进程，此间自然遭遇到各种阻碍与诋毁。蒋介石去世后，面对台湾更为严峻、复杂的局势，母子二人共同肩负起沉重的使命，蒋介石的临终嘱托，则使宋美龄与蒋经国间加深了母子亲情。在宋美龄离开台湾的10年间，他们彼此鱼雁函电往来频繁。《蒋夫人在美国与经国先生来往电报录底影印》中收录的函电共有763件，其中宋美龄致蒋经国的有247件，蒋经国上宋美龄的有497件，其余为蒋经国致孔令侃、孔令杰的2件，宋美龄致蒋孝武、蒋孝勇的6件，孝武、孝勇上宋美龄的11件。内容除报喜、报平安、报行止、贺节庆寿辰与问安、问疾、互诉对蒋介石的思念哀情与励志外，凡是有关岛内外的重大事件，蒋经国均一一禀报。岛内重要事务有第6、7任总统选举、历次中国国民党全会与中全会、“中央”与地方选举、重要人事任免、重要经济建设、军事会议、教育改革、双十“国庆”盛典，及天然灾害损失、党外人士政治活动等；对外事务主要有台美关系的调整、日韩政情变局、驻外使馆绩效等；对大陆事务有宋庆龄去世、廖承志电报、两岸军事对峙、海峡封锁、香港回归等。对于蒋经国禀报的重大事件，宋美龄往往提供意见供其参考。其中最重要的有这么几件事：

一是第七任“总统”选举。当时蒋经国因为自己的健康状况而有所顾虑，出于对台湾及国民党前途的考虑，宋美龄一面劝蒋经国“勿用踌踷”，一面叮咛蒋经国要“慎重考虑副贰人选”。对于副贰人选的条件，则提出应是“对吾党宗旨深切服膺”，而“坚持执行复兴大业者”。

二是台美断交时对外交谈判的不满。1978年12月16日，美国宣布要与中华人民共和国建交，对此宋美龄并不惊讶，她只是要蒋经国在坚持立场、保持台湾当局的权益下，“不浮不躁，不负气，得体行事”。当得知台美断交，双方降为互设非官方性质的机构时，宋美龄颇为不满。为此曾掷笔足足5个月不与蒋经国通函。蒋经国连连致电请罪，并请继续赐教：“惟望再赐指针，使益知惕励，并有所遵循。”“以儿愚钝，当此忧危，实诚惶诚恐，时虞陨越，惟愿大人耳提面命。”“儿不肖，惟赖大人教导；儿蹉跎，惟赖大人督责。”①

三是对廖承志的复信。1982年7月廖承志给蒋经国写了一封饱含情理的公开信。蒋经国接到信后置之不理，把信的内容禀报了宋美龄。宋美龄阅信后，亲撰一封“致廖承志的公开信”，于1982年8月18日在各大报刊载。

此时的蒋经国，对于宋美龄已不但“以母侍之”，亦以“良师待之”。每当蒋经国踌躇、焦虑时，宋美龄总是来函劝勉，与其分忧。

据朱重圣先生对史料的整理发现，在《蒋夫人在美与经国先生来往电报录底影印》中，还有两类关系蒋夫人与经国先生亲情的记录值得一述：

> 一类是蒋夫人常在圣诞节及经国先生生日的时候赠送礼物，经国先生则更是不定时的敬献时果珍馐，以表孝思。蒋夫人赠送给经国先生的礼物，有皮鞋、大衣、放大镜、饼干，及糖食等；经国先生敬献的时果珍馐，则有冬笋、柿子、柚子、

---

① 1979年3月22日、28日，4月5日“蒋经国先生上蒋夫人电”，《蒋夫人在美与经国先生来往电报录底影印》，《蒋经国总统档案》，国史馆藏，总统府机要室原移转清册编号：D2123。

芋头、枇杷、西瓜、梨、荔枝、肉松、燕窝、梨山特产，及水年糕、米拌浆粉等家乡味食品。每年蒋夫人的寿辰，经国先生除了贺电遥祝外，都要孝勇先生全家作代表，专程前往问安拜寿。另一类是蒋夫人与经国先生对彼此健康状况的关怀。蒋夫人除了有皮肤过敏、牙疼、颈背酸疼僵硬、重听，及车祸旧伤的宿疾外，曾经得过行疹症、胃溃疡、左腿神经痛、腰伤、晕眩症、重感冒、肺炎、右手发麻、血栓症、高血压，及髀骨折伤等。每次蒋夫人有恙，经国先生都孺慕至深，除了遥祝早日康复、加倍珍重外，常常以未能随侍左右而内疚。蒋夫人罹患血栓症时，经国先生想派医护人员前往照料，但请示后，被蒋夫人劝止。其后蒋夫人折伤髀骨，开刀治疗，经国先生不胜惊忧，遂不待请示，即派孝勇先生及当时的骨科权威邓述微医生前往。至于这段时间经国先生的健康状况，则可以“百病缠身”四字来形容，较严重的有糖尿病、摄护腺肥大、左眼玻璃体出血、视网膜剥离、足末梢神经炎、白内障、心律不整等。经国先生的糖尿病非常严重，不时复发，而且会引起许多的并发症，久久不愈，却仍然要力疾从公，竭忠谋国，因此最让蒋夫人挂心，常常劝经国先生：“希汝于周末离台北，以便多加休息，不宜过劳。”“欲达报国之愿，务需珍惜身体。”“余隔重洋，虽卧病榻，亦不断以国家前途、汝身体健康为忧。盼节力珍摄，耐心调养。”“须牢记……养病如养虎之要谛，切勿……又过操劳。”“凡中年以上者，……体力方面，不宜时常透支。”“汝不可终日湎于各种公务作业……希能拨冗作较轻松之消遣……以平衡气质。”“希于汝者，能牢记多多休息，不为琐事所羁，亦不必事事躬亲，留诸精神，针对前途之崎岖。”“汝能不稍存懈怠，固属可嘉，但谚云年龄不饶人，故仍须积力，以延为国家人民服务之时。”“闻出巡视察时，均与当地民家餐叙，固甚可嘉，惟今已非能与三十年前壮头矫健身体可比……故仍以谨慎饮食为宜。”“祝……汝身体健康，恢复爽旺，俾为主义国家民族多多服务为愿。”“希仍多休息，节省精神，只办理重要公务为要旨。”这些亲切的关爱与叮咛，在蒋夫人给经国先生的函电中实在无法数记，经国先生虽然谨受教，为了国事，却未必全都遵行。以往经国先生接到蒋夫人的手书时，必定会以墨笔楷书的亲笔函敬覆，但是自从左眼相继玻璃体出血、视网膜剥离后，视力大受影响，只好藉诸电报回禀。经国先生为此深深感到不安，一再请蒋夫人鉴谅，蒋夫人则在“既感且憾”下，要经国先生不必介意，并劝经国先生：“我母子不必拘泥于此一形式。凡能节省汝目力体力，及增加汝之健康处，皆是对余之孝心切实表现。”这时蒋夫人与经国先生间的母子深情，足可由此而更见一斑了。

由前述史实可知，主客观各种因素的结合促成了宋美龄与蒋经国关系的改善，这本是蒋介石一直以来的心愿，而他们母子亲情的加深，则是在蒋介石去世之后。此后的宋美龄与蒋经国不仅仅是母子情深，台湾的未来更牵动着两颗并不年轻却充满活力的心。

三、协助“政治革新”

1986 年，已达 80 高龄的蒋经国在台湾进行了大刀阔斧的改革。国民党当局的“政治革新”，是从其十二届三中全会开始的。

1986 年 3 月 30 日，三中全会通过了主要议题——《承先启后，开拓光明前途》。当局在该议题中提出了对内外情势的认识，革新的目标与内容，革新的基本要领等。在论及“政治革新”必要性时指出，台湾在取得“光明进步”的同时，“也遭遇了新的挑战，产生了许多亟待革新和解决的问题”。具体表现在九个方面：“社会治安的再加强，政治风气的再整饬，非常时期措施的再调处，民主宪政的再策进，地方自治的再充实，经济发展的再推进，精神生活品质的再提升，反制中共统战诡谋的再强化，国际关系的再开展”。在革新的目标与内容上，议题强调“要以今年（1986 年）为党务再革新的出发点，进一步创新党的作为”，蒋经国指出，要“以党的革新带动行政革新，以行政革新带动全面革新”。十二届三中全会所提的全面革新内容，包括“政治建设”、“经济建设”、“社会和生活建设”、“教育建设”、“国防建设”五方面。其中“政治建设”的实质体现在两项内容上，即“充实中央民意代表机构”和“加强地方自治”。

十二届三中全会决定会后由新的中常委根据三中全会通过的原则，策定具体“实施方案”，并“适环境需要调整适应”。4 月 9 日，新的中常会首次会议上由蒋经国圈定 12 名中常委组成小组，就贯彻十二届三中全会的各项议案，“进行规划，分工策行”。“十二人小组”成员是：严家淦、谢东闵、李登辉、谷正纲、黄少谷、俞国华、倪文亚、袁守谦、沈昌焕、李焕、邱创焕、吴伯雄，由严家淦任召集人。“十二人小组”日后成为“政治革新”的策动机关，由其提出具体方案，呈中常会讨论通过后，再交行政主管部门执行。此后，在蒋经国的指示下，“十二人小组”将“政治革新”的范围扩展了不少。到 5 月，正式提出研议的“六大议题”：“一、充实中央民意代表机构。二、地方自治法制化。三、国家安全法令。四、民间社团组织制度。五、社会风气与治安。六、党的中心任务。”三、四两条即指解除戒严和开放党禁，这实际上成为这次改革的核心内容，也是为一些元老派反对而对以后台湾的政局产生重大影响的内容。

为减少改革的阻力，蒋经国做了不少疏导工作，有资料说：

自一九八六年三月底国民党召开十二届三中全会开始，国民党内部即传出反对之声。蒋经国亲自点名圈定的“十二人专案小组”中，就有几位是反对改革的“元老”，据说，八十六岁的司法院长黄少谷，是党内反对派（元老派）的代表人物。两种意见，互不相容，使小组一成立即陷于无休止的争吵中，以致工作无法进行。使对六项政治议题的研议，在最初的几个月里，“进度相当缓慢”。此情此景，使蒋经国颇为生气，不得不亲自过问，主动提示，大力催办，明示“戒严问题应列为第一优先”，“应朝解除戒严及准许新党成立的政策方向前进。”同时，在这期间，蒋经国又分别约见一些党国元老，党政军高级领导，向他们说明进行改革的意义和决心，引导他们从实际出发，“放眼向前看”，这才逐渐化解了他们的怀疑和忧虑，从而加快了研议的议程。[①]

为彻底扫除改革的阻力，平息并安抚元老们对“革新”的不满与忧虑，蒋经国借纪念蒋介石百年诞辰为名，派蒋孝勇接宋美龄从美国回台湾，“利用蒋老夫人的影响力，对党内元老派进行安抚，化解他们的忧虑和不安”。

“在台湾‘元老派’并不单是指年龄层超过七十五以上的权力精英；且包括指当年随侯蒋公的党政军高层人物。由于蒋经国先生的接掌权力之后，‘老臣’多已退隐山林，悠然岁月。然而，他们的影响力仍在，因为中国政治本身是有‘家族政治’的倾向，再加上‘亲随关系’、‘派系联盟’等非正式组织，使‘元老派’在关键时刻仍然会发生强大的影响力。”[②] 80 年代的台湾，不仅仍有一些元老身居要职，而且因种种

① 宋克寒：《蒋经国改革的阻力》，载《蒋经国变法维新》（风云论坛 30），台湾风云出版社（海外版），第 31 页。

② 《蒋夫人与元老派》（风云论坛 25），风云论坛社，第 2 页。

“关系”，不少退隐山林的老臣仍有着相当的影响力。就当时党政军高层人士看，平均年龄偏高是不争的事实。以五院院长为例（迄1987年）：行政院长俞国华——74岁，立法院长倪文亚——84岁，司法院长黄少谷——86岁，考试院长孔德成——67岁，检察院长余俊贤——86岁。再以党务系统为例，居中国国民党最高权力圈——中央常务委员会委员的平均年龄超过70岁，中央委员会秘书长马树礼的年龄近80岁。因此，谓整个决策层为“元老政治”并不为过。

“蒋经国的历史性改革，其最大的阻力就是来自元老派，故不论元老派是否有恋栈权力的私心，抗拒改革的变化。就算是以‘天下为公’的心胸，却基于固有的政治观念，可能也无法接受目前的‘六大革新方案’，特别是开放党禁，解除戒严，调整中央民意代表机关等改革方案，这些都与当前元老派的政治观念有极大的差距。换言之，党国元老抵制蒋经国的历史性改革，也是可以预期的。”① 面对元老派的阻力，已届90高龄的宋美龄的返台成为各方关注的焦点。

前面提及宋美龄由美返台参加蒋介石诞辰百年纪念。宋美龄于1986年10月25日下午7时，搭乘中华航空公司飞机返抵台北。前往机场迎接的有蒋经国夫妇及家人、前“总统”严家淦夫妇、副“总统”李登辉夫妇、立法、司法、考试、监察各院院长、“总统府”秘书长沈昌焕、中国国民党中央委员会秘书长马树礼，“国防部”参谋总长郝柏村等。据报道说：“虽然经过长途飞行，蒋夫人今天回国时，显得精神奕奕，心情愉快，见到阔别多年的家人和同志，至感快慰。”政界起初预测这是元老派阻止蒋经国改革的“王牌”，但宋美龄返台后的动向显示，她并非元老派的“王牌”，而是蒋经国的支持者。美国《纽约时报》在12月底刊载的专文中指出，蒋宋美龄对于开放组党及解除戒严等开放路线不表反对，并且表示支持政治民主化路线。再看蒋经国，“来自官

① 《蒋夫人与元老派》（风云论坛25），风云论坛社出版，第6—7页。

邸内层的消息透露，自蒋夫人返国以来，蒋经国心情至为愉快，家族之间的来往非常频繁，此外，在十月底的最后一次党中央常会，蒋主席对推动政治革新方案的‘十二人小组’责成加速完成革新的草案，可见蒋夫人返国不仅不是改革的阻力，反而是助力”。①

10 月 31 日，台北举行蒋介石百年诞辰纪念大会，宋美龄于同日发表手撰纪念文《我将再起》，由于该文题目含义暧昧，曾引起岛内外不同臆测与评说。文中，宋美龄首先对蒋介石的学养、人格、志节、苦心，以及宗教信仰，娓娓追述了她的体察领会。接着对于“我将再起”一语的渊源与用意作了说明。她说：

> “我将再起”一语，来自伦敦首位圣保罗教堂一个饶趣及感人的故事。伦敦圣保罗教堂南门顶上，有一块镌刻端庄的石头，上面雕刻着一个拉丁字“Resurgam”，意为“我将再起”。说起它的历史来是这样的：当教堂的大圆屋顶行将动工时，建筑师克来斯陶佛棱爵士要求一块石头作为教堂中央的准据。于是有人从乱草堆中拿来一块刻着这个拉丁字的墓碑，它的意义如此深刻，立刻使那位饮誉欧美的建筑师一见之下认为是确当无比，便决定给这块石头砌入屋宇的中央永久位置。自此它便一直保存到现在，成为激励所有看见它的人们的乐观情绪的渊源了。美龄因欣赏此字之寓意，亦正恰合我们中华民族全体同胞的精神、意志、希望和观念：一个古老的民族，在天荆地棘的苦难环境中，经过一场生死挣扎，必能重建它的声望和力量，崛起而为一个充满朝气和正气的强大国家。②

---

① 《蒋夫人与元老派》(风云论坛 25)，风云论坛社出版，第 7 页。

② 《中央日报》1986 年 12 月 31 日。

最后，她表示“美龄本此一贯的爱国纯诚与信心，愿与我同胞誓相勖勉，蹑着先烈的榜样一起向胜利和成功的道路上迈进”。

这是宋美龄由美国返台后，首次与岛内同胞见面，并发表谈话。在接下来的日子里，宋美龄频频接见台湾政要。

11 月 10 日下午，接见“行政院长”俞国华夫妇，对当时岛内政治、经济情况“垂询甚详”。宋美龄并请俞院长“转告全国同胞，在国家处境困难的时期，一定要全国同胞团结一致，开创国家光明前途，达成复国建国的目标”。当天下午，宋美龄还接见了台湾省主席邱创焕夫妇，“殷殷垂询省政建设及民众生活”。

11 月 11 日，接见李副“总统”登辉、“总统府”资政、五院院长、“行政院”各部会首长，及台北市议会议长、台北市长、高雄市长。大家在茶会中就近年来台湾“在各方面进步发展的实况，向蒋夫人报告。蒋夫人也期勉大家，作更大更多的努力，使我们的国家更进步、更壮大”。

11 月 13 日下午，接见了国民党军一级上将王叔铭、彭孟缉、黎玉尔、高魁元、刘安祺、宋长志，参谋长郝柏村，以及陆、海、空、警备总司令、总政治作战部主任等。“蒋夫人对近年来国军的进步与发展，表示欣慰；同时对军眷的生活也深表关心。”

11 月 15 日下午，接见了中国国民党中央委员会常务委员袁守谦、王惕吾、林洋港、黄尊秋、洪寿南、曹圣芬等。同时还接见了中央委员会秘书长马树礼，副秘书长郭哲、韶恩新，党史委员会主任委员秦孝仪，以及中央委员会各工作会主任、台湾省委员会主任委员、台北市与高雄市委员会主任委员。

宋美龄的这次返台，除了参加蒋介石的百年诞辰纪念会之外，应该说主要是来帮助蒋经国安抚元老派。因为当时反对蒋经国改革的势力，在辈分上高出蒋经国一代，基于中国的政治文化，少主对老臣有尊敬的传统，蒋经国对于蒋介石时代的老臣不能不让三分。由宋美龄出面安抚元老派，在双方“面子”上都好看，保守势力也有台阶可下。况且元老派大多与宋美龄有深厚的渊源关系。据《蒋夫人与元老派》（风云论坛25）一书的代序言“我将再起？——蒋夫人返国与元老派的关系”中对当时具有一言九鼎地位的元老派的介绍看，元老派大多与宋美龄有着深厚的渊源关系，如：

严家淦——担任先总统蒋公的副总统，之前曾担任官邸秘书主任。现为中央常委兼“十二人小组”召集人。

张群——担任先总统蒋公的总统府秘书长，现任总统府资政。

黄少谷——担任先总统蒋公的侍从室主任秘书，现任司法院长，中央常委兼“十二人小组”的成员。

何应钦——担任先总统蒋公时代总统府战略委员会主任委员。

谷正纲——担任先总统蒋公时代国民大会主席团主席，现任中央常委，兼“十二人小组”成员。

袁守谦——担任先总统蒋公时代革命实践研究院主任，现任国民党中央常委，“十二人小组”成员。

李国鼎——先后担任先总统蒋公时代财经两部部长，现任国民党中央常委，行政院政务委员。

沈昌焕——两度担任先总统蒋公时代外交部长，现任总统府秘书长，中央常委兼“十二人小组”成员。

秦孝仪——担任先总统蒋公时代中央文化工作会主任，现任党史会主委。

以上具有政治实权的元老派与蒋夫人都有密切关系，例如张群、李国鼎都是虔信基督教的教徒，蒋夫人与他们的夫人同属“基督教妇女祈祷会”的核心，其交往已非官式的来往。严家淦、黄少谷、沈昌焕、秦孝仪都是出身官邸，曾担任先总统蒋公的秘书主任或英文秘书，朝夕相处，已非一般长官部属关系。

基于上述情况，宋美龄返台后，陆续召见党政军高层领导人，听取他们的意见，并予以嘉勉劝慰。其中对于参谋总长郝柏村及陆海空三军总司令的召见，政治意义尤为重要。当时军方基于职权范围，没有人列名“十二人小组”，这于军方首长心理多少产生负面影响，而宋美龄的召见，无形肯定了军方的角色，为赢得军方对于政治革新的支持增加了砝码，毕竟政治权力不能脱离武力的基础。无疑，宋美龄对党政军高层领导人的召见与抚慰，对于国民党领导阶层的团结和谐，减少改革的阻力，保证改革的顺利进行，有着积极的意义。

此番宋美龄与蒋经国协力推动政治革新，就宋美龄个人来讲，实与她青少年时期留美十载，对“美国式的民主”有深切体会有着莫大的关系。此次政治革新的核心是解除戒严、开放党禁，与此同时，蒋经国提出了新党须遵守的“三原则”，即“遵宪、反共、非台独”，试图规范新党的运作。戒严与党禁是蒋介石初到台湾时为巩固统治而采取的强制措施，此举带给国民党巨大的政治与经济利益，成为国民党维护特权的保护伞。宋美龄能够支持这场打破国民党特权的改革，并帮助劝说那些元老，主要是基于她从小受到的西方民主思想的熏陶，及她对民主政治的推崇。1942 年 5 月宋美龄曾发表了一篇题为《新中国的出现》的文章，文中宋美龄对战后中国的建设提出了她的设想，并明确提出了实行民主政治的主张：

我以为民主政治的意义就是代议政治。而“代议”这个字眼，我以为是代表人民坚定不移的意志，而与一般政客的那种毫不负责、煽惑人心的口号迥然不同。此外在一个真正的民主国家中，少数党是不能不顾到的。我反对任何一种仅让一个政

> 党永久享有绝对权力的制度。这种制度可说是对真正民主政治的否定；民主政治是必须有自由思想和进步的，可是一党制度就没有这两个要件。只要是少数党的行动无悖于国家的利益及安全，那么它是应该得到思想与行动的自由的。[①]

无疑，蒋经国的革新方案与宋美龄早年对民主政治的理解颇相一致，宋美龄支持蒋经国的改革也正是帮她自己实现多年来的理想。母子二人对政治"民主化"问题的认同，应该说是他们能够同心协力的最根本的原因。

四、评《给廖承志公开信》

1982 年 7 月 24 日，中华人民共和国全国人大常委会副委员长廖承志，为了祖国的统一大业，致函台湾国民党头头蒋经国。信中回顾过去，展望未来，感情真切，动人肺腑。

信中写了这么几个内容：

第一，祖国统一，台湾归回祖国，是千秋功业。廖承志说："祖国统一乃千秋功业，台湾终必归回祖国，早日解决对各方有利。台湾同胞可安居乐业，两岸各族人民可解骨肉分离之痛，在台诸前辈及大陆去台人员亦可各得其所，且有利于亚太地区局势稳定和世界和平。"廖承志又用蒋经国说过的话"计利当计天下利，求名应求万世名"，劝说蒋经国："倘能于吾弟手中成此伟业，必为举国尊敬，世人推崇，功在国家，名留青史。"

① 《蒋夫人思想言论集》卷 2，第 14—15 页。

第二，国共两党长期共存，互相监督，共图振兴中华大业。廖承志回顾了历史上国共两度合作，均为国家民族做出巨大贡献，指出了“事虽经纬万端，但纵观全局，合则对国家有利，分则必伤民族元气”，劝蒋经国“应天下为公，以国家民族利益为最高准则”，“三次合作，大责难谢”，建议“双方领导，同窗挚友，彼此相知，谈之更易”，“依时顺势，负起历史责任，毅然和谈，达成国家统一”。

第三，欢迎蒋介石的遗体迁葬大陆。廖承志说：“近读大作有‘切望父灵能回到家园与先人同在’之语，不胜感慨系之。今老先生仍厝于慈湖，统一之后，即当迁安故土，或奉化，或南京，或庐山，以了吾弟孝心。”

第四，要蒋经国尽快地选择台湾归回祖国的道路。廖承志对蒋经国说：“当今国际风云变幻莫测，台湾上下众议纷纭，岁月不居，来日苦短，夜长梦多，时不我与，盼弟善为抉择，未雨绸缪。‘寥廓海天，不归何待?’”又说：“三年以来，我党一再倡议贵我两党举行谈判，同捐前嫌，共竟祖国统一大业，惟弟一再声言‘不接触，不谈判，不妥协’，余期期以为不可。世交情深，于公、于私理当进言，敬希诠察。”

第五，表示要亲自赴台探亲访友。廖承志对蒋经国说：“人到高年，愈加怀旧，如弟方便，余当束装就道，前往台北探望，并面聆诸长辈教益。‘度尽劫波兄弟在，相逢一笑泯恩仇’。遥望南天，不禁神驰，书不尽言，诸希珍重，伫候复音。”

廖承志的这封信在《人民日报》公布后，引起了海内外极大的反响。对此，这一年 8 月 17 日，宋美龄发表致廖承志函，作为对廖承志致函蒋经国的复信。

这封复信讲了这么几个内容：

一是一开头就为台湾的“三不”作辩解。认为“经国主政，负有对我中华民国赓续之职责，故其一再声言‘不接触，不谈判，不妥协’，乃是表达我中华民国、中华民族及中国国民党浩然正气使之然也”。

二是回顾了历史上她同廖仲恺、何香凝相处的情况。宋美龄说："余与令尊仲恺先生及令堂廖夫人，曩昔在广州大元帅府，得曾相识。"孙中山北上在北京病危时，宋美龄与宋霭龄北上伴随宋庆龄，在铁狮子胡同又同何香凝相处。宋美龄说："与令堂朝夕相接，其足令余钦佩者，乃令堂对总理之三民主义，救国宏图，娓娓道来，令余惊讶不已。盖我国民党人，固知推翻满清，改革腐政，大不乏人，但一位从未浸受西方教育之中国女子而能了解西方传来之民主意识，在五十余年前实罕见。余认其为一位真正不可多得之三民主义信徒也。"又说及在办黄埔军校时，蒋介石和廖仲恺承担重任，对于廖仲恺遇难，蒋介石是"热泪盈眶，其真挚恸心，形于词色，闻之者莫不动容"。

三是渲染大陆"文化大革命"的失误。

四是认为中国共产党曲解了孙中山的联俄联共政策。宋美龄说："国学大师章太炎为陈炯明撰墓志，谓我总理联俄容共铸成大错，中国共产党曲解国父联合世界上以平等待我民族之要旨，断章取义，以国父容共一词为护身符。"进而认为："致尚希冀三次合作，岂非梦呓?"

读罢宋美龄给廖承志的信，能复信这当然是一件好事，但其内容则完全反映了她的立场与观点。这封复信明显的问题有以下几点：

第一点，复信在追忆北伐战争前的历史时，一个根本点是有意避开这样一个历史事实，即由于国共的第一次合作，才使国民党得到改组，增添了革命的血液，发挥了革命的作用；由于国共合作，才巩固了广东革命根据地；由于国共合作，才有黄埔训练的效果；由于国共合作才有"北伐进度之神速"；蒋介石也正是由于"靠北伐战争，靠第一次国共合作，靠那个时候人民还没有搞清他的底细，还拥护他"①，才上了台。即使蒋介石在黄埔军校任职期间，他在那几十个黄埔演讲中，也一再"赞同"共产主义，"仿效"苏联，"拥护"共产

① 《毛泽东选集》第4卷，人民出版社1960年版，第1125页。

党。他说，三民主义和共产主义“都是为无产阶级奋斗以求生存的”，说民主主义的最后一步就是共产主义。他说：“我们要党成功，主义实现，一定要仿效俄国共产党的办法。”他一再说：“除了共产党之外，其他团体肯定我们本党真正合作革命事业的，就很少了。”“共产党真正革命的同志们，实在不比我们国民党少，加入国民党，实在能替国民党求进步求发展，促进本党的革命精神。”“我们要晓得，‘反共产’这句口号，是帝国主义者用来中伤我们的。”甚至他还引用孙中山的话：“如果国民党的党员，反对共产党，我便要自己去加入共产党。”这一些，在复信中只字未提。

第二点，复信中提及廖仲恺“不幸遭凶”，又肯定说廖仲恺是孙中山的“忠实信徒”，那么他死于谁手呢？死于共产党？否！死于国民党左派？否！廖仲恺是完全死于国民党右派，这一点蒋介石是很清楚的，因蒋是当时破廖案的三位领导人之一。什么人是国民党右派呢？即反对国共合作、反对孙中山的“三大政策”的国民党内那几个资产阶级的右派，他们置国家利益、民族利益于不顾，置孙中山的革命事业于不顾。也正因为如此，所以宋美龄在信中回避了这个历史事实。

第三点，复信中借否定“文化大革命”为名，否定中国共产党领导的中华人民共和国几十年的成就。国民党蒋介石在大陆上统治了几十年，结局是山河破碎、民不聊生，这一切在宋美龄的脑海里记忆犹深。新中国的几十年巨变，宋美龄虽未亲眼目睹，但大量的材料若不拒之，一定会间接地看到大陆的日新月异。尤其是 1978 年 12 月中国共产党十一届三中全会之后，新中国的航船更沿着正确的航道行驶。国家的成就，无论内政外交，还是政治、经济、文化等等方面，都以崭新的面貌呈现。不可否认，“文化大革命”的惨痛教训以及近几年的“走后门”等腐败现象已引起中国共产党的高度重视，并致力在克服这些颓风恶习。人们都在吃人间烟火，都生活在大千世界，这些腐败现象的滋生是由于多方面的原因所致，关键是怎么对待，能否克服。国民党与蒋介石在大陆上统治的几十年间是怂恿且无法克服这些弊病；而中国共产党不仅反对且竭尽全力来清除这些弊病。

第四点，复信中一个中心思想是坚持台湾当局对待祖国统一大业的“三不”，即“不接触，不谈判，不妥协”。宋美龄虽然口口声声讲中华民族的利益，讲孙中山的三民主义，而在复信的字里行间，却反对台湾归回祖国，还妄图要廖承志“敝帚自珍，幡然来归，以承父志，澹泊改观，颐养天年，或能予以参加建国工作之机会”。

五、评《致邓颖超公开信》

1984 年 1 月是中国国民党第一次全国代表大会召开的 60 周年纪念。60 年前，国民党“一大”在广州由孙中山主持召开。这次大会建立了以国共合作为主要形式的革命统一战线，推动了革命高潮的迅速到来。60 年后的 1984 年 1 月，在北京召开了“国民党‘一大’60 周年学术讨论会暨孙中山研究学会成立大会”，中国人民政治协商会议全国委员会主席邓颖超在大会上做了讲话。

在这个讲话中，邓颖超回顾了国民党“一大”的历史内容与历史地位，颂扬了孙中山的历史功绩，指出了“在 1927 年，由于国民党内一部分人背弃了孙中山先生《遗嘱》中的谆谆嘱咐，背弃了国民党第一次全国代表大会宣言中规定的道路，使第一次国共合作遭到了破坏，中国一时又回到黑暗和分裂的局面中去”。邓颖超又着重论述祖国统一“是历史的主流，分裂只是短暂的插曲”。她向台湾指出：“孤悬海外，受制于人，这种局面终究是很难长期维持下去的。是非利害，何等分明。孰去孰从，不难立决。”

2月16日，宋美龄致函邓颖超，一开头就说："近阅报载，先生在我中国国民党第一次全国代表大会60周年纪念会中曾作一次演说，追念在我总理中山先生主持下，召开第一次全国代表大会'确定'了'联俄''容共'（非如所言'联共'）及'扶助农工'三大革命政策。兹将当时决策之来源为先生道之。"这封信讲了三个内容：

第一，"不适国情，共产党曾受翼护"。宋美龄说了第一次国共合作前的政治形势，"按当时国家处境危殆，外则有世界列强企图恣意瓜分中国。加之各帝国主义藉用不平等条约之各种特权，不断榨取我人力、物力、资源，以填其欲壑，国内则有大小军阀猖獗，生灵涂炭，民生凋敝"。在这样的政治形势下，宋美龄又说孙中山"深感于此"，一方面"为求中国在国际上享有平等待遇，呼吁世界助我自助"，结果获得苏联的支持，而宋美龄解释说："当时，苏联政权被各国歧视，世界地位极为孤立，其予我一臂之助，既可博得全世界受压迫众生之好感，并又可以之炫耀于列强之前，显示苏俄政权乃是有正义之政权。且在广大之中国，顺理成章，树立一将来征服世界不绝之兵源，亦即充当其炮灰之资源，借此机会肆意吸收训练基干分子，以贯彻由苏俄所控制之全世界苏维埃帝国蓝图之推行与实施。名利双收，莫过于此。"另一方面"旨在联合国内一切反军阀反帝国主义之力量"，联合了中国共产党，而宋美龄解释说："其实，共产党之力量，证之于当时所谓共产党全国代表大会（由上海法租界潜逃至嘉兴南湖开会）到会者仅十二人耳。""事实上，中国国民党乃是中国共产党之保姆。"宋美龄又进一步解释"保姆"何意，同时再弹"共产主义不适合于中国国情"的历史老调。她说："何以谓国民党为共产党之保姆耶？须知，当时共产党党员参加我党政军者，事先均宣誓效忠国民党，永矢勿渝，总理及党中央无分彼此，允其依个人志趣选择参加，凭其资历，委以权位，但总理已郑重指出，共产主义不适合于中国国情。"

第二，"沉湎邪说，先生未免不超颖"。宋美龄首先回顾了抗日战争期间同邓颖超的接触及其印象。她说："回忆，前在重庆抗战时期，曾与大姐孔夫人数度与先生聚首交谈，征询先生对当时抗战问题及国家前途之展望，余二人均认为先生识解超群，娓娓道来，理解精透，所谈及之问题均无过于偏颇之处，实我当时女界有数人才。"接着，又说邓颖超是"沉湎"于马克思理论，而这种理论1920年曾在俄国"得手"是"凭藉许多因素侥幸成功，此实由于当时一般知识分子沉醉于'时髦心理'，令马列邪说弥漫于知识阶层，大多自认为马列信徒或马列崇拜者"。

第三，"三复斯言，中国希望在台湾"。宋美龄对第一次和第二次国共合作作了结论，认为：第一次国共合作，"我总理宽大容共，遂使原不过五十余人之共产党徒，经中国国民党襁褓鞠育后造成骚扰动乱，凡十四年"。"第二次国共合作，乃当中日战争国家存亡关头，先总裁不咎既往，诚恕相待，原望其回心转意，以抵御外侮为重，岂知共党以怨报德，趁火打劫，铸成大陆之沉沦。"由于这样的结论，所以宋美龄对第三次国共合作则认为："二次惨痛，殷监昭昭，一而再之为已甚，其可三乎?"与此同时，宋美龄又竭力鼓吹："信服三民主义统一中国"，"今日真正之中国乃在台湾"。

怎么来评论这封信呢?

第一，历史上的两次国共合作事实如何？公开信的立足点是把这个历史事实作了颠倒的回顾。众所周知，第一次国共合作，正是孙中山在走投无路的时候遇见了中国共产党。当时孙中山在搞"联甲倒乙"的革命，即靠这一派军阀来打倒另一派军阀。国民党虽然建立较早，1912年8月就搞起来了，但那是几个党派的凑合，是为了抗议会斗争（争取议会的多数席位），根本不知道从民众中来回到民众中去。过了一年，宋教仁被害后，国民党也就被解散了，再过了一年，孙中山重建一个中华革命党；再过了五年，把中华革命党改名为中国国民党。这个党的成员怎么样呢？连孙中山自己都说："计吾党中知其事而能肝胆照人者，今已不可多得。”[1] 1922 年 6 月，国民党老党员、也是老军阀陈炯明叛变，孙中山避难永丰舰，真是“山穷水尽疑无路”。正是在这种情况下，年轻的中国共产党帮他改组中国国民党，使其“柳暗花明又一村”。不仅增添了新的血液，而且找到了正确的革命道路。于是，迎来了大革命的高潮。革命的风暴从珠江流域席卷到长江流域。蒋介石在南京建立政权后，一个巴掌把人民打入了内战的血海，中国共产党被迫转入地下，在白色恐怖下展开了艰苦卓绝的斗争。这绝非公开信中所说的“殊不知第一次我总理宽大容共，遂使原不过五十余人之共产党徒，经中国国民党襁褓鞠育后造成骚扰动乱”。第二次国共合作，乃正是处在民族危亡的关头，蒋介石的对外政策已激起了国民党内部的反对，最后出现了“西安事变”，正因为中国共产党的努力，使这一事变得以和平解决，蒋介石自己都说周恩来是“最讲道理的共产党人”，感谢周恩来“帮了我的忙”；蒋介石自己也表示：“今后我绝不叛共。”由于第二次国共合作，迎来了抗日战争的高潮，中国人民取得了一百多年来反对外敌入侵的第一次完全胜利。由于蒋介石发动了一场新的更大规模的内战，将第二次国共合作破坏了。其实蒋介石在 1945 年抗战刚一胜利的日记上就说：“呜呼！抗战胜利，而革命并未成功；第三国际政策未败，共匪未清，则革命不能曰成也。勉乎哉！”9 月 29 日，蒋介石又写了一篇《自记“中共”历年之罪行》，捏造了所谓中共十条“罪恶”，把他对中国共产党的一贯仇恨之心和打内战的既定方针和盘托出。这又绝非宋美龄在公开信中所说的“及再次容共，乃当中日战争国家存亡关头，先总裁不咎既往，诚恕相待，原望其回心转意，以抵御外侮为重，岂知共党以怨报德，趁火打劫，铸成大陆之沉沦”。

第二，旧中国的国情适合什么主义来拯救？打开近代中国的史册，自从中国沦为半殖民地半封建的社会后，许多先进的中国人都曾奔走呼

① 1920 年 10 月 29 日孙中山致蒋介石的信。

号，要拯救灾难深重的中华民族。在中国政治思想舞台上出现过各种主义、各种救国的主张，如无政府主义、实用主义、基尔特社会主义、国家主义、戴季陶主义、人权主义、托洛斯基主义、法西斯主义、新民主义、还有什么西山会议派、战国策派、改组派、乡村建设派，等等，结果只有马克思列宁主义才救了中国，这是历史的事实，也是历史的结论。就三民主义来说，曾出现过各种各样的三民主义，有戴季陶的三民主义、胡汉民的三民主义、汪精卫的三民主义、叶青的三民主义，当然还有蒋介石的三民主义。同样地，三民主义漏洞百出，可以作各种解释，不过结论是一个：均未能拯救中国。公开信中的"共产主义不适合中国国情"一论，是在中国历史上叫过几十年了，但中国的国情却正适合共产主义，所以那种"不适合"的叫嚷也只不过是叫嚷而已，正是共产主义救了中国。

第三，祖国的统一应该以什么为基础呢？宋美龄的信虽然也不反对统一，但没有把民族大义放在第一位，以国家利益为重，消除因国共两党分裂而造成的炎黄子孙的隔绝状态，而是泛泛地说什么"三民主义统一中国"、"真正之中国乃在台湾"。很显然，这是既没有从发展的观点来看孙中山当年解释的三民主义，又不顾当今世界与新中国历史发展的现实。正如邓颖超所说："只要大家都以祖国统一作为共同的前提，以诚相见，多商量，多交换意见，问题总是不难得到合情合理的妥善解决的。"

第十二章
蒋宋王朝唯一的世纪人物

在蒋氏父子先后离开人世后，作为元老派的代表，宋美龄在台湾政坛上有过最后的一搏。之后，他便完全退出了政坛。1997年3月20日，是宋美龄的百年华诞，人们为她举行了隆重而热闹的庆祝活动。“远离政治是非圈久矣，寄寓太平洋彼岸亦远矣”的宋美龄能在其百岁华诞之时，受到来自台湾当局和岛内一些民众团体的诚挚而衷心的祝福，实可谓其人生的一大幸事。

岁月悠悠，物换星移，曾经活跃在中国历史舞台上的蒋宋两家的著名人物，先后告别人世。出生于19世纪的宋美龄，轰轰烈烈地走过了20世纪，迈入了新的21世纪。在蒋氏父子先后离开人世后，作为元老派的代表，宋美龄在台湾政坛上有过最后的一搏。之后，她便完全退出了政坛。如今，已是百岁老人的宋美龄，作为蒋宋王朝唯一的世纪人物，仍然受到国内外人士的关注。

一、在政坛上的最后一搏

国民党十二届三中全会后的台湾，出现了前所未有的新气象。就在改革蓬蓬勃勃开展之际，作为这场改革的策划者、发动者和推动者的蒋经国，于 1988 年 1 月 13 日突然去世。为稳定政局，当天下午 7 时，在蒋经国去世后 3 个小时，中国国民党举行了临时中央常务委员会议，立即作出了两项决议：1. “转请政府指派大员办理国丧事宜”；2. “对李常务委员登辉同志，根据宪法第四十九条规定继任中华民国总统职位”。副“总统”李登辉虽依据“宪法”顺利继任“总统”，但还不能算是最高执政者。因为在国民党作为执政党时代，一切权力均集中于国民党之手，国民党中央主席才是政治舞台的中心角色。蒋氏父子统治台湾时，均实现了党政一元化领导。而李登辉作为第一任台湾本省籍“总统”，由他执掌党政大权，势必引起元老派的不安与担心。于是，以国民党第一线的实权人物中国国民党中央秘书长李焕等为一方，以宋美龄及原在蒋、宋身边工作的元老幕僚人物为另一方，在拥立还是压制李登辉问题上，发生了争执。在这场斗争中，宋美龄扮演了极为重要的角色。

按照党章规定，国民党主席应由国民党全国代表大会选举产生，其人选应是深孚众望之人。在蒋经国去世不久，两派都曾主张暂时不设置主席，但出发点不同：李焕等认为李登辉虽继任“总统”，当党主席似乎亦不成问题，但由于他在党内“缺乏实力与威望，因此他的继任难免予人‘不够强’的感觉”，尤其在上层未能达成共识前，若贸然推出李登辉，即便当选，也不可能高票，这反而有损李登辉的威望，不如让李登辉打好基础，巩固地位，以待时机成熟。以宋美龄为代表的元老派则担心一旦由台湾籍的李登辉执掌党政大权，将会失控。他们的想法是让一位大陆籍要员任党主席，以牵制李登辉。原计划推出“行政院长”俞国华，“不料俞国华本身形象太差，不是李登辉的对手”。又要推李焕，为李焕拒辞。情急之下，甚至有人提出让已90高龄的宋美龄再披挂上阵。因选不出合适人选，他们提出暂不设代理主席，等到几个月后的十三全大会再作决定。

事态的发展，打破了国民党上层的打算。一方面，外界对国民党主席空缺一事谣传纷纷，为此，国民党还专门在党报《中央日报》的头条予以辟谣，“执政党蒋主席经国先生甫过世，外界就有许多关于继任主席人选的揣测之言，使执政党有关方面遭遇许多困扰。事实上，执政党中央核心人士连日来在哀思之中，一心一意奋勉工作，无暇他顾”。并明确说明了作为国民党主席所应具备的条件：“总理过世时，总裁继志承烈发扬党的团结精神；总裁过世后，蒋主席也一脉承传，不辱使命。如此，执政党主席出缺，不论继任的领导人选是谁，必定会具备相同的条件：能孚众望，能遵循党精神传承的一贯脉络，并推动党的革新和开放作为，完成蒋主席的遗志。”① 另一方面，李登辉继任“总统”后立即开始了一系列动作：他每天去设在“荣总”医院的蒋经国灵堂一次；按顺序逐一拜会国民党元老宋美龄、严家淦、张群、陈立夫、俞大维、谷正纲等，“除就当前国事，向他们请益外，也对其他问题与资政们恳切交谈”；拜访“总统府战略顾问”刘安琪等人；接见“五院院长”，提出施政要点，要求他们“坚守岗位”；接见各国“驻台大使”；接见“国防部长”郑为元，“参谋总长”郝柏村及各军种司令，“垂询国防战备现况”，指示安全问题；复电国民大会全体代表，“期盼协力同心，奉行蒋故总统经国先生遗嘱，早日完成以三民主义统一中国使命”；主持中常会“十二人小组”会议，讨论蒋经国生前批准的“充实中央民意代表机构方案”，以示将继续执行蒋经国的路线，“改革的步伐并未停顿，反而愈益奋力迈前”。李登辉的这些活动，国民党党报《中央日报》均及时作了报道。有书对其评论道：“李登辉的这些动作，面面俱到，层次清楚，规矩分明，深得官场要领，被赞为‘可圈可点’，其声望上升较快。”

① 《中央日报》1988年1月19日。

在各方压力下，李焕等人经过征询国民党元老及中常委们的意见，决定先推选一位代理主席。1 月 25 日的《中央日报》对此作了报道：

> 中国国民党蒋主席逝世后的主席职务，经过中央委员会李焕秘书长等人与党内元老及中常委员进行意见征询及沟通后，对人选及产生方式，将在最近期内的中央常会中有所决定。……连日来，李焕秘书长等与党内元老、全体中央常务委员等广泛交换意见，了解他们对于继任党主席产生方式的看法。
>
> 由于执政党第十三次全国代表大会已决定于七月七日召开，届时将依据党章选举新任主席，因此对于七月七日前的主席职务，一般的意见，倾向于推选一位允孚众望的中央常务委员代理。
>
> 根据中国国民党党章的规定，党主席对外代表中国国民党，对内综揽全党党务，责任重大，复由于执政党正在进行六大政治革新议题的研议及推动，以及第十三次全国代表大会的筹开，党内许多大事等待决定，势须及早推选党主席的代理人选，俾能在蒋故主席所奠定的深厚基础上，继续党的灵活运作与革新工作。

“行政院长”俞国华为洗刷外间关于他与李登辉争权的传闻，主动提出领衔签署推举李登辉代理国民党中央主席的提案。至 1 月 26 日，除李登辉外的全部中常委 30 人均在提案上签了名，只待第二天中常会例会上通过。同日，《中央日报》在头版以“执政党明举行中常会，推举李登辉代理主席”为题，发布消息称：“中国国民党中央常会定明天开会，正式推举常务委员李登辉代理主席职务。据了解，常务委员俞国华将在明天的中央常委会中提出此项建议，预计将可顺利获得全体中央常务委员的支持。”

1月27日，《中央日报》在第二版发表了两篇报道，大力鼓吹“拥李”。一篇是关于中央常务委员、台湾省主席邱创焕推崇李登辉的报道，称：邱创焕“推崇李总统登辉先生是执政党极为理想的代理主席人选。……中国国民党的领导人由于执政党的关系，一向即为国家的领导人；国家的领导人亦必为中国国民党的领导人，两者实在是二而一、一而二，不可分离的，近代世界民主国家，大体上都是采行这种制度。……经国先生逝世后，李总统登辉先生继任总统，极孚众望，受到全民的爱戴……为了巩固领导中心，稳定政局，加速‘国家’建设，加强为民服务，以及沿袭执政党传统的政治体制，发挥统合力量，他赞成推举李总统登辉先生为执政党代理主席。”另一篇是该报的社论，题为《加强党政配合，巩固民主宪政》，文中说：“虽然依中国国民党党章第二十三条规定，党主席由全国代表大会选举。然而现在距第十三次全国代表大会召开，尚有一段时日，党主席的继任人选确不宜延宕日久，而依政党政治的常规，推举李总统登辉先生代理党主席，必能获得海内外同胞的认同与全体党员的支持。”该文对李登辉作了高度评价：“不可否认的，在具有优良传统与光荣历史的中国国民党内，论党内资历与政治经验，李总统登辉先生属于精壮阶层，但以李总统目前的人望、才识与忠党爱国的情操，代理主席确为适当人选。尤其登辉先生在继任总统后，分别探访党国大老，谘诹善道；邀晤五院院长，期勉共力推进宪政运作；约见军事首长，砥砺忧患意识，坚强国防基础，坚定必胜信念；接见省市首长，垂询地方建设，要求提高行政效率，促进地方和谐，造福乡梓。其认真治事，谦冲为怀，无私无我的情操，在于显示其政治才识与智慧，足以领导本党迈向革新进步的坦途。”

由李登辉出任国民党代理主席似乎是已成定局。然而，宋美龄的干预差一点使此举夭折。《80年代的台湾》一书对这一事件作了如下陈述：

1月26日下午，一封由宋美龄签名的信交给了李焕，称国民党主席应由全体党员推举，故应将此事交由7月召开的“十三全大会”解决。目前中央常委会可仍循蒋经国在世时常委轮流主持的惯例进行。当天深夜，李焕及许多中常委都接到了由宋美龄寓所士林官邸打出的电话，要求放弃拥立李登辉的提案。“第一夫人”的余威尚在，接电话的人“无不心中忐忑不安，整夜难以成眠”。在一场严峻的权力斗争中，每个人都要审时度势，选择立场。

27日，中常会例会的日子。中常委们“面色凝重，交头接耳，交换最新的讯息”。会前，李焕与俞国华及当天的会议主席、《中国时报》董事长余纪忠紧急磋商，认为如对宋美龄的意见置之不理，后果难料，决定当天会议暂不提拥立李登辉案，利用一星期时间斡旋沟通，待下次会议再提。“对外就说，等30日经国先生奉厝之后决定，比较妥当。”

中常会讨论了除拥李案之外的其他原定议程，均获通过。中常委们忧郁寡欢，对宋美龄的干预心犹不甘，“普遍的反映是有被愚弄的感觉”。就在会议即将结束时，列席会议的国民党中央副秘书长宋楚瑜（不是中常委）突然站起，请求发言，获得批准后，宋楚瑜放了一炮。他说，经过数日运作，全体中常委对推举李登辉担任代理主席已取得共识，也都签名联署了提案，本该在今天会议上讨论通过，为什么又改变主意，避而不谈呢？李登辉出任代理主席是一致期望，如果此时不提，国民党的形象将置于何地？全世界的人怎么来看这个问题？晚一天提出，就多一分损害，后果不堪设想。……

宋楚瑜一炮，使“全场愕然，面面相觑”，形势急转直下，拥立李登辉案再成会议焦点。会议主席余纪忠接过话题说：台湾内外都在注视着拥李案的发展，“今天的会议不能不对这个案子做出决定”。一阵沉默后，一些中常委先后发言支持将拥李案以临时提案方式列入会议议程，由常委会决议通过。一度搁浅的推举李登辉担任代理主席提案进入实质性讨论。余纪忠宣读提案原文，全体中常委一致鼓掌通过。余纪忠为郑重其事，要求以起立方式通过该案。结果全体中常委均起立鼓掌，正式通过推举李登辉代理主席职务。

当晚，士林官邸的电话通到“总统府”，称要求暂不讨论代理主席事，并非针对李登辉本人，请不要误会。次日，新任国民党代理主席李登辉登门拜访了宋美龄。

1988年7月7月国民党第十三次全国代表大会在台北召开。8日，宋美龄莅临大会会场，她“身着淡色中国传统旗袍，雍容华贵，于上午十时十五分由李代主席登辉先生陪同，抵达十三全第一次大会会场”，“所有出、列席人士起立鼓掌，热烈欢迎”。“李代主席首先代表所有出、列席人士，恭向蒋夫人表达诚挚的敬意，并推崇蒋夫人对国家与党的贡献。李代主席并指出，蒋夫人相当关切党国的发展，尤其是近年来每次发表谈话，对全国同胞、全体党员都多所勖勉。”李登辉致词后，即恭请蒋夫人发表谈话。宋美龄在问候了与会同志后，委请大会秘书长李焕代为宣读那篇“创新而不忘旧，前进而不忘本”的意味深长的谈话讲词，全文如下：

中华民国国民党十三全会定于民国七十七年七月七日集会于复兴基地台北近郊，是日为历史上卢沟桥事变日，深具意义，余今与会，目睹各界同志，集集一堂，实深感慰。尤忆民国十三年一全大会集会广州，与会同志，朝气蓬勃忠党爱国之情溢于言表。余当时在座，曾亲聆总理昭示，组织有力政党，以党改造国家。

国父九十四年前革命创党，先俨耀如公为总理密切伙伴，掩护同志筹助经费，余家为秘密集会处所之一，因而遭致清室悬赏通缉，被迫举家仓促逃避东瀛。国内有志青年纷纷响应，诸如无数成仁党国元勋，黄花岗七十二烈士抛头颅洒热血，勇往直前，历经推翻满清创立民国，兴办黄埔军校，总裁受命东征北伐，统一全国，抗日军兴历时八载，始获胜利，得废除不平等条约，收复台澎，其艰难困苦，非身历其境无法体会。而今复兴基地，照耀光明之火，为大陆十亿同胞之所寄。北伐成功至抗战开始，未及十年，其间军阀割据，共党猖乱，日本一再侵犯，人民水深火热，全面抗战，阵亡将士及被日军蹂躏杀戮同胞，更不计其数，诸凡前者之牺牲，始有今日之党国。

各位同志熟谙党史，当已了然于胸。三全大会，总裁昭示："保证国民党光荣历史的基础"，四全大会昭示："党内团结为御侮图强之基"，民国二十七年临全大会，总裁提示："国民党必须坚强团结"、"强化全党"，十全大会昭示："健全组织"，悉皆本党应奉行之准则。眼前正值紧要关头，老成引退，新血继之，比如大树虽新叶丛生，而卓然置基于地者，则赖老根老干。于今党内白发苍苍，步履蹒跚者，不乏当年驰骋疆场之斗士或为劳苦功高之重臣，其对党国之贡献，丝毫不容抹煞，当思前人种树，后人乘凉。夫国之强，党之壮，赖有一定之原则，连续生存之轨迹，创新而不忘旧，前进而不忘本，当年国父如不建党立国则无今日之中华，台澎依旧日本殖民地，饮水思源发人深思。

诸位与会同志，选之各界皆党之精英，对党忠诚，为党策谋，此次集会一堂，历时一周，望能竭精殚智，排除自私，捐弃己见，一切以党国为先，以复兴基地为起点，拯救十亿大陆同胞，庶几不负总理、总裁及元勋先烈在天之灵。惟今时逾半世纪，世局不停动荡，总理、总裁昭示之真义未变，吾党之原则亦未变，今后党之发扬光大，有赖纪律之恪遵，有品有德优秀人员之引进，然而其不容变者则是党之精神、党之原则、党之方向及党之纪律，其不可有者则为藉党逞私欲，个体求眩众，标新立异，动摇国本；坊间新闻媒体对国事之批评与建言，应诉诸社论专栏，堂堂正正供大众判读，如任意制造民意，混淆视听，则非所应为，而为国人所共弃。总理创五族共和，志在团结；同为汉族，自无所谓独立之理。以美国之崇尚民主自由，不惜内战，制止分离，其理自明。夫崇尚民主，慎防尔“民”我“主”。如今社会正受冲击，人民企求法制民主，持旧创新，在在需求准则。

党设主席表率全党，其产生应根据宪章，不宜草率为之。各位同志身负重托，心系安危，自当内和不同外纳舆情，求新而非排旧，守纪而非乖张，法律必须严格遵守，暴乱亟应依法切实制止，庶几可以推行民主巩固经济，在党主席领导下群策群力继续发扬本党辉煌历史，余饱经忧患，志切党国，肺腑之言，提供各同志参省。①

7月13日，国民党十三全会第十次大会上电向蒋夫人致敬：

夫人在本党革命历程中，辅弼领袖，翼赞中枢，明辨真伪，为世警钟，义正辞严，全党共钦。此次大会蒙夫人关怀，亲临训勉，与会同志同深感奋，谨致最崇高之敬意。②

① 《中央日报》1988年7月9日。

② 《中央日报》1988年7月14日。

这次大会通过了新任国民党主席李登辉的提名，增聘严家淦等72人为中央评议委员。李在公布前项名单前指出："所有蒋故主席生前聘任的中央评议委员都继续留任，委员排名以年龄先后排列。"在新增的中央评议委员中，其中有10位是现任中央常务委员，在现任31位中常委中，比例达三分之一，这一情况立即引起了各界讨论的兴趣。岛内多位学者专家就此接受访问时指出，"新血注入下一届的执政党中常会已可预期，除了显示执政党权力核心的新旧交替与经验传承的意义之外，也说明了执政党在面临环境变迁时，兼顾革新与安定的决心"。①

此后，宋美龄逐渐淡出政坛。1991年9月，宋美龄再度离开台湾，远赴美国颐养天年。②

二、在美国度百年华诞

自20世纪60年代以来，宋美龄曾经历了无数次的丧亲之痛。

1975年4月蒋介石去世后，宋美龄于9月赴美就医，行前发表的一篇书面谈话中，曾谈到了她的状况和数年来心理的挫折。

1981年，宋美龄的二姐宋庆龄病危之时，中共曾邀请宋美龄赴中国大陆，但为宋美龄拒绝，在宋庆龄临终前姐妹终未能见上最后一面。

1988年1月23日，蒋经国病逝，宋美龄主持了蒋经国遗嘱签字仪式。在随后的两年中，蒋经国的长子蒋孝文与非常能干的二公子蒋孝武又先后去世，它间接向人们宣告："掌控台湾政局长达40年的蒋氏家族，正式退出政治舞台了。"1996年12月22日，宋美龄的爱孙蒋孝勇

① 《中央日报》1988年7月10日。

② 早在20世纪50年代，孔祥熙和宋美龄在纽约长岛煌虫谷买了一块225亩的土地在林荫深处建起了一组庄园式的建筑，主建筑三栋，其中一栋有28个房间。

因病在台湾去世，享年 49 岁，这是蒋介石第三个英年早逝的孙子，至此，蒋家已一门五寡。1997 年 9 月 22 日，蒋介石的另一个儿子蒋纬国因病去世。

随着蒋氏家族的衰落，李登辉与民进党在理念上的接近，离开政坛日久的宋美龄在台湾政坛上的影响力已几近于零。宋美龄在美国深居简出，过着恬淡的生活，不过，当她出现在公众场合时，仍会吸引人们的关注，一些媒体也不时地会报道她的情况。

1995 年 7 月 26 日，美国众议院多数党的领袖及许多国会议员，在美国国会山庄举办纪念第二次世界大战结束 50 年的周年纪念兼向蒋夫人致敬的酒会。有台湾学者认为，“这可以说是蒋夫人一生当中最荣耀的一次，而且也是罕见的一次，这可以说肯定了蒋夫人一生对于世局、对于国际、对于美国、对于中华民国的贡献”。①

1996 年美国纽约大都会艺术博物馆从台湾故宫博物院运来 450 件中华奇珍异宝。3 月 11 日，在名为“中华奇观”展览会预展上，宋美龄来到了现场，由纽约大都会博物馆馆长蒙特贝洛陪同，参观中华瑰宝展，这是她赴美后第一次在公众场合露面。许多人尤其是中外记者既慕“中华奇观”之名而来，更为了一睹已近百岁的宋美龄的风采。从美联社提供的资料照片上看，已 99 岁高龄的宋美龄仍然健康美丽。蒙特贝洛对她的评价是：她是一个贵夫人，一个镇定自若、宁静祥和的人。

1996 年 12 月 20 日，台湾《联合报》报道：“总统府资政”蒋彦士与“考试院长”许水德昨日证实，海基会董事长辜振甫夫人辜严倬云女士，曾在 11 月中旬将蒋介石、蒋经国奉安移灵小组所拟的两项方案带给在美国的宋美龄女士，宋美龄在公文上以红笔批了“同意”二字，奉安移灵小组才会在前天会议上，作出“先在台湾国葬，等统一后再迁葬大陆”的决定。

---

① 《近代中国》第 130 期，第 75 页。

恭祝宋美龄的百年华诞，是近年来为宋美龄举办的最为隆重而热闹的一项活动。1997年3月20日，是宋美龄的百年华诞。为此，国民党早在年初就开始为宋美龄筹办祝寿活动，最终确定了3项内容：1. 由国民党中央筹组祝寿代表团专程至纽约向宋美龄祝寿；2. 在纽约华夏文化中心（即国民党驻纽约组织办公室）设置寿堂，供国民党员及侨胞前来行礼祝寿；3. 举办祝寿餐会。

在台湾，中国国民党中央委员会为彰显宋美龄的卓越贡献和懿行德范，于2月27日在台北阳明山的阳明书屋（原蒋介石的阳明山官邸）举办了“庆祝蒋夫人期颐嵩寿座谈会”，由国民党副主席俞国华主持，特邀国民党元老、追随蒋介石夫妇的侍从人员、亲友、旧属以及对宋美龄个人经历多有研究的学者、专家等有关方面人员30余人参加，以座谈的方式共同祝贺宋美龄的百年华诞。

3月8日，妇联会特别于国际妇女节为宋美龄举办暖寿茶会，数百位中外嘉宾及蒋家亲友齐聚一堂，一致盛赞蒋夫人不仅为中华民国妇女表率，更是“世界级杰出妇女领袖”。参加的政界要人包括“总统”李登辉伉俪、副“总统”兼“行政院长”连战伉俪、“总统府”资政孙运睿、俞国华、蒋彦士、国民大会议长钱复、海基会董事长辜振甫等，以及许多国家的使节，整个场面隆重而温馨。“总统”李登辉应邀致词，题为《蒋夫人无私奉献，爱心无远弗届》。李登辉在致词中，细述数十年来宋美龄在历史上的重要功绩，称颂她是中国近代史上非常杰出的妇女领袖。全文如下：

农历二月十二日也就是国历三月二十日，是蒋夫人宋美龄女士百龄华诞，中华民国妇女联合会在国际妇女节的今天，邀请中外贵宾欢聚一堂，为蒋夫人暖寿，意义十分重大，登辉要特别利用这个机会，恭祝蒋夫人万寿无疆，并祝贺全国妇女同胞佳节快乐。

蒋夫人是中国近代史上，非常杰出的妇女领袖，她不但为自己国家的发展、人民的福祉，作出了卓越贡献，同时也为世界和平、人类理想，付出心力，获得国际社会崇高的敬意。

蒋夫人不但是先总统蒋公的得力助手，并以全部的智慧和力量，投入国家各阶段建设，蒋夫人成功的因素很多，但最重要的有两点：一是在美国所接受的教育，一是虔诚的基督教信仰。

美国是一个先进的民主国家，教育非常重视学生自由民主精神的培养，这一个理念，相信蒋夫人在学生时代早已根深蒂固，并奉为行事准则，所以她在襄助先总统蒋公的数十年中，一方面主张加入自由民主的国际阵容，一方面向国人宣扬自由民主的真谛，积极致力实践自由民主的建国理想，虽然因为长期内忧外患，导致政局不稳定，无法逐一落实，但是此一正确鲜明的目标，对中华民国后来的民主发展，影响非常深远。

蒋夫人是位虔诚的基督徒，具有上帝的形象，所作所为，都在上帝的道路上，依个人的体会，整本圣经精髓，也是其中最伟大的一个字，就是“爱”，哥林多前书说：“惟有爱心能造就人”（八章一节），约翰福音也说：“我赐给你们一条新命令，乃是叫你们彼此相爱，我怎样爱你们，你们也要怎样彼此相爱”（十三章二十四节），蒋夫人领受了上帝的旨意，以“爱”作为起点，实践力行，在全国广大土地上，留下无数“爱”的痕迹。

民国十八年，创办国民革命军遗族学校，照顾孤苦无依遗族，二十六年抗日期间，率领妇女同胞慰问前线官兵、探视战地医院、救济流离难民，二十七年成立战时儿童保育会，抢救战地儿童，来台后，分别办理育幼院、复健医学中心、更成立中华妇女反共联合会，开始有组织、有系统的关怀三军、服务

> 妇女以及济助老弱、残障、贫苦同胞，成为建设社会的一股重要力量。
>
> 蒋夫人在数十年奉献的事工中，始终坚守一个原则：把“爱”送到最基层，把“爱”分享给弱势同胞，没有锦上添花，只有雪中送炭，因此成为大家心目中“永远的蒋夫人”。①

蒋介石的二公子蒋纬国亦参加了这一盛会，他一进礼堂中就拿出一份预先写好的短文表达他对蒋夫人的崇敬，这篇短文的题目是《老夫人最大的特色——我从老夫人看到与学到的地方》。文中指出，蒋夫人兼具东西文化美德，并强调“老夫人引进很多西方文明国家长处，影响深远”。

在美国，从宋美龄百岁华诞的前一星期开始，有关团体和个人陆续前去拜寿。宋美龄私邸主持日常事务的主管安排每日分别接见两人（或两组），为期一周。3月14日下午4时宋美龄接见了第一批贺客蔡孟坚与他的幼子。蔡孟坚为前国大代表，是一位“老朋友”，他追随蒋介石50年，曾屡被委以重任，如今已是一位专业作家，此次他从北加州专程前往纽约向宋美龄拜寿。宋美龄以拥抱礼欢迎已92岁的蒋介石旧部蔡孟坚，并以咖啡与西点予以招待。蔡孟坚向宋美龄鞠躬拜寿后，向寿星呈献了他的两件贺礼：一是当代岭南派国画大师欧豪年特别为宋美龄百岁大庆画的一幅“寿桃”；二是蔡孟坚从《荒漠甘泉》一书中亲笔恭录的圣言：“基督是万有，又住万有里，救恩是一个从永远到永远的金炼，即是万寿无疆。”蔡孟坚说，蒋夫人对这两件礼物详加品评，赞不绝口，还特别用放大镜仔细观赏欧豪年的画。此次接见约40分钟，宋美龄以自己在台湾亲绘的山水、花卉画册各一本回赠给蔡孟坚。据蔡孟坚说，这天蒋夫人著花色旗袍，精神奕奕，兴致也很高，她还记得五年前她95岁生日时，蔡孟坚父子也曾专程从旧金山前来纽约祝寿。

---

① 《中央日报》1997年3月9日。

在以后的一周内，包括国民党副主席俞国华率领的中国国民党致敬团在内的各路祝寿人马，齐集纽约，向宋美龄贺寿。

3月18日下午，宋美龄在寓所接见了“总统”李登辉指派的祝寿代表及执政党指派的祝寿代表团。首先晋见贺寿的是代表政府的台湾驻美代表胡志强夫妇及驻纽约办事处长吴子丹夫妇。胡志强代表“总统”李登辉、“行政院长”连战向宋美龄拜寿，并呈献了李登辉的亲笔贺函、百朵玫瑰及礼品。宋美龄立时戴上眼镜愉快地展读了贺电，并一再对李“总统”的好意申谢。接着，中国国民党祝寿代表团12人在团长俞国华的率领下，前来拜寿。该代表团的成员包括中央评议委员会主席团主席沈昌焕及夫人、中央常务委员郭婉容、副秘书长钟荣吉、妇工会主任黄昭顺、中央委员蔡玲兰、海工会专门委员郑志诚，中央评议委员马克任、李达平及中央委员胡志强、巫和怡等4人在美国加入祝寿团。祝寿团代表国民党主席李登辉及全党同志向宋美龄行礼祝寿，并呈送了李登辉的贺函及由欧豪年所绘的《山高水长》国画贺礼。这支代表团的许多成员是跟随蒋氏夫妇几十年的旧属，接见过程中大家谈笑风生，气氛甚是融洽。宋美龄对劳动大家远道贺寿称谢不已，交谈中她指出，她感谢上帝赐福，更感谢李“总统”派团贺寿及国人的关怀，并说她经常不忘为国家进步及全民福祉祈福。为表谢意，宋美龄送每位贺宾一本她的画册作为纪念礼物。事后行邸服务人员指出，这是老夫人难得一见的好兴致，这一天她不但盛装待客，身着墨绿旗袍外罩暗红丝袍、全身翠玉戴饰，而且幽默连连，在胡志强提及纽约初春难得有这样春暖花开的好天气时，宋美龄曾风趣地说，她的农历生日2月12日其实就是中国民俗上的百花娘娘生日，因此当然百花盛开。

除了政府代表团外，前往纽约拜寿的还有妇联会代表团，及台北华兴中小学师生、校友代表41人，他们在校长矛钟琪、前校长林建业两人的率领下，赴宋美龄寓所拜寿，林建业向宋美龄说，这一次41位代表来拜寿，不但是祝贺，也带着感恩的心。以私人身份赴纽约参与祝寿活动的有曾任“总统府”侍卫长的前“行政院长”郝柏村、曾任蒋介石侍从秘书的台北故宫博物院长秦孝仪、由宋美龄创办的圆山饭店的现任董事长熊丸（蒋介石生前侍医）等。在前去拜寿的亲友与旧属中，最年长的是时年97岁的陈立夫。据陈立夫的媳妇说，陈立夫听力不佳，已无法单独行动，但他坚持要跑这一趟美国之行，亲自向宋美龄拜寿。

考虑到宋美龄的高龄，不能太劳累，宋美龄的家人没有安排太多的人向宋美龄直接拜寿，绝大多数的华人都是在皇后区皇后大道的华夏文化中心寿堂拜寿。庆祝活动于17日正式开始。大纽约地区侨界人士及侨团除于17、18日纷纷前往设在纽约华夏文化中心的寿堂拜寿外，又特于18日晚在华埠喜万年及喜运来酒楼举行祝寿晚宴，并招待中国国民党祝寿团人员，筵开80席，在纽约中华公所主导下，有数十侨团代表及个人共800余人参加。餐会上，俞国华代表国民党主席李登辉与国民党向侨胞致意问好，并代表宋美龄感谢在座各位的盛情。追随蒋氏夫妇达50年之久的代表团成员沈昌焕，在题为《我所知道的宋美龄》讲演中，以其亲身经历生动地描述了宋美龄生活中的一些故事，令在座的人员听得津津有味。最后，伴着全场高唱《生日快乐》歌，由代表团成员与中华公所陈炳基主席等一起合切10层大蛋糕向宋美龄祝寿。

3月19日晚，宋美龄的外甥女孔令仪夫妇在曼哈顿自家寓所为宋美龄举行了一场家庭暖寿宴，出席者共50余位。参加者除了蒋、孔、宋家族成员包括蒋纬国夫人丘如雪及公子孝刚夫妇、大孙媳妇蒋徐乃锦、三孙媳方智怡及其诸子友柏、友常、友青，宋子安之子宋仲虎及孔令杰之子孔德麒等人外，蒋家至友如俞国华、郝柏村、沈昌焕（前“总统府”秘书长）夫妇、妇联会秘书长辜严倬云、华兴学校前后任校长等亦应邀参加。宴会主持人说，席间宋美龄对所有亲友的近况殷切垂询，并一再表示对大家远道聚集纽约为她庆寿很高兴，欢乐的气氛也使她胃口较平日好得多。

3月20日中午，即将结束的为期一周的祝寿活动达到高潮。50余位宋美龄的至亲、故旧齐聚宋美龄的寓所，在周联华牧师主持下，以做感恩礼拜、唱诗、读经、祈祷的方式庆祝宋美龄的百岁华诞。随后，宋美龄兴致勃勃地与他们共进午宴。据报道，席间宋美龄精神极佳，与当年得力干部、亲友及家族晚辈等畅叙亲情，并合照留念，过了一个热闹快乐的生日。宋美龄的生日聚会实亦是近年来蒋、宋、孔家族三代亲友难得一见的大聚会。

除了前往纽约当面贺寿外，还有不少人或团体以贺电的方式向宋美龄表示祝贺。3 月 17 日，美国侨务委员会委员长祝基滢致函蒋夫人，表达敬意。信中称颂宋美龄是人类自由、勇气与精神的标杆。3 月 19 日，宋美龄百龄诞辰的前一日，台湾省长宋楚瑜代表省民以信函祝贺，并请省妇女会理事长蔡玲阑携往美国转交蒋夫人。

在台湾，不少团体与个人以各种方式遥祝宋美龄的百岁嵩寿。由宋美龄一手创办的振兴医院不仅早早完成了寿堂的布置，并以举办“慈善事业园游会”方式进行庆祝，宋美龄过去在振兴的办公室及寿堂首度对外开放供民众参观，以便让人们共同感怀宋美龄照顾残障病患及关怀社会的德泽。由各大专院校学者与部分黄埔军校校友共同组成的中华四海同心会，在台北举行“蒋夫人百岁华诞祝寿典礼”，会上“行政院”大陆委员会主任委员张京育应邀致词，呼吁国人应对蒋夫人的贡献“感恩、惜福”。由宋美龄创办的国军遗族学校学生、自“外交部”退休的叶刚强花几个月时间，亲手做了以“八仙贺寿”为主题的上百盆充满喜庆风味的盆景，作为遥祝宋美龄百岁生日贺礼，他说：“蒋妈妈喜欢花草，以前在美国时每年会送盆景给老人家祝寿，如今不在美国，同样设计了盆景表达贺意，祝她永远健康、快乐。”

在台湾及宋美龄的居住地纽约，华侨隆重庆祝宋美龄的百年华诞，在美国享有盛名的《华盛顿时报》于 3 月 14 日以相当大的篇幅，专文报道了宋美龄富有传奇色彩的一生。文章说：“蒋夫人在人生的高峰阶段，是一位充满权力与魅力的人物”，“蒋夫人的美丽、智慧、流畅的英语与动人的口才，使她为五六十年代的中华民国，赢得国际舞台上举足轻重的地位”，“身为二十世纪最伟大的人物之一，蒋夫人也是头一位应邀到美国国会演讲的非政府官员”。

宋美龄的母校魏斯理学院为纪念杰出校友宋美龄一生成就贡献，决定设立“蒋宋美龄学术讲座”，原本坚拒的宋美龄在该讲座保证以研究中国文化为原则后表示同意，并责成率团前来拜寿的妇联会秘书长辜严倬云负责联络规则。

“远离政治是非圈久矣，寄寓太平洋彼岸亦远矣”的宋美龄能在其百岁华诞之时，受到来自台湾当局和岛内一些民众团体的诚挚而衷心的祝福，实可谓其人生的一大幸事，无疑，这也是对其地位与贡献的肯定与尊崇的表示。

在以后的几年中，海峡两岸对宋美龄的研究方兴未艾。

在千禧年即将来临前夕，台湾的中正文教基金会联合中华妇女联合会、国史馆、故宫博物院、中央研究院近代史研究所 4 个单位，以“蒋夫人宋美龄女士与近代中国”为题，于 1999 年 10 月 31 日至 11 月 3 日在故宫博物院举办了一次学术研讨会，其目的“一以弘扬夫人之睿智懿德与景行懋功；一从学术研究出发，客观论述夫人在近代中国命运起伏中扮演之角色与地位”。会中，众多学者对宋美龄一生的志业与历史成就作了全面阐述。“总统”李登辉于 11 月 1 日参加了开幕典礼并祝贺词，盛赞宋美龄“对国家、社会及世人之卓越贡献”。故宫博物院院长秦孝仪在开幕典礼中发表了题为《中国跨世纪历史的伟大心灵捕手——蒋夫人》的讲词，对宋美龄作了极高的评价，他说蒋夫人是“即将跨越三个世纪的‘人瑞’，而以蒋夫人贡献于中华民国之崇高地位，更应该说是‘国瑞’：是我们中华民国‘国之祥瑞’。”又说：“中国传统的说法，‘立德、立言、立功’为三不朽。一个人只要拥有其中之一，就足以名世传世，而蒋夫人是真正‘三不朽’的伟人。立德、立言、立功，她没有漏接过任何一局。这次讨论会，也就是要引发大家对历史的共同记忆，一个人不能失去记忆，一个民族不能忘怀历史。在此讨论会即将开始之际，愿和大家一起来真切体认，一起来祝福蒋夫人永远福寿康疆，如冈如陵。”

2001 年 2 月，在挥别 20 世纪，宋美龄将届 104 岁诞辰之际，美国三藩市发布《贺蒋宋美龄百岁晋四诞辰志庆》，文中肯定了宋美龄作为蒋介石夫人及中国妇女领袖的地位与贡献，并高度称颂了宋美龄在二战中的表现与作用。三藩市市长为表示对宋美龄的敬意并祝贺她 104 岁诞辰，特宣布 2001 年 3 月 6 日为“蒋宋美龄”对现代中国贡献纪念日。

不时为病痛折磨的宋美龄能跨越三个世纪，实在是一个奇迹。据辜严倬云说，在美国，蒋夫人大部分时间都用来看书、看报、画画、写字，夫人对生命充满信心。

附　录
宋美龄活动大事记

1897 年

3 月 5 日（农历 2 月 12 日）生于上海。她是宋家的老四（霭龄、庆龄、子文三位兄姐之后），她后面还有两个弟弟（子良、子安）。其父宋耀如，出生在当时广东省的海南，其母倪桂珍。其父于 1875 年赴美国谋生，1886 年回国在上海居住。

1908 年（有的说是 1907 年夏）

随二姐宋庆龄赴美国读书。其大姐宋霭龄已于 1904 年 5 月赴美国读书。

1912 年（有的说是 1913 年春末）

进魏斯里女子学院学习。

1913 年秋

转到马萨诸塞州的威尔斯利学院学习（有的说先就读乔治亚州威斯理学院，后入麻州卫尔斯莱女子学院）。

1917年夏

毕业于威尔斯利学院，获“都兰学者”的最高荣誉。回国居住上海，致力社会事业，谋求上海公共租界童工待遇之改善。

1920年（有的说是1922年）

在上海（有的说是广州）孙中山的住处，见到蒋介石。之后，蒋介石时与她通信。

1927年

这一年8月13日蒋介石宣布下野，9月29日，随蒋介石赴日本。蒋介石专程前往有马温泉晋见其母亲，请求“允诺亲事”。10月，由日本回国。11月10日蒋介石由日本回国。26日在报纸上发表结婚启事。12月1日，与蒋介石在上海举行婚礼。

1928年

4月，随蒋介石率部举行“第二次北伐”。

1930年

10月，与蒋介石悄悄到上海，为蒋介石举行基督徒的“洗礼”。

1933年

年底，赴江西参加蒋介石对我中央革命根据地的反革命军事“围剿”。

1934年

“新生活运动”开展后，帮助蒋介石推行这个运动。3月，在美国《论坛》杂志上发表了《我的宗教观》一文。10月，与蒋介石视察西北、华北10个省，经历了5000余公里的路程。追击我长征的红军时，又随蒋介石赴贵阳“督师”。

1935年

2月，在美国《论坛》杂志上发表了《闽边巡礼》一文。4月至7月，随蒋介石追击工农红军进入西南，途中三次致书“国民革命军遗族学校”同学。6月，又在美国《论坛》杂志上发表《中国的新生活》一文。

1936年

1月1日，在上海基督教广播协会电台揭幕，发表题为《合作与牺牲精神》的讲话。10月10日，在上海《字林西报》发表《舆论的形成》，评述了“闽变”和“两广事变”的解决。又发表了《新生活运动》一文。10月，与蒋介石在洛阳举行蒋介石50岁生日纪念仪式，在全国搞了献机祝寿运动。12月，“西安事变”发生后，为稳住南京政局、沟通宁陕对话做了不少工作，最后亲赴西安救蒋，为事变的和平解决“铺房顶”。

1937年

应美国《世界青年》杂志约稿，在创刊号上发表了《中国的青年运动》一文。1月，发表了《西安事变回忆录》。2月21日，向美国做了《前进的中国》的播讲。担任了中国航空委员会秘书长，3月12日，在上海《大美晚报》(英文)发表《航空与统一》一文。5月6日，对全国基督教协进会第十一次双年会致词。全面抗战爆发后，8月，在中国妇女慰劳自卫抗战将士总会成立大会上发表《告中国妇女》的演讲。9月12日，向美国国民发表题为《告美国民众》的广播演讲。10月6日，应澳洲悉尼某刊物之请，发表《战争与中国》一文。10月12日，在美国《论坛》杂志11月号发表《中国固守立场》一文。淞沪战役爆发后，随蒋介石辗转淞沪前线。11 月，随蒋介石在南京参与“陶德曼调停”，对日秘密和谈。

1938 年

随着蒋介石在当时的军事和政治中心的武汉逗留 11 个月，在发动妇女、救护难童、对西方国家发表谈话、举办训练班等方面做了许多工作。先后发表的论著有：《从艰苦中缔造出崭新的民族》《谨为难童请命》(《载妇女生活》杂志)、《中国的现在过去与将来》(5 月 4 日致函美国某同情中国之友人)。发表的演讲有：《二十七年春节献辞》《向悉尼国际妇女大会致词》(2 月由中国代表在会上宣读)、《告基督教教友》(4 月 6 日在武汉基督教祈祷会上讲)、《向加拿大人民广播词》(4 月 11 日应加拿大广播公司之请发表演说)、《向美国基督教会女青年会全国大会广播词》(4 月 28 日向美国基督教女青年会第十五次全国大会播讲)、《母亲节献辞》(5 月)。5 月 20 日，在庐山妇女座谈会上发表了谈话。发出去的函电有：《复纽西兰某君书》(1 月 8 日)、《复美国圣路易某君书》(1 月 10 日)、《复美国魏里斯某博士书》(2 月 25 日)、《电美国同学》(2 月 28 日)、《复加拿大安剔妖阿某君书》(3 月 1 日)、《复美国犹他州盐湖城某女士书》(3 月 5 日)、《给美国的妇女们》(3 月 21 日)、《颂基督教会的英勇精神》(4 月 1 日)、《电美国青年》(4 月 1 日)、《复加拿大多伦多某君书》(4 月 1 日)、《致澳洲妇女和平大会电》(4 月)、《复美国纽约某博士书》(4 月 14 日)、《复伦敦某君书》(4 月 14 日)、《复加拿大多伦多某君书》(4 月 23 日)、《致美国纽约某夫人书》(4 月 23 日)、《复乔治亚州某夫人书》(5 月 2 日)、《复加拿大某华侨团体秘书函》(5 月 3 日)、《致美国魏斯里母校书》(5 月 27 日)，等等。

1939 年

武汉失守后迁至四川成都，后到了重庆。在这一年 5 月 25 日发表了《中国工业合作运动》一文，并作了多次演讲：如3月8日的《中华民国二十八年妇女节纪念会讲词》、10月20日的《对儿童保育会院长会议致词》、函电：如2月18日《给美国的小朋友》。

1940年

2月，与两位姐姐（宋霭龄、宋庆龄）在香港相聚。4月，同返重庆，走遍了全城，还共同对美国作了无线电广播。这一年发表的专门论著有：《我将再起》序、前言、中国的精神、认清你自己、爱国之路、抗战的教育中心、群众的教育、建立新生中国的础石、七大痼疾、妇女与家庭、精神的需要、新生活运动、中国妇女工作、中国人民对于民主国家政策的想法（6月）。演讲有：《对美播讲》（4月18日）、《抗战建国三周年纪念致词》（7月7日）、《告女青年书》（9月20日）、《感谢美国妇女踊跃援华》（11月20日）。

1941年

发表演讲有：《向参加新生活运动妇女工作辅导委员会举办文艺比赛人员训词》《向十四航空队及其附属单位致词》《对英播讲》（4月28日）、《新中国妇女抗战的使命》（7月1日）、《中国妇女慰劳总会四周年讲词》（8月1日）、《答谢美国友谊》（11月10日对美播讲）、《民主中国的贡献》（12月4日对美播讲）。

1942年

11月，赴美国争取对中国抗日的支持，出色地发表了一系列演说。

1943年

6月，在美国顺访了加拿大。回国后又于11月随蒋介石参加美、英、中三国首脑的开罗会议。

这一年发表的论著有：《如是我观》（4 月 23 日）、《新中国的出现》（5 月载美国《大西洋》月刊）。发表的演讲有：《我们中华妇女》（2 月 12 日在全印妇女会议欢迎会上讲）《向全印妇女发表演讲》（2 月 12 日）、《对飞虎队讲话》（2 月 28 日在昆明欢宴自印缅归来的美国飞虎队时讲话）、《向世界广播中国妇女战时工作》（3 月 8 日）、《向印度人民广播致词》（3 月 17 日在重庆播讲）、《人道的锁匙》（5 月 4 日）、《对美国军民广播》（6 月 1 日）、《献给我的母校》（6 月 13 日接受美国魏斯里大学名誉法学博士学位答谢时讲话）、《善意的幼芽》（6 月为答谢魏斯坦克大学创设专为研究东方文化的宋美龄基金而作）、《对纽约市洛克费勒中心“美龄园”命名致意词》（7 月 6 日）、《我们的英国姐妹们》（7 月 22 日为盟国妇女战时工作展览会在伦敦举行致贺而作）、《集中智慧共谋和平》（10 月 11 日致克里浦斯爵士夫人的信向其致谢英驻华大使代表联合援华基金致送宋美龄一纸 12 万英镑捐款的支票）。

1944 年

7 月，赴巴西看望大姐宋霭龄。9 月间又转赴美国。

在这一年发表的演讲有：《向伦敦国际妇女会致意词》（3 月 8 日）、《答谢美国各大学校友会致赠褒扬状广播词》（5 月 12 日）、《联合国日三周年对美播讲》（10 月 24 日）。

1945 年

从巴西转来美国后，在美国居住了 10 个月。6 月 14 日，参观了纽约州贝德福希尔斯女犯监狱。抗日战争胜利后回国。8 月 14 日，发表了《胜利播讲》。

1946 年

发表了题为《舆论——世界和平的新因素》的论著。

1948 年

8 月，为蒋经国在上海“打老虎”逮捕孔令侃一事，赴沪要蒋经国释放孔令侃，然后让孔令侃去美国。11 月，再次赴美国，企图以求援来挽救国民党政权的危局。

1950 年

1 月 10 日，离美返台，行前（9 日）在纽约向全美广播演说，声称：“只要我们一息尚存，只要我们对上帝存有信心，我们就要继续奋斗，无一日无一时不用来为争取自由而奋斗。”4 月 17 日，由宋美龄倡导的台湾“中华妇女反共抗俄联合会”宣布成立，宋美龄被推为主任委员。

1952 年

8 月，宋美龄以就医名义赴美，实则是去观察美国大选的前景。

1953 年

3 月 9 日，应宋美龄的函请，美国新任总统艾森豪威尔礼节性地为宋美龄在白宫安排了一次非正式的茶会。与总统的晤谈未能如其所愿，但随后“驻美大使”顾维钧为她安排的各项活动，则令她忙碌而满意，宋美龄因此会见了美国的许多政界要人，传达了蒋介石和台湾当局的希望与要求，也从一旁了解了美国政府的意图与对台政策。

1954 年

4 月，宋美龄因神经性皮炎症复发，决定赴美就医。

1956 年

9 月，宋美龄发表《三十年来中国史略》，集中回顾了反共反人民的历史，对蒋介石政权在大陆上的失败进行反省。

1958 年

5 月，宋美龄以亲善大使的身份访问美国，在美国呆了约一年的时间，于 1959 年 6 月返回台湾。在访美的一年时间里，宋美龄在各种公开场合发表了近 30 次演讲与谈话，主题基本不离“反共”。此次访美，对宋美龄来说是自 1949 年以来最风光的一次，它使宋美龄感觉仿佛回到了罗斯福时代。从踏上美国国土起，宋美龄一路演讲，一路的掌声与鲜花，美国政府给予她热忱的欢迎，华盛顿的各家报纸均以大量篇幅并配有照片竞相报道宋美龄的行踪。

1965 年

8 月，宋美龄最后一次以台湾第一夫人的身份访问华盛顿，约翰逊政府以元首夫人礼节接待了她。

1975 年

3 月 6 日，宋美龄在台湾各大报刊发表了一篇长文——《〈不要说它〉——但是我们要说》，历数美国国内存在的严重问题，攻击美国对中共的政策。4 月 5 日，蒋介石在台湾病逝。宋美龄在蒋经国、蒋纬国的陪侍下参加了“奉厝大典”。9 月 17 日，宋美龄赴美就医，行前发表了《书勉全体国人》的告别词。

1976 年

4 月，宋美龄由美国返回台湾参加蒋介石去世的周年纪念活动。8 月，宋美龄再度赴美就医，此后一直在纽约长岛修养。

1982 年

8 月 17 日，宋美龄发表《给廖承志的公开信》，作为对廖承志致函蒋经国的复信。

1984年

2月16日，宋美龄发表《致邓颖超公开信》。

1986年

10月，宋美龄由美返台参加蒋介石诞辰一百周年的纪念活动，发表《我将再起》专文。纪念活动结束后，宋美龄陆续召见了台湾政要。12月，发表《蒋夫人畅谈年来所思所感》长文，对以往二三十年来所经历的重大事件做了一个总结性的回顾，她自称这是滞留美国的10年中，“照自己的意思去阅读、思索以及写作”的成果。

1988年

1月23日，蒋经国病逝。宋美龄主持了蒋经国遗嘱签字仪式。7月8日，宋美龄莅临国民党十三大会场，委请大会秘书长李焕代为宣读了她那篇“创新而不忘旧，前进而不忘本”的意味深长的讲话。7月13日，国民党十三全会第十次大会上电向蒋夫人致敬。

1991年

9月，宋美龄再度离开台湾，远赴美国颐养天年。

1995年

7月26日，美国众议院多数党的领袖及许多国会议员，在美国国会山庄举办纪念第二次世界大战结束50年的周年纪念兼向蒋夫人致敬的酒会。宋美龄在家人的簇拥下，参加了这一活动。

1996年

3月，在美国纽约大都会艺术博物馆举办的“中华奇观”展览会上，宋美龄由纽约大都会博物馆馆长蒙特贝洛陪同参观中华瑰宝展，这是她赴美后第一次在公众场合露面。

1997 年

3 月，宋美龄在美国曼哈顿家中庆祝百岁华诞。国民党中央组织了一个由副主席俞国华率领的祝寿团专程前往美国祝贺。李登辉捎去了贺函和贺礼。恭祝宋美龄的百年华诞，是近年来为宋美龄举办的最为隆重而热闹的一项活动。